The Promise of Educational Psychology

Learning in the Content Areas

Richard E. Mayer

教育科学精品教材译丛

The Promise of Educational Psychology

Learning in the Content Areas

学科教学心理学

[美] 理查德·迈耶 著

姚梅林 严文蕃 等译校

凤凰出版传媒集团
江苏教育出版社

图书在版编目(CIP)数据

学科教学心理学/(美)迈耶(Mayer,R. E.)著;姚梅林译.
—南京:江苏教育出版社,2010.7重印
(教育科学精品教材译丛)
ISBN 7-5343-7114-1

Ⅰ.教... Ⅱ.①迈...②姚... Ⅲ.教育心理学-教材 Ⅳ.G44

中国版本图书馆 CIP 数据核字(2005)第 147417 号

本书封面贴有 Pearson Education(培生教育出版集团)激光防伪标签。无标签者不得销售。
Simplified Chinese edition copyright © 2006 by PEARSON EDUCATION ASIA LIMITED and JIANGSU EDUCATION PUBLISHING HOUSE.
The Promise of Educational Psychology: Learning in the Content Areas, ISBN 0-13-913013-6
Copyright © 1999 All Rights Reserved.
Published by arrangement with the original publisher, Pearson Education, Inc., publishing as Prentice-Hall, Inc.

教育科学精品教材译丛

学科教学心理学
The Promise of Educational Psychology: Learning in the Content Areas
[美] 理查德·迈耶 著
姚梅林 严文蕃 等译校
责任编辑 张 苓

出版　凤凰出版传媒集团
　　　　江苏教育出版社
(南京市湖南路1号A楼　邮编:210009　网址:http://www.1088.com.cn)
集团网址　凤凰出版社传媒网 http://www.ppm.cn
发行　江苏省新华发行集团有限公司
照排　南京展望文化发展有限公司
印刷　镇江中山印务有限公司

开本　787×1092毫米　1/16　印张 15.75　字数 326 000
2010年7月第2版　2010年7月第1次印刷
印数　4 001—7 020 册

ISBN 978-7-5343-7114-1
定价　32.00元

邮购电话 025-85400774,8008289797
批发电话 025-83260767,83260768,83260760
盗版举报 025-83204538

苏教版图书若有印装错误,可向承印厂调换。
欢迎邮购。提供盗版线索者给予奖励。

编委会

顾问
顾明远　章新胜

主编
朱永新

副主编
严文蕃　张胜勇

编委（按姓氏笔画为序）
王智新　卢乃桂　朱小蔓　许庆豫　吴康宁
张斌贤　周　川　赵中建　赵　明　俞慧洵
钟启泉　袁振国　徐　辉　董　奇
James　Campell　Thomas　Shuell

海外咨询委员会

主任委员
韦　钰

委员（按姓氏笔画为序）
万毅平博士…美国肯尼索大学教育学院院长、教授
马立平博士…美国卡内基教育基金会
关小茹博士…美国芝加哥德保罗大学教学科技部主任
孙　静博士…澳大利亚昆士兰科技大学早期儿童应用研究中心
杨效斯博士…美国芝加哥森林湖学院亚洲研究中心主任
陈欣银博士…加拿大西安大略大学发展心理研究室主任
周　正博士…美国纽约圣约翰大学心理学系
秦志宁博士…美国明尼苏达州哈普金斯教育局测量评估部主任
彭凯平博士…美国加利福尼亚州立大学教授
蓝　云博士…美国得克萨斯州工科大学教育学院副院长

《教育科学精品教材译丛》总序

作为高校教师,我们中的许多人常常为教育科学教材的陈旧落后而痛心疾首;作为教育学人,我们中的许多人也常常对经济学、社会学等显学学科教材建设的突飞猛进而称美不已。

于是,我们坐卧不安,我们摩拳擦掌,我们立志超越,我们走到了一起。经过几年的努力,涵盖当代高等学校教育学专业的全部主干课程的大型海外教材《教育科学精品教材译丛》(下面简称《译丛》)呈现在读者面前。

许多年来,我国高等师范教育和高等学校教育学专业课程改革的步伐极为缓慢,师范教育的教育学、心理学、教材教法这三门课程多年不变,教育学专业的课程内容陈旧,课程的选择空间相当狭小。可以说,改变高等师范教育课程和高等学校教育学课程的落后状况,是《译丛》最为基本的宗旨。

另一方面,随着教育事业改革的深化,教育实践中产生的问题日益复杂,解决这些问题需要极为丰富的教育科学知识和能力。《译丛》追求的另一宗旨正是通过奉献世界上最先进的教育科学知识体系,促进我国教育事业改革的深化。

在过去的几年中,高等学校课程改革已经取得了相当明显的成效。深化课程改革的一条重要途径是引进国外尤其是发达国家的高校教材,藉此提高教育质量和增进学生的学习能力。《译丛》的宗旨和思路与我国高校教材改革的这种方向是一致的,而且是高校教材改革过程的组成部分。

促进学术交流,是《译丛》向往的又一宗旨。学术沟通的障碍,表征是交际语言,而深层原因则是学术语言与学术规范。《译丛》希望通过引进国外的教育科学知识体系和贯穿其

《教育科学精品教材译丛》总序

中的研究方法与表达方式，促进我国教育科学学术事业的进步，并为其走向世界奠定基础和开辟道路。

《译丛》是建国以来从海外引进的规模最大、门类最全的教育学科教材，被国内媒体称为"又一次重要的拿来主义"。在科教兴国的基本国策背景下，它所蕴涵的巨大社会意义已经超出教材本身。因此，《译丛》的编委会和出版者——江苏教育出版社对此高度重视，并为此做了大量的细致而扎实的工作。第一，组建了强大的编委会和翻译队伍。《译丛》的编委会阵容整齐，有各师范大学的博士生导师、教授以及一批海外教育专家；主要翻译人员和审校者均是教育科学专业的博士或教育科学领域的教授，其中一些译者长期旅居国外，并从事教育科学专业的研究和教学工作，他们均在教育科学领域具有相当深厚的积累，可以确保《译丛》的翻译质量。第二，精心筛选选题。《译丛》的入选图书品质上乘，所有选题皆经中、日、美等国专家反复磋商论证，精选而成。其中一些书目为国外学术机构所推荐，在国外大学拥有广泛的学术声誉。许多教材一版再版，最多的已达八版。

我们希望，这套教材能成为国内教育科学的替代课本或重要参考书，同时也能作为各地教师进行继续教育的重要资料。

我们期待，这套教材能给中国教育理论界带来一些观念和方法上的启示，为我国的教育科学的教学和研究，尤其是教材编写工作提供一定的借鉴。

我们相信，这套教材会得到许多中小学教师、校长、教育行政机关干部、教育科学研究人员、教育专业的研究生以及高校在校学生的关注和选用。

当然，我们更希望、更期待的是创新和超越。希望和期待我国的教育科学工作者编写出高水平的、具有中国特色的教材。站得更高才能看得更远，看得更远才能做得更佳，希望我们这套教材能使中国教育理论界有一个更高的起点，使中国的教师和师范学生有一个开阔的视野。需要说明的是，原书附有大量的索引，但为降低图书成本，减轻读者负担，我们只好割爱，敬请诸君谅解。

我们欢迎各种形式的参与和合作，欢迎专家和读者随时为我们荐书，随时提出各种建议和评论。

《教育科学精品教材译丛》编委会
二〇〇二年四月

中译本序

欣闻《学科教学心理学》一书被译为中文,甚为荣幸。感谢北京师范大学的姚梅林教授等出色的翻译,也感谢江苏教育出版社为中文版的出版与发行所付出的辛劳。

无论就教育领域还是心理学领域而言,学科教学心理学的贡献都极为丰厚。在教育领域,学科教学心理学在如何帮助学生学习阅读和写作、思考并解决数学与科学问题、成长为有效的学习者等方面提供了科学依据和基本原理。本书简要论述了如何将学科教学心理学的科学研究成果应用于教育领域的实际问题。

在心理学领域,学科教学心理学探讨了真实情境中的人类学习,深化和扩展了人类学习的理论。当认知科学走出人为的实验室情境,去探讨人们在更为真实的情境中学习,如探讨人们在学校情境中如何学习不同的学科内容时,其进展昭然可见。《学科教学心理学》介绍了当前教育心理学对不同科目的学习与教学所进行的有关研究。

世界的未来发展在某种程度上取决于高质量的教育。在我看来,有助于教育质量改善的一种方式就是基于科学研究成果而非主观臆想或随波逐流来改革教育实践。我撰写本书的目的就是介绍如何帮助学生学习阅读、写作、数学、科学等科目的有关研究成果。我的愿望就是通过本书来帮助你理解科学研究成果如何促进教育质量的改善,我相信中文版的《学科教学心理学》亦能实现此类目标,并能促进世界范围内的学科教学心理学家之间的交流与合作。

理查德·迈耶于美国加利福尼亚州圣巴巴拉市

译者序

美国加利福尼亚大学圣巴巴拉分校的理查德·迈耶教授论著颇丰,在当代美国教育心理学领域首屈一指,《学科教学心理学》可以说是其众多论著中的代表之作。不仅如此,作为美国学科教学心理学领域的大家,迈耶教授的此本论著相比于目前同类的其他学科教学心理学书籍,自有诸多值得称道的独特之处。

首先,作者高屋建瓴,透彻地阐述了心理学与教育的关系这一基本而关键的问题,准确地界定了学科教学心理学的学科特性。同时,作者还结合阅读、写作、数学和科学等多门学科,对心理学与教育二者间的关系进行了具体论证。这些都易于读者更为准确地理解和把握如何有效地利用心理学的研究成果来优化教育实践、如何从教育实践中生成和提炼心理学的理论与研究,有助于提升读者明辨各种学科教学心理学的理论与方法之优劣、真伪的能力。

其次,作者基于宽厚的学科教学心理学功底以及对具体学科领域的深入了解,为读者提供了翔实、丰富的心理学研究成果,并从中提炼出适用于具体学科领域教学的有效策略与方法。言之有理,言之有据,彰显该书严谨、务实而又不失其学理性的特色。

再次,作者凭其对学科教学心理学领域的整体驾驭能力以及敏锐的视角,对浩繁的素材进行精选、删减,留其精粹,弃其枝蔓,既兼顾到具体学科特性,又不拘泥于某一学科,为读者呈现了一部可读性、实用性和针对性兼具的著作。正如作者在前言中所述,即使读者不具备太多的心理学或教育学方

译者序

面的知识,亦能理解该书的内容。

迈耶教授撰写《学科教学心理学》一书的过程令其愉悦,而翻译此书的过程也同样如此。精读原文之后的理解、转译、润色等过程使得我们在认知加工的同时,又享受着丰厚的精神回报,那就是对名家著述的欣赏,对教育心理学价值的信奉,对教育与教学前景的乐观期望。

参与该书初稿翻译工作的主要人员有:姚梅林(中译本序、前言、第1章)、吕红梅(第2章)、杜春丽(第3章)、赵丽琴(第4章)、严文蕃(第5章)、赵敏(第6章)。严文蕃、姚梅林对全书进行了逐句、逐章的校对与修改。感谢张晓辉、刘涵慧、杨永宁在文字校对、编辑以及英文人名、地名等的翻译方面付出的辛劳,感谢江苏教育出版社张苓女士及其他工作人员为本书出版付出的辛劳。

译 者
2005.6

前　言

学生需要掌握哪些知识与技能才能够阅读文字、理解文章、撰写高质量的论文、解决数学问题或者发现某个科学规律？何种类型的教学能够帮助学生掌握那些有效完成学业任务所需的知识与技能？诸如此类的问题正是本书所要探讨的——本书关注心理学以及学科教学法方面的问题。这些问题体现了学科教学心理学领域的前瞻性研究主题，体现了在不同学科领域的学习与教学方面的研究进展。

如果你对学科教学心理学领域的最新研究进展感兴趣，那么本书正如你所愿。书中论及两类具有前瞻性的研究主题：一是阅读、写作、数学和科学等具体学科领域的学习与教学，二是对不同学习者完成实际的学习活动所需的认知过程的详尽分析。

本书的第一章作为导论，对学科教学心理学进行了界定，并简要回顾其发展历史。本书的其他五章则探讨了阅读流畅性、阅读理解、写作、数学与科学等不同学科领域中的学习与教学问题，每章首先分析完成某一学科领域中的学习活动所需的知识类型和认知过程，如撰写论文或解数学应用题所需的知识类型和认知过程，然后探讨学生如何掌握不同类型的知识或认知过程，探讨教学怎样帮助学生更有效地学习。

《学科教学心理学》一书可看作是对学科教学心理学的简要介绍，它既可作为学科教学的指导用书，也可用作传统的学科教学心理学教科书的补充。由于本书为入门读物，因此读者即使不具备太多的心理学或教育学方面的知识，也能理解其内容。我无意面面俱到地罗列所有的研究，而是精选其典型代表，并加以深入详尽的分析，使读者能够透彻理解；我无意盲目地给出一长串的教学建议，而是向读者展示如何从有关研究中提炼出有价值的教学建议，并应用于实际教学中；最后，我也无意论及传统的教育心理学的所有研究领域，如发展或评价等内容，而是聚焦于五个基本学科领域中进行学习与教学问题的探讨。

本书试图更为清晰地展示心理学与教育之间的关系，这有别于其他学科教学心理学论著。许多学科教学心理学教科书只告诉你如何实施教学建议，而忽视其心理学的研究背景；本书则缜密论证如何从实用的研究中提炼出教学建议。还有些学科教学心理学教科书只论述一般的心理学研究与理论，并不提供具有充分说服力的教学建议；本书则关注具体学科领域中的学习与教学问题。使读者了解心理学理论与研究如何影响更为优化的教学实践的产生，了解实际的教学问题如何影响着更为科学的心理学研究与理论的产生，这就是我撰写本书的意图。

撰写《学科教学心理学》一书的过程是令人愉悦的，因为这使我对心理学与教育二者间的关系倍感乐观。希望你在阅读本书时，与我有同样的愉悦感受！

致谢

衷心感谢普渡大学的凯瑟琳·林登(Kathryn W. Linden)，科罗拉多大学的迈克尔·S. 梅隆斯(Michael S. Meloth)，艾奥瓦州立大学的加里·法伊(Gary Phye)，密歇根大学的保罗·平特里奇(Paul R. Pintrich)等人对本书提出的宝贵意见。

由衷地感谢出版社，感谢我的老师、同仁、学生以及家人。感谢梅里尔/普伦蒂斯·霍尔(Merrill/Prentice Hall)出版社的凯文·戴维斯(Kevin Davis)及其同事在书稿完成过程中给予的耐心与支持；感谢贝齐·基弗(Betsy Keefer)和谢里·巴比特(Sherry Babbitt)在书稿的编辑等方面的帮助；感谢密歇根大学(本人于1973年在该校获得博士学位)的导师们，他们分别是：詹姆斯·格里诺(James Greeno)，罗伯特·比约克(Robert Bjork)，比尔·麦克凯奇(Bill McKeachie)以及阿特·梅尔顿(Art Melton)。有幸能与印第安纳大学(本人于1973年至1975年在该大学工作)和加利福尼亚大学圣巴巴拉分校(本人从1975年至今在该大学工作)的同事们合作，感谢贝齐·布伦纳(Betsy Brenner)，多萝西·丘恩(Dorothy Chun)，普里西拉·德拉姆(Priscilla Drum)，理查德·杜兰(Richard Duran)，迈克·格伯(Mike Gerber)，玛丽·赫加蒂(Mary Hegarty)，余卡瑞·奥克莫托(Yukari Okamoto)，弗兰克·雷斯特(Frank Restle)以及拉斯·雷维林(Russ Revlin)等同事们的支持。很荣幸能与其他院校的同仁们合作，他们分别是：琼·加利尼(Joan Gallini)，基尼斯·基瓦(Kienneth Kiewra)，吉尔·拉金(Jill Larkin)，乔尔·莱文(Joel Levin)，海德苏古·塔基卡(Hidetsugr Tajika)，克莱尔·温斯坦(Clare Weinstein)，理查德·怀特(Richard White)以及默林·维特洛克(Merlin Wittrock)。感谢匹兹堡大学的学习研究与发展中心、依利诺大学的阅读研究中心提供机会,使我的学术休假充实而愉快。也感谢日本爱知大学以及墨西哥国家自治大学的盛情款待。能与才华出众的研究生以及博士后们一起工作,实乃幸事。也非常感谢本科生对教育心理学课程的积极建议。特别要感谢我的爱妻贝弗利(Beverly)的支持与鼓励,使我的生活充满幸福。感谢我的孩子们,肯(Ken),戴维德(David)和萨拉(Sarah),时时提醒着我,让本书有趣些,让我的生活有趣些。感谢我的父母,作为我的启蒙教师,时常关心书的进展情况。将此书奉献给我思念的父母亲。

理查德·迈耶

中译本序/ⅰ
译者序/ⅰ
前言/ⅰ

第一章　学科学习导论/1
"野小子"/1
学科教学心理学是什么/3
心理学与教育二者关系的简史/7
审视以学习者为中心的取向/12
学科教学心理学的前景如何？/16
总结/18

第二章　阅读流畅性/19
与读词有关的问题/19
音素辨认/23
单词解码/29
词义获得/40
句子整合/45
总结/52

第三章　阅读理解/54
努力探寻意义/54
图式理论/57
运用先前知识/61
运用文章结构/67
进行推断/75

运用元认知知识/80
建构有效的阅读理解方案/86
SQ3R/86
总结/91

第四章　写作/93
讲故事的问题/93
写作中的认知过程/95
计划/99
转化/104
检查/111
构建有效的写作方案/119
总结/124

第五章　数学/126
解决数学问题需要知道什么/126
问题转译/130
问题整合/135
解题方案的计划与监控/145
解题方案的执行/154
总结/163

第六章　科学/165
直觉物理问题/165
识别异常现象：摒弃错误概念/167
启动概念转变：建构新概念/176
形成科学推理：应用新概念/183
建构科学专长知识：学习建构和使用科学知识/194
总结/202

词汇表/204

参考文献/213

第一章 学科学习导论

本章提要
- "野小子"
- 学科教学心理学是什么？
- 心理学与教育二者关系的简史
- 审视以学习者为中心的取向
- 学科教学心理学的前景如何？
- 总结

本章在探讨了传统的教育研究之后，界定了学科教学心理学的含义，简述了发展历史，并阐述了学科教学心理学如何帮助我们回答教育实际中的问题。本章还提供了全书的框架结构。

"野小子"

假定某儿童在一个与他人没有任何社会交流的环境中成长。这种情形可以看作是给儿童提供了教育上的极度自由。这名儿童将会成长为什么样？是否需要社会来帮助儿童充分发挥其作为人的潜能？请对图1-1中描述的情形进行判断。

假定某儿童从出生到12岁时一直生活在原始森林中，与人类没有任何交流。你认为该名12岁的儿童会是个什么样子？请针对下面所列的每一对特征，在你认可的特征上画勾。

- □ 身体虚弱、不健康
- □ 能注意到刺激物
- □ 有痛觉反应
- □ 有温度觉反应
- □ 对他人感兴趣
- □ 能品尝各种不同味觉的食物
- □ 形成了某种形式的口头语言
- □ 形成了某种形式的肢体语言
- □ 形成了某种形式的书面语言
- □ 具有基本的算术技能
- □ 发明了许多有用的工具
- □ 对人有礼貌
- □ 渴望得到人类的情感
- □ 能够快速学习基本的社交技能
- □ 能够快速学习基本的语言技能
- □ 身体强壮而健康

- □ 不能注意刺激物
- □ 无痛觉反应
- □ 无温度觉反应
- □ 对他人不感兴趣
- □ 非常有限的食物味觉感受
- □ 尚未形成某种形式的口头语言
- □ 尚未形成某种形式的肢体语言
- □ 尚未形成某种形式的书面语言
- □ 尚未形成基本的算术技能
- □ 没有发明有用的工具
- □ 对人不礼貌
- □ 对人类的情感无动于衷
- □ 不能快速学习基本的社交技能
- □ 不能快速学习基本的语言技能

图1-1 与人类没有任何交流的儿童将会成长什么样？

第一章　学科学习导论

这些是1800年在巴黎进行的一项教育实验中所关注的核心问题。参加该实验的只有一位名叫维克托(Victor)的男生以及该男生的教师琼·马克·伊塔德(Jean Marc Itard)医生。维克托是在法国阿韦龙(Aveyron)的森林中被发现的,他一直生活于森林中,与世隔绝。当人们发现他时,他赤身裸体,肮脏不堪,且口齿不清。他似乎对温度与痛觉很不敏感,无法维持其注意力;食用生食,并且只会用手进行活动。尽管身体很健康,但几乎没有任何社会化的行为表现。这名男孩引起了人们的极大兴趣,成为众所周知的"阿韦龙的野小子"(enfant sauvage de L'Aveyron)。伊塔德医生给这个男孩取名维克托,并坚信该儿童能够成为一名正常的社会成员。在之后的5年中,医生采用各种新的教学手段与方法来教授该儿童。

伊塔德医生的教育方案主要基于以下几条原则:第一,教育方案应该符合儿童的需要与个性特点,这种取向可称为"以学习者为中心"。教育方案并不是按照刻板的、一成不变的方式来让学生学习既定的课程,相反,教师必须灵活地调整教学以适应学生的需要。第二,教育方案要依赖于学生已有的某种"准备性技能",并通过与物理环境和社会环境的自然而然的交互作用来实施。比如,学生在学习某一物体的名称之前,必须接触过或看到过该物体。如果学生缺乏必要的感性经验,则必须提供机会,使其先形成相应的经验,然后再学习教育方案中的其他内容。第三,学生必须有学习的动机。伊塔德医生认为,维克托之所以能够成功地学会应对其生存环境,是因为求生动机所致。而现在医生对维克托提出学习社会技能的新要求,则需要调动其相应的动机。第四,教学中需要采用新的教学技巧和教学手段。伊塔德医生所创立的许多行为矫正的手段与技术为后续聋哑儿童与智力落后儿童教育方案的制订奠定了良好的基础。

经过5年的学习,维克托的进步有多大?他掌握了基本的社会技能,如自己穿衣、不尿床、使用餐具等;学习去利用自己的感觉,如视觉、听觉、味觉等;学习去表达情感;试图取悦于他人。尽管他从未学会如何有效地说话,但他学会了如何利用书面语言来交流。然而,维克托仍没有达到完全的自立,其余生始终都是在他人的照料下度过的。导致这种结果的原因有多种,比如在发展的关键期缺乏适宜的刺激,伊塔德医生使用的教育方法有局限性(如,要求维克托使用口语而不是手势语)。也有另一种可能,即维克托是天生的智力落后者。因此,如果你在图1-1中选定了右栏的所有特征,而非左栏的特征,则你的判断是正确的。

我们暂将"野小子"的话题搁置一边,来考虑一下教育的本质是什么。莱恩(Lane,1976)曾对伊塔德医生所强调的教育议题进行了总结:(1)社会(包括正式的教学)对人类的发展至关重要:"所谓与生俱来的道德优越性,其实是人类文明发展的产物……(没有社会,人类)将是没有智慧、没有情感的行尸走肉,其不安定的生活无异于动物"(p. 129);(2)人们为满足其需要而学习:"最孤立无援的未开化的人,正如极度文明的人一样,其观念和需要之间具有稳定的联系"(p. 129);(3)教育方案应该具有科学根据:"在所有自然科学中,最能使人类趋于完美的现代医学的光芒,应能照亮和促进教育进程"(p.129);(4)教育方案应该考虑到每个学生的不同特性:"测定每一个体所具有的身体与心智的特性,并由此确定适合该个体的教育方案"(p.129),惟有如此,才能使个体产生进步。

伊塔德医生在200年前所得出的结论可以作为本书的起点。与伊塔德医生所做的研究类似,本书也采取了"以学习者为中心的取向"(learner-centered approach),即学习者处于整个学习的中心(Lambert & McCombs,1998)。采取以学习者为中心的取向,其首要目标就是描述和理解学习者在进行学业活动时的认知过程及其所应用的知识。熟练的读者在阅读课文时,其认知过程是怎样的?娴熟的作家在写文章时,其认知过程是怎样的?数学家在解决数学问题时,其认知过程是怎样的?科学家在探究一种新的现象时,其认知过程又是怎样的?本书将着重探讨这些不同类型的认知问题。简言之,我们试图理解熟练的读者、作家、数学家和科学家所掌握的内容。

以学习者为中心的取向要达到的第二个目标就是探明如何帮助学生形成与上述熟练者类似的认知过程。我们怎样帮助处于初级阶段的读者了解熟练的读者所具有的经验?我们怎样帮助写作爱好者来了解娴熟的作家所具有的经验?我们如何帮助刚刚涉足数学和科学领域的学生来获得知识,进而能够像数学家和科学家那样思考问题?诸如此类的教学问题都是本书所关注的重点。简言之,我们试图理解那些能够促进学习者认知发展的各种学习经验。

总之,本书将学习者为中心的取向用于学科教学心理学领域,分析有关学生学业活动中的认知过程的各种观点,探讨帮助学生建立适当的认知过程的各种教学问题。下面将论述学科教学心理学中的一些基本问题。

学科教学心理学是什么

学科教学心理学的含义

学科教学心理学是什么?从以学习者为中心的角度来看,学科教学心理学是心理学的一门分支学科,它试图探明教学环境与学习者特性之间的相互作用是怎样促进学习者的认知发展的。学科教学心理学尤其关注那些促进人类认知过程和知识结构建立的各种策略的科学研究。该定义中包含三个主要成分:
- 学科教学心理学是一门科学,是心理学的一门分支学科。
- 学科教学心理学探讨教育环境中教育者的活动。
- 学科教学心理学探讨学习者的认知过程与知识结构所产生的变化。

作为一门学科,学科教学心理学兼顾教与学两个方面(即教师的教学活动以及学习者在知识与行为方面的改变)。教学是指教师为学生创设环境,以促进学习者的知识与行为的改善。比如,加涅(Gagne,1974)将教学定义为"安排外部事件以激活并支持学习的内部过程"(p. vii)。学习是指由于经验而导致的学习者的知识变化。桑代克(Thorndike,1906)在其经典的教科书《以心理学为基础的教学原则》(*Textbook Principles of Teaching Based on Psychology*)中指出,教育的核心主题就是学习者受外部因素影响所发生的改变:

> 教育一词有多种含义,但总体来看都涉及改变。没有人在接受教育后仍保持不变。如果我们没有使个体产生任何变化或改变,那我们就没有对其进行教育……为此,在研究教育时,应该探讨是否发生了某种改变,其改变的性质、原因或意义是什么。(p.1)

总之,教学与学习是具有必然联系的两个过程,涉及到如何促进学习者发生变化。杜威(Dewey,1938,p.25)在《经验与教育》(*Experience and Education*)这本具有挑战性的小册子中曾描述了给学生提供有用经验的教学过程与学生获得知识的学习过程之间的关系:"所有真正的教育都是通过经验而发生的。"但他同时也提醒人们:"并非所有的经验都具有真正的或同等的教育性。"令人遗憾的是,许多教学活动正如杜威(1938)所言,都是"非教育性的":

> 有些经验是非教育性的。任何对后续经验的获得具有阻碍或误导作用的经验都是非教育性的……任何一种经验都在后续经验中得以发展。所以,以经验为基础的教育所面临的一个核心问题就是选择那种在后续经验中能够富有成效地、创造性地发展的当前经验。

因此,教学活动导致了学习者的知识改变。既然所有的学习都涉及到新信息与已有知识的联系,那么,帮助学生建立起促进有利于新信息获得的知识结构就极为关键。如果学生未能获得知识,他们就不能成功地将新信息与已有知识建立联系。

行为主义取向与认知取向的学科教学心理学

学科教学心理学的定义涉及到这样一个问题,即学生究竟学到了什么,是行为的改变还是认知的改变?这一定义也涉及到学习的行为主义取向与认知取向之间的传统对峙。尽管本书是认知取向的,但考查两种观点无疑是有益的。

图1-2对行为主义取向的学科教学心理学进行了简要描述。从图中可以看到,行为主义取向主要强调如何确定教学活动与结果表现二者之间的关系。两种因素都有其相应的外部可观察的事件:教学活动主要指给学习者呈现的刺激的特性,而结果

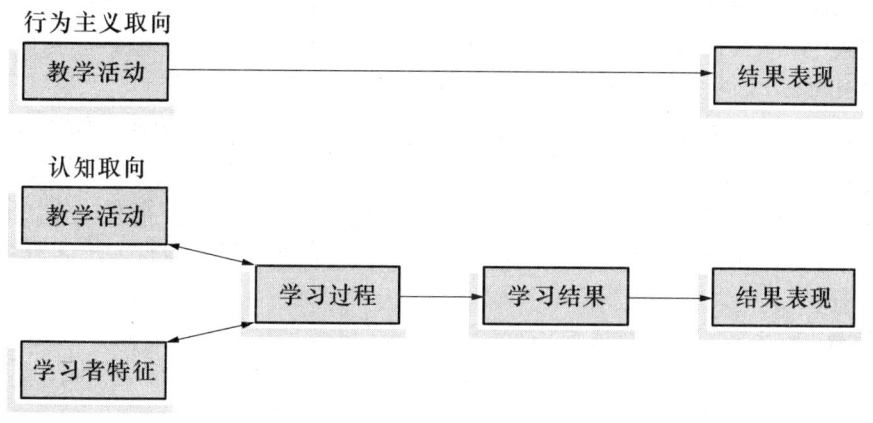

图1-2 两种取向的学科教学心理学

表现是指学习者在测验中的反应特性。基于这种取向,学科教学心理学的目标就是探明教学活动如何影响着行为的改变。由此要探讨的一个主要问题是:教学活动与结果表现之间的关系是什么?

图1-2也简要对比了认知取向的学科教学心理学。从图中可以看到,认知取向主要强调外部因素(如教学活动与结果表现)之间、内容因素(如学习过程、学习结果以及已有知识和技能等学习者方面的特点)之间以及内外因素之间的各种关系。认知取向试图理解教学活动如何影响注意、编码以及提取等内部认知过程;这些认知过程如何导致新知识的获得;新知识的获得又如何影响着行为表现,如在测验上的表现。基于这种取向,学科教学心理学的目标就是通过描述中介的认知过程及其结构来解释刺激(即教学活动)与反应(即结果表现)之间的关系。由此要探讨的一个主要问题是:什么样的认知过程与结构能够使我们理解教学活动与结果表现之间的关系?

上述两种学科教学心理学取向之间的对立由来已久,瑟斯顿(Thurstone,1924)在其经典著作《智力的本质》(*The Nature of Intelligence*)一书中曾反对教育的行为主义取向:

> 学科教学心理学的一种品牌一直被传授给后来的教师们,以其行话来说,这个标记就是训练教师建立刺激与所期望的儿童行为之间的"联结"。事实上,去描述儿童所具有的正常的原动力、描述那些引导儿童以有益的方式来表达这些原动力的各种方法,这样做或许更为恰当。(p.165)

从本质上来看,瑟斯顿认为学生的学习不只是建立刺激-反应(S-R)之间的联系,学习者的内部活动在教育过程中确实起到了关键作用。

瑟斯顿以及当时的认知教育心理学家们的主张对教育实践并未产生多少影响,直到最近这种情况才有所转变。在过去的二十多年中,有关人类大脑活动的理论与研究迅速发展(Mayer,1981a;1992)。这种认知变革所带来的成果之一就是建立了一个框架来描述教学/学习过程中的认知因素。

本书采用认知取向,试图提供一个具有以下整合取向的学科教学心理学:

有用:如果我们发现教学方法 A 能够比教学方法 B 让学生学得更多,那么了解其作用机制,进而确定何时采用某些方法、如何去矫正等等,则是非常有用的。

现时:认知取向是新近发展起来的一种观点,它完善了先前的行为主义观点与研究,并作出了更为合理的解释。

普遍:由于认知取向已成为知觉、学习、记忆以及思维等心理学的大部分研究领域的主导取向,因此,该取向也应该能够成功地应用于学科教学心理学领域。

教学/学习过程的要素

表 1-1 简要列举了教学/学习过程中可能涉及到的几个要素,它们分别是:

教学活动(instructional manipulations):环境(即外部)事件的序列安排,包括教学内容、教学材料的组织以及教师行为等。教学活动既包括所教授的内容,也包括如何教授这些内容;教学活动取决于教师的特点及其课程特点。

学习者特征(learner characteristics):指学习者已有的知识以及记忆系统的特性。前者主要包括学习者所具有的事实性知识、程序性知识以及学习中所需要的策略等;后者主要包括记忆表征的容量及其方式。

学习过程(learning processes):指学习者学习时的内部认知过程,如学习者如何利用已有的知识来选择、组织和解释新信息。

学习结果(learning outcomes):指学习者的知识结构或记忆系统发生的认知改变,包括获得新的事实性知识、程序性知识以及策略等。

结果表现(outcome performance):指学习者在测验中的表现(即行为)。这些测验考查了学生的保持程度或者将知识迁移到新的学习情境中的能力。

表 1-1 教学/学习过程的要素列举

教学活动	学习者特征	学习过程	学习结果	结果表现
复习	已有知识	选择信息	机械学习	保持
举例	已有的信息加工策略	组织信息	意义学习	迁移
提问		整合信息		

改编自 Mayer(1984)

认知取向强调学习者的内部要素,如学习者特征、学习过程以及学习结果等,无疑,它是以学习者为中心的取向。由于这些内部要素不可直接观察到,只能通过学习者的行为加以推断,因此,认知取向的教育心理学应该尽量采用多种研究方法,以便对学习者的内部过程与状态作出正确的推断。

心理学与教育二者关系的简史

心理学与教育二者间应该具有怎样的适当关系?心理学家有关学习的观点如何影响着教育者的教学方法?下面我们将从历史的视角来探讨心理学在教育中起作用的三条路径,探讨有关学习与教学的三种观点。

心理学在教育中起作用的三条路径

心理学主要探讨人们是如何学习与发展的,而教育则涉及到如何帮助人们去学习与发展。你认为心理学与教育二者间应该具有什么样的关系?请从下面三个答案中选择一个:

——心理学家应该进行学习与发展方面的实验室研究,并给教育者解释研究结果;教育者应该将这些科学的研究结果应用到教学中去。

——心理学家应该进行学习与发展方面的实验室研究,无需考虑教育者方面的问题;教育者应该建立能满足学生实际需要的教学,无需考虑那些无关的心理学理论。

——心理学家应该从教育者遇到的实际问题出发,探讨人们在真实的教育情境中是如何学习与发展的;教育者应该根据心理学家关于学生如何学习与发展的研究来进行教学决策。

如果你选择第一个答案,你就选择了从心理学到教育的单向路径;如果你选择第二个答案,你就选择了心理学与教育互不联系的死胡同路径;如果你选择第三个答案,你可能就选择了从心理学到教育以及从教育到心理学的双向路径。

上述三种路径代表了心理学在美国教育中起作用的三个历史阶段(Mayer,1992,1996a)。19世纪90年代,心理学家们创建了新的学科,用加德纳(Gardner,1985)的话来说,就是创建了"心灵的新科学"。当时的心理学家们竭尽全力地使这门新生科学蓬勃发展。与此同时,教育家们面临着实施全面义务教育的艰巨任务,他们也竭尽全力地使教学实践活动专业化。19世纪末心理学与教育学的发展引发了这样一个问题,即心理学家与教育学家之间的恰当关系应该是怎样的,简言之就是心理科学与教育实践之间应该具有什么样的路径。对该问题的回答经历了三个主要阶段:(1)单向路径——20世纪初期的幼稚乐观主义阶段,主张将心理学直接应用于教育实践;(2)死胡同路径——20世纪中期的悲观主义阶段,心理学与教育学两条路径互不相关;(3)双向路径——20世纪后期的谨慎乐观主义阶段,教育实践中的问题界定了心理学的研究课题;同时,心理学的研究指导着教育实践。表1-2对这三个发展阶段进行了概述。

表1-2 心理学与教育间的三条路径

阶 段	二者间的关系走向	时 期	情感状态	对心理学与教育的看法
阶段1	单向路径	20世纪初期	幼稚乐观主义	心理学应用于教育;教育是心理学的应用场所
阶段2	死胡同路径	20世纪中期	悲观主义	心理学忽视教育;教育忽视心理学
阶段3	双向路径	20世纪后期	谨慎乐观主义	教育界定了心理学的研究;心理学影响了教育实践

阶段1:从心理学到教育的单向路径

20世纪初期,心理学家乐观地认为,心理科学能够改造教育实践。他们将教育心理学视为"学校教育的引导性科学"(Cubberly,1920,p.755),即借用心理学的研究方法以及教育的研究议程的一门学科。桑代克(1906)在其经典著作《以心理学为基础的教学原则》中指出:

> 任何职业的功效性都在很大程度上取决于该职业的科学性程度。(1)如果教育工作者能够用科学的思想和方法来指导自己的工作,即实事求是,思想开放,排除迷信、幻想与妄加猜测,那么教育职业将会随之改善。(2)如果教育领导者能够根据科学的调查研究结果而不是根据常规的观点来决定教育方法的选择,那么教育职业将会随之改善。(p.206)

1910年,桑代克作为《教育心理学杂志》(*Journal of Educational Psychology*)的第一任主编,倡议教育心理学家应该运用精确的科学方法来探讨教育问题。"心理学研究成果的恰当应用将有助于更好地理解所有学校的教育"(Woodring,1958,p.6)这一观点也延续了近百年。

即使在20世纪初期的乐观主义时期,教育心理学家们也认识到心理学不一定能够满足教育者的需要。伟大的美国心理学家威廉姆·詹姆斯(William James,1899/1958)在其名著《对教师讲心理学》(*Talks to Teacher*)中也表述了如下的置疑:

> 学校教师对接受较完整的专业培训的渴望、在工作中对专业精神的追崇,这些都更加需要我们根植于基本原理……你们希望我能提供有关头脑如何运作的信息,这或许能使你们在不同的课堂中更轻松、有效地工作。……心理学理应给教师提供实质性的帮助。当然我也承认,就我对大家所具有的

期望的了解而言，我有点儿担心这次简短的交谈之后，你们中有些人会对最终的结果感到失望。(p.22)

詹姆斯承认心理学运用于教育时遇到两大障碍：第一，他准确地观察到19世纪后期的心理学缺乏充分的数据资料，仍需要进行大量的研究来验证各种心理学理论。第二，詹姆斯(1899/1958)提醒不宜将心理学的研究结论及其理论直接用于课堂实践，"如果你认为心理学这门研究心理规律的科学能够让你从中推演出可直接用于课堂实践的各种确定的程序、模式或方法，那么你就犯了一个严重的、极其严重的错误"。(p.23)

阶段2：教育中的心理学的死胡同路径

尽管早期的教育心理学家们胸怀抱负，但在20世纪中期，教育心理学处境艰难。教育心理学如何发挥其作为教育的引导性学科的作用？教育家和心理学家们对此皆持悲观态度。心理学家们热衷于实验室中的动物学习的研究，如白鼠跑迷津；或者研究在严格控制的实验室条件下人类对无意义材料的学习问题，如记忆一系列的无意义音节——这些研究主题与教育实践相距甚远。教育家们则关注实践中的一些问题，如在教授某种技能时，某种方法是否比其他方法更有效，而这些教育决策又未能依据学生的学习规律。

格林德(Grinder)(1989)指出20世纪中期教育心理学衰败的三种原因：

撤出(withdrawal)：教育心理学家们对如何促进教育的有效决策失去兴趣。

分歧(fractionation)：教育心理学家们未能达成一致的理论观点。

脱节(irrelerance)：教育心理学家们所关注的主题与学校中的实际问题相距甚远。

简言之，在死胡同路径阶段，心理学与教育互不关联。

阶段3：心理学与教育的双向路径

20世纪50年代末、60年代初，教育心理学发生了变化，进入了一个新的乐观主义阶段。这些变化即"从行为主义向认知心理学的转变"(DiVesta,1989,p.39)，或者用斯坎德瑞尔(Scandrua)等人(1981)的话说，就是"从S-R(刺激-反应)向信息加工的转变"(p.367)。教育心理学的认知变革着重强调"学习者在学习过程中是一个主动的参与者"(DiVesta,1989,p.54)，同时也主张在真实的课堂情境中研究学生是如何学习的，其中尤为关注阅读、写作或算术等各种不同的学习策略。这一主张使得教育心理学克服了20世纪中期制约其发展的各种障碍。

迈耶(Mayer,1992)在一篇回顾性的文章中曾质问道："教育心理学能否重整旗鼓，恢复其作为教育的引导性科学的地位？"(p.406)本书以多种方式来阐述有关教育心理学如何成为心理学与教育学交融学科的新近研究。20世纪初期，教育心理学失败的主要原因是缺乏改进教育所必须的研究工具与资料库;20世纪中期,教育心理学失败的主要原因是不屑于建构有关理论以改进教育;然而,在20世纪后期,教育心理学拥有了改进教育的研究工具以及理论。在百年之后,人们重新呼唤着乐观主义的出现,期望着教育实践能够依据科学的理论以及人类学习的心理学理论。

心理学与教育之间的路径成为双向的。就教育到心理学的路径而言,教育提供了有待研究的议程或任务,并要求心理学能够确立人类在真实环境中如何学习的理论,而不是在人为的实验室环境中如何完成刻意编制的各种任务的学习理论。就心理学到教育的路径而言,心理学通过建构有关人类学习、认知与发展的有效理论,为教育实践提供有充分科学依据的决策。简言之,"与其说教育心理学只是将那些在别处形成的心理学理论加以应用的话,还不如说教育心理学是一个形成和检验时下占主导地位的心理学理论的振奋人心的领域。"(Mayer,1993,p.553)

学习的三种隐喻

你将怎样完成下列句子?学习就好像是:
- 加强某种联结(即把新的行为添加到已有的技能系统中)
- 将文件放入文件柜中(即把新的知识与技能添加到已有的知识经验结构中)
- 建构一种模型(即理解如何将个别零散的信息组织成一种结构)

如果你选择第一句,你就持有反应增强的学习观(learning as response strengthening),认为学习是把新的反应添加到不断发展的一个集合体中。如果你选择第二句,你就持有知识获得的学习观(learning as knowledge acquisition),认为学习是将教师头脑中的知识传递到学生的头脑中。如果你选择第三句,你就持有知识建构的学习观(learning as knowledge construction),认为学生是通过赋予已有经验某种意义来主动建构自己的学习。

这三种学习观代表了教育中的心理学在其历史发展进程中一贯使用的三种隐喻,这三种隐喻最先为心理学家所创造,后来被教育者使用。你有必要考查自己所持有的学习隐喻,因为教育者所具有的学习隐喻影响其教育实践活动。表1-3简要概括了三种学习隐喻:作为反应增强的学习、作为知识获得的学习以及作为知识建构的学习。

表1-3 学习的三种隐喻

学　习	学　习　者	教　师	典型的教学方法
反应增强	奖惩的被动受体	奖惩的施予者	基本技能的操练
知识获得	信息加工者	信息的发送者	教科书、练习本与讲授
知识建构	意义生成者	理解学业任务的引导者	讨论、有指导的发现,在教师辅导下参与有意义的学习活动

作为反应增强的学习

在心理学领域被广泛接受的第一个隐喻就是将学习视为反应增强,该隐喻形成于20世纪上半叶,主要基于实验室的动物研究。这种观点将学习视为一个机械的过程,对某一情境的成功反应将被自动加强,不成功的反应将减弱。为此,学习就是某种刺激(S)与某种反应(R)之间联结的增强或减弱。"反应增强"这一术语实际上包含反应的增强与减弱两方面的含义,确切地讲,是刺激-反应(S-R)联结的增强与减弱。比如,在阅读中有待加强的一种S-R联结可能是字符"cat"与其对应的发音之间的联结;而在书写中有待加强的一种联结可能是"cat"与其对应的拼写"c-a-t"之间的联结;在算术中有待加强的一种联结或许是"4+4="与"8"之间的联结。由此,学习者是一个被动的受体,完全受制于环境的强化,而教师则成为施予奖惩的反馈器。

反应增强的学习观主张这样的教育实践:教师创设一种需要简短反应的情境,学习者做出反应,然后教师给予适当的奖惩。比如,教师可以这样提问:"750被5除得多少?"如果学生做出正确的回答(即150),则教师可以说:"对,做得很好!"如果学生做出不正确的回答(比如,250),则教师可以说:"不对,你需要仔细检查一下作业。"由此可以看出,操练是一种与反应增强的学习观相匹配的常用教学方法。当教育者认可反应增强的学习观时,他们就会强调阅读、写作以及算术中的基本技能的教学。

作为知识获得的学习

第二个隐喻就是将学习视为知识获得,该隐喻形成于20世纪60~70年代,当时的心理学研究从探讨实验室情境中的动物学习转向实验室情境中的人类学习。该学习观认为,当信息从知识渊博者(比如教师)传递到知识欠缺者(比如学生)时,就意味着产生了学习。为此,学习就如同充填一个空间,即把信息灌注到学生的记忆中。由此,学习者就成为信息加工者,而教师则是信息的发送者。信息实际上就是教师给学生的一种物品。

知识获得的学习观主张这样的教育实践:教师为学生呈现要学习的新信息。比如,教师要求学生阅读科学课本中有关电路中的电流问题,然后考查他们对实际材料的操作。由此可以看出,其教学目标就是提高学生记忆中的知识量,那么教科书以及教师的讲授就成为最常用的教学方法。当教育者强调课程中要包含各种有关的学习材料时,他们则持有知识获得的学习观。

作为知识建构的学习

第三个隐喻就是将学习视为知识建构,即认为当学习者试图使其经验具有意义时，就是在主动建构自己的心理表征。自从20世纪70、80年代开展真实情境中人类学习的研究以来，知识建构的学习观就逐渐得以产生。当人们选择有关的信息、将其组织为一种有机的结构，并利用已掌握的经验来解释这些信息时，学习就发生了。雷斯尼克(Resnick,1989)将这种学习观表述为："并不是通过记录信息来产生学习，而是通过解释信息来产生学习。"(p.2)该学习观认为学习者是一个意义生成者，教师是帮助学生进行学习的引导者，即在学生探究如何完成学习活动时给予引导和帮助。其关注的焦点就是帮助学生建构认知策略，以用于学习活动中。

知识建构的学习观主张这样的教育实践：进行小组讨论，在教师辅导下参与有意义的学习活动。比如，学习如何写作时，学生可以讨论如何构思，教师则可以根据学生的情况提供某些必要的建议。该学习观并非强调学习的结果，比如学生学了多少，而是强调学习的过程，比如怎样进行学习、理解的各种策略。当教育者采取以学习者为中心的教学方法时，实际上受到了知识建构的学习观的支配。

上述三种隐喻及其相应的教学方法各具优势(Mayer,1996a)，但本书更强调知识建构的学习观，因为该学习观在改进教育、充分发挥教育心理学的作用方面最具有潜在的优势。虽然本书强调知识建构，但绝非低估基本知识、基本技能学习的价值。然而，根据知识建构的学习观，应该在大的学业活动背景中来掌握基本技能，而不是在孤立的、单一活动中掌握基本技能。比如，欧姆定律应该作为真实的电路设计活动中的一部分内容来学习，而不是孤立地记忆该公式。

审视以学习者为中心的取向

本书所关注的主题是影响学习者心智发展的因素，具体讲，就是探明教学活动如何影响学习者的知识改变，其中包括认知策略及其记忆结构的改变。由于学习者的知识建构是教育活动的核心所在，因此，教育的实质就是使学习者的知识发生变化，而知识的变化又通过学习成绩、操作技能、社会与人际交往行为等方面得以体现。

知识的种类

认知心理学家发现，对不同类型的知识进行区分是很有用的，知识类型主要有以下几种(Mayer,1981a,1992)：

● **语义性知识**(semantic knowledge)：关于世界的事实性知识，这包括加涅(Gagne,1974)所讲的言语信息。比如，知道加利福尼亚州的首府，知道一个正方形有几条边等，这些都属于语义性知识。

● **概念性知识**(conceptual knowledge)：有关某系统中的主要概念的表征。比如，能够回答这样的问题"在35+49这个算式中，个位与十位有什么不同"则表明学生具有概念性知识。

- **图式性知识**(schematic knowledge)：有关问题类型的知识，比如能够区分不同类型的应用题，如利用时间-速率-距离公式加以解决的应用题与利用计算利息的公式加以解决的应用题。
- **程序性知识**(procedural knowledge)：可用于某种具体情境中的算法或一系列步骤的知识，其中包括加涅(Gagne, 1974)所讲的"智力技能"。比如，能够应用长除法的步骤来解决下列问题：234 234/13＝_____。再比如，能够对事物进行分类，如区分不同的几何图形，或者能够应用"+s"的规则将某个单词变为复数。
- **策略性知识**(strategic knowledge)：如何学习、记忆或解决问题的一般性方法，也包括在使用策略的过程中的自我监控。加涅(1974)将这种知识称为"认知策略"。比如，在撰写小论文时能够进行写作构思，或者能够采取某种技巧来记忆一系列的定义。

在后面的几章中，我们将探讨上述每种知识与学校中学习活动间的关系。尽管还有其他各种类型的知识，如情感、动作、人际与社会等，但本书主要关注上述所列的几种知识类型，它们也是大部分研究所探讨的主要内容。

记忆储存的类型与学习过程

如果知识建构是学科教学心理学关注的核心问题，那么学习者的记忆系统无疑是其精髓所在。图1-3描述了记忆系统的基本结构，从中可以看到，该结构由三个主要成分构成，图中分别用三个矩形加以表示。

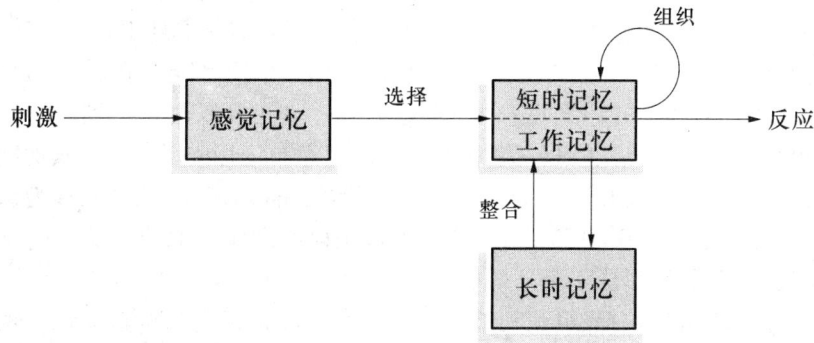

图1-3 记忆系统的信息加工模型

- **感觉记忆**(sensory memory)：输入的信息被感觉接受器所接受，储存非常短的时间。根据传统的记忆模型，感觉记忆的容量是无限的，表征的方式为感觉。信息在感觉记忆中的保持时间非常短暂(比如，视觉信息只能保持0.5秒)，且随着时间的推移而丧失。
- **短时记忆**(short-term memory)：如果你在信息丧失之前能够对其加以注意，则可以将其中的部分信息转到短时记忆(STM)中。短时记忆取决于主动的意识性或警觉性。根据传统的记忆模型,短时记忆的容量极为有限(比如,你一次只能有意识地关注到5个左右的不同事情),表征方式为听觉或与听觉有关的其他感觉信息。信息在短时记忆中的保持时间比较短暂(比如,信息通常只能保持18秒左右,除非对它们加以复述),信息的丧失主要是由于新信息取代了短时记忆中的已有信息。此外,工作记忆作为短时记忆的一部分,主要用于心理加工,如进行心算。

● 长时记忆(long-term memory):如果你对短时记忆中的信息进行编码,则信息可以进入长时记忆(LTM)中,其中某些信息可以永久保持。长时记忆的容量是无限的,其表征类型包括上述三类知识。信息可以在长时记忆中保持很长时间,信息的丧失是由于提取时受到其他信息的干扰。

除上述三种成分外,图中的箭头代表了三种基本的学习过程。

● 选择(selecting):主要是指关注所呈现信息的有关方面,并将其存入短时记忆中。图1-3中由感觉记忆到短时记忆的箭头即表明选择的过程。经由你的眼睛和耳朵可以获得大量信息,但你只是有选择地注意其中的部分信息,这些所选信息有待在短时记忆中进一步加工。斯腾博格(Sternberg,1985)将该过程称为选择性编码(selective encoding),并将其定义为"从无关信息中筛选出有关信息"(p. 107)。

● 组织(organizing):主要指在短时记忆中建构所输入的信息之间的内在联系,该过程由图1-3中从短时记忆到短时记忆的箭头所示。学习者在建构内在联系时,"将所选择的信息组织为一个有机的整体"(Mayer,1984,p. 32)。斯腾博格(1985)将该过程称为选择性结合(selective combination),并将其定义为"以形成一个整合的……具有内在联系的整体的方式将所编码的信息进行有选择地组合"(p. 107)。

● 整合(integrating):主要是指建立起短时记忆中刚组织起来的知识与长时记忆中提取出来的已有相关知识之间的外部联系,图1-3中从长时记忆到短时记忆的箭头即表明整合的过程。该过程包括"将有组织的信息与记忆中所储存的其他熟悉的知识结构之间建立联系"(Mayer,1984,p. 33)。斯腾博格(1985)将该过程称为选择性比较(selective comparison),并将其定义为"在新获得的或所提取的知识……与已有的知识之间建立联系,以形成一个外部相连的整体"(p. 107)。

由此,学习者应用选择、组织和整合等过程在短时记忆中建构新知识。短时记忆中所建构的知识被转换到长时记忆中,并通过编码得以持久储存,编码过程由短时记忆到长时记忆的箭头所示。

进行有意义学习的认知条件

我们已简要论述了知识的种类以及记忆系统的结构,下面我们回到本书的主题上来——学科教学心理学的作用。假定我们要求学生阅读一篇描述闪电如何形成的短文,然后进行记忆测验,以考查学生对所呈现信息的记忆程度;同时也让学生做一份迁移测验,以考查其创造性地应用所学知识解决新问题的状况。记忆测验的题目可以是:"一次闪电可持续大约____微秒"或者"一次闪电的电能是____伏特?"迁移测验可以提出这样的问题:"你将怎样减弱闪电的强度?"

有些学生没有记住短文中的大部分信息,或者不能回答迁移问题,这类学生被称为无学习者;有些学生记住了大部分信息,但不能创造性地应用这些信息去解决问题或做出解释,这类学生被称为不理解者。此外,还有些学生能够记住信息,且能够创造性地应用这些信息去解决问题,这类学生被称为理解者。表1-4简要描述了这三类学生的不同表现。

表1-4 三类不同的学习者

学习者类型	记忆测验	迁移测验
无学习者	差	差
不理解者	好	差
理 解 者	好	好

改编自 Mayer(1984)

什么样的学习条件导致了上述三种不同的学习结果?加涅(1974)区分了两个非常有用的学习条件:内部条件与外部条件。内部条件(internal conditions)指学习时被激活的学习者内部的认知过程;外部条件(external conditions)指学习者自身以外的教学事件。

迈耶(1984,1989,1996b)主张,教学必须满足三个主要的内部条件才有可能促进有意义学习:教学必须帮助学习者选择有关的信息、组织信息以及整合信息。图1-4对此进行了概述。三个条件的满足程度不同会形成三类不同的学习:

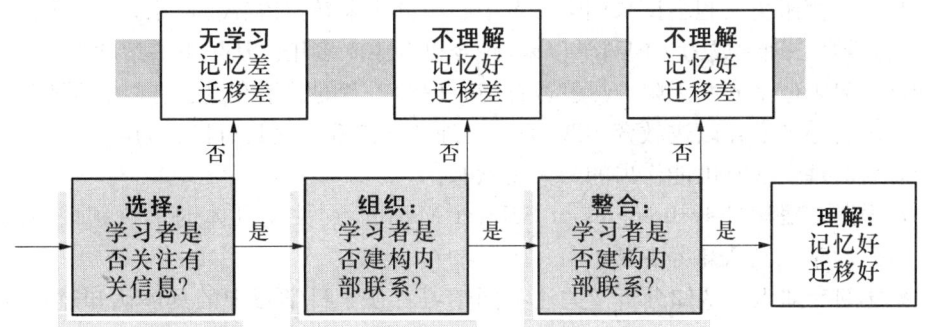

图1-4 有意义学习的三个主要条件

● **无学习**(nonlearning)：如果第一个条件未能满足,则学生一无所获。如果学生不认真仔细地阅读短文,即使他们主动思考以前所知的有关闪电的内容,也不可能从短文中学到任何东西。这就导致了学生在记忆测验和迁移测验上的较差成绩。

● **不理解**(nonunderstanding)：如果满足了第一个条件,但未能满足第二或第三个条件,则学生的学习就是不理解的。假定在阅读闪电的短文时,如果学习者不能建立闪电过程中各个事件之间的因果联系,则第二个条件未能满足。同样,如果学习者不能加工或激活有关的已有经验(如,温度失衡、电失衡等概念),并将之与所学材料整合起来,则第三个条件也未能满足。这就导致了学生在记忆测验上的成绩较好,而在迁移测验上的成绩较差。

● **理解**(understanding)：如果所有的三个条件都满足,则学生的学习就是有意义的。比如,将有关闪电的新信息组织成连贯一致的因果结构,并与已有的温度失衡和电失衡等概念相整合。有意义的学习使得学生在记忆测验和迁移测验上的成绩比较好。

尽管上述区分很模糊,尚不能称为一种教学理论,但确实为描述学习情境的类型提供了一个框架。其核心主题就是：有意义学习依赖于学习过程中的主动加工,也即依赖于知识的主动建构。

此外,促进有意义学习的三种外部教学条件是：(1)学习材料具有实质的意义；(2)学习者需要帮助；(3)测验所评估的是有意义的学习。如果学习材料是不可理解的(如,随意排列的一系列无联系的事件),则教学很难帮助学习者理解其意义。如果学习者已经知道如何选择、组织以及整合文中的有关信息,则无需再给予教学来引导他们如何使用这些认知过程。最后,如果测验只是考查学生对信息的记忆,则不可能揭示所发生的有意义学习。

学科教学心理学的前景如何？

自伊塔德医生大胆尝试采用学习者中心的方法来教授维克托以来,距今已有200多年；自教育心理学成为一门科学以来,距今也有100多年。从乐观的角度来看,教育心理学的未来似乎光明无限。尽管教育与心理学二者的关系在过去有些摇摆不定,但今日的教育心理学在改进教育实践、完善心理学理论等方面具有极大的潜力。

教育心理学最有可能作出的两大贡献有：

● **学科心理学**(Psychologies of Subject Matter)　关注具体的学科领域中的发展、学习、教学以及认知等主题。

● **学习者知识的认知分析**　关注不同学习者在学科学习中的具体认知过程及其知识。

简言之,教育心理学的发展前景在于它关注学习者在真实的学业活动中的具体认知过程。

教育心理学可能作出的第一个贡献就是关注学科心理学。传统的实验心理学关注人类如何学习、发展或思维等基本理论的建构，与此不同，当今的教育心理学试图建构不同学科领域的具体理论。比如，学科教学心理学不去探讨"人类是如何学习的""人类是如何发展的"或者"人类是如何思维的"，而是关注于"人们是怎样解决数学问题的""人们是怎样形成数学能力的"或者"人们是怎样进行数学思维的"。通过探讨学习者在真实的学科学习中的认知活动，而非人为设计的实验室情境中的认知活动，我们可以建构有关人类如何学习、发展和思维等方面的更为切合实际的理论。这些理论以具体的学科领域中的认知活动为基础，因此更有可能指导实际的教学。尽管20世纪对学科心理学关注不多，只有零散的一些探讨，如休伊（Huey,1908/1968）等人的《心理学与阅读教学法》（*Psychology and Pedagogy of Reading*），桑代克（1922）的《算术心理学》（*Psychology of Arithmetic*）等，但在最近的二十多年中，具体学科领域的教育与心理学问题受到研究者的普遍关注（Shulman & Quinlan,1996）。

教育心理学可能作出的第二个贡献就是对不同学习者的认知过程与知识进行具体细致的分析。传统的实验心理学关注一个群体与另一个群体之间的平均水平的比较，与此不同，当今的教育心理学试图描述完成某一任务所需的认知过程与知识。比如，我们不去探讨"群体A知道多少"，而是探讨"学生A知道什么"或者"学生A的认知过程是怎样的"。了解优秀学习者的认知过程及其知识结构，我们就有可能确立具体的教学目标，以教授那些不太优秀的学生。过去只是粗线条地测量学生知道什么，而认知分析则会提供更为精细的信息，进而更有助于指导实际的教学。与学科心理学受到关注的情形类似，也只是在最近的二十多年，研究者才对具体的认知分析过程予以重视。

学科教学心理学在教育和心理学领域具有不可替代的关键作用。对教育而言，学科教学心理学能够对学校情境中的人类大脑的运作过程进行理论解释，比如解释学生是如何学习、记忆以及应用所学知识的。通过建构学科学习的认知理论，学科教学心理学促进了更为有效的教学方法的产生。简言之，教育者的实际教学活动通常受到那些所谓时尚但缺乏事实依据的教学方法的影响，而学科教学心理学无疑为教育者提供了更为有效的其他方法。对心理学而言，学科教学心理学提供了形成和检验认知理论的生态学效度。学科教学心理学家促使心理学家形成能够解释学校学习的理论，进而确保认知理论的真实性。简言之，心理学过去热衷于建构那些解释人为的学习活动的精确理论，学科教学心理学则为心理学提供了另类有效的途径。

本书通过多种方式来展示认知心理学在学科领域的研究进展。为了探讨学科教学心理学对不同学科领域的促进作用，本书将分成五个部分来论述精选的几个学科领域——学习如何阅读课文，如何理解课文，如何写作，如何解决数学问题以及如何解决科学问题。在每一章，我们都首先对学习任务进行认知分析，即探讨完成某一任务所需的各种认知过程；然后探讨相应的教学技术以帮助学生形成从事认知活动的能力。简言之，各章都分别关注以下几个具体学科领域的学习与教学活动：阅读流畅性、阅读理解、写作、数学以及科学。

总结

阿韦龙"野小子"的例子引发了有关教育在人类发展中的作用的争论。在缺乏人类辅导的野外环境中长大的男孩未能达到正常人类所应该达到的发展水平,这一案例表明,每日与环境互动的自然经历必须辅以教师安排的教学活动。这个案例之所以重要,是因为它是最早强调以学习者为中心的教育理念的案例之一。

学科教学心理学是心理学的一个分支学科,试图探明教学环境与学习者特征如何相互作用,以促进学习者的认知发展。桑代克与杜威二者都承认教育的核心主题就是学习者受外部影响所发生的变化。对学科教学心理学进行界定时,应该区分行为主义取向与认知取向:行为主义取向只关注学习的外部条件,如教学活动、学习结果的行为表现等;认知取向则考虑到学习的内部条件,如学习者特征、学习过程以及学习结果等。

心理学与教育二者关系的历史经历了三个阶段:在单向路径阶段,试图让教育者去应用心理学家们所提出的理论;在死胡同路径阶段,心理学与教育分道扬镳;在双向路径阶段,心理学与教育相互交融、充实。此外,心理学和教育的发展历史还表现在学习的三个隐喻上:作为反应增强的学习,作为知识获得的学习以及作为知识建构的学习。

以学习者为中心的取向基于这样的理念:教学帮助学习者改变其知识结构。有五类知识:语义性知识,概念性知识,图式性知识,程序性知识以及策略性知识。记忆系统的结构包括记忆储存和记忆加工过程。记忆储存主要包括感觉记忆、短时记忆和长时记忆;记忆加工过程主要包括选择、组织和整合。教学活动有可能导致无学习、不理解或者理解等不同的学习结果。若要达到理解或进行有意义学习,则需要学习者去注意、获得适当的先决性知识,并主动组织新信息,将新信息与已有的知识经验相整合。

学科教学心理学的发展前景就在于它探讨不同学科领域中优秀学习者的认知过程,并促进那些尚未成功的学习者确立有效的认知过程。学科教学心理学使人们更为清晰地认识到有意义学习的认知条件如何相互作用、以促使学习者的心智发生变化。本书的后续章节将探讨在阅读、写作、数学以及科学等学科领域中的认知以及教学活动。

推荐读物

Berliner D., & Calfee R. (Eds.). (1997). *Handbook of educational psychology*, NY: Macmillan.

Bruer J. T. (1993) *Schools for thought: A science of learning in the classroom*. Cambridge, MA: MIT Press.

Dewey J. (1938) *Experience and education*. NY: Collier.

Gagne E. D., Yekovich C. W., & Yekovich, F. R. (1993) *The cognitive psychologyn of school learning* (2nd d.). NY: Harper Collins.

本章提要
- 与读词有关的问题
- 音素辨认
- 单词解码
- 词义获得
- 句子整合
- 总结

第二章 阅读流畅性

学会阅读是国民教育的一个重要目标,因为快速、自动化的阅读能力通常是保证学业或工作成功的前提条件。然而在美国,每五名成年人中就有一名是文盲,其中75%的文盲是失业者,60%的文盲是罪犯(Adams,1990)。本章主要论述早期阅读教学中的有关问题,具体说就是阅读时所涉及到的四个过程:辨认组成单词的语音单位,将书面符号解码成可发音的单词,在长时记忆中获得每个单词的意义,将各个单词整合为连贯一致的句子。同时,本章还将探讨每个过程的有关研究及其教育意义。

与读词有关的问题

假定你正在阅读,让我们来分析一下你是如何进行阅读活动的。阅读一个普通的单词需要多长时间?答案是:一般具有阅读能力的成年人只需几分之一秒,通常不超过四分之一秒(Crowder & Wagner,1992;Just & Carpenter,1980;Rayner & Pollatsek,1989)。阅读一个单词的过程是如此之快、如此自动化,似乎不可能涉及到太多的认知过程。但从下面的介绍中你将会发现,读词过程看似简单,实际上涉及到许多认知加工过程。

读词涉及哪些认知加工过程?

首先我们来完成第一项任务:大声阅读图2-1中第一组的四个单词,并圈出与其他三个单词发音不同的单词。然后,按照同样的方式阅读后面的几组单词。这就是一个音素意识(phonological awareness)测验。音素意识指能够意识到单词是由不同语音构成的一种能力。在图2-1的第一组单词中,三个单词所共有的语音单位(即音素)是/ng/,所以正确的答案是"pain"。其他三组的答案分别是"fan"、"threat"和"light"。布拉德利与布赖恩特(Bradley & Bryant,1978)运用一个相似的测验来考查学生辨认单词中语音单位的能力时发现,熟练阅读者能够顺利完成这种任务,而较差的阅读者则会遇到困难。由此可见,阅读中的一个重要过程就是对组成单词的独立语音单位——音素(phoneme)进行辨认。

在每组单词中,选出与其他三个不同的单词:			
1. song	long	pain	wrong
2. hit	pit	fan	kit
3. boat	threat	bank	bunk
4. shoe	light	ship	sheet

caws	fign	saif	shud
wight	phrend	hought	
blud	frish	nal	ait

图2-1 哪个单词与其他三个单词不同?   图2-2 你能否读出上述单词?

接着我们来完成第二项任务:尽量读出图2-2中每个单词的发音。如果你与大多数成年阅读者相同,你会使用各种发音策略来读这些单词,并且有可能读错其中十分之一的单词(Baron,1977)。你可能采用的一些发音策略有:读出每个字母,然后将它们组合到一起;寻找与这些无意义单词有相同韵律的真词等。这项单词发音任务反映了阅读过程的另一个重要方面:解码(decoding)过程,即把书面字符转换为声音的过程。

现在,我们进行与阅读有关的第三项任务。你需要一枝铅笔和一只秒表(用来记录你完成任务所需的时间)。在图2-3中画出属于"动物"的单词,同时记录完成该任务所用的时间。如果你的阅读水平同大多数阅读者相当,那么完成这项任务不会有什么困难。图中有7个动物单词,学龄儿童判断每个单词所需时间大约是1秒钟(Perfetti & Lesgold,1979)。在这个单词确认的任务中,涉及解码过程,同时还涉及另一个过程:意义获得(meaning accessing),即在长时记忆中寻找单词意义的过程。

house	mountain	zebra	rabbit	elephant
belt	tree	dog	deer	shoe
lamp	cloud	horse	bed	basket
table	shirt	mouse		

图2-3 画出属于动物类的单词

改编自 Baron(1977)

最后让我们完成图2-4中的阅读任务。阅读每一个句子,然后选出最难阅读和最易阅读的句子。句子1通常被认为是最难阅读的,因为阅读单词时,你需要进行多次的眼动。句子4是最容易的,因为它是按照我们最熟悉的方式呈现的。但你也可以通过阅读单个的单词或短语等,学会阅读如句子2和句子3中所呈现的句子类型。

句子1

Recent research has shown that a saccade length is about one or two words, which corresponds to about eight letter positions per fixation.

句子2

One educational implication of this work is that students can read faster if they can be taught to increase their saccade length.

句子3

Training in speed reading can increase reading rates from less than 300 words a minute to more than 900 words a minute.

句子4

However, many research studies have shown that there can also be a corresponding drop in readers' performance on tests of comprehension.

图2-4　哪个句子最难读？哪个句子最易读？

正如这个任务所表明的,阅读中需要进行眼动以获得信息。另外,阅读过程中,除了需要进行解码和意义获得外,你还必须将每个句子的所有信息组合起来。图2-4表明,一次眼动获得的信息越多,整合的过程就越容易。将句子中所有的单词组成一个连贯意义的过程叫句子整合(sentence integration)。

上述四个任务代表了读词的四个过程:音素辨认,单词解码,词义获得和句子整合。本章将简要介绍读词研究的发展历史及其有关理论,然后对读词的四个过程分别加以探讨。

什么是阅读?

对阅读进行讨论时,无法回避的一个问题就是:对阅读本身的看法因人而异。例如,阅读研究者对学会阅读(learning to read)和通过阅读进行学习(reading to learn)加以区分(Adams,1990;Chall,1979;Singer,1981;Weaver & Resnick,1979)。学会阅读包括学习如何将书面的单词进行转换,如发音和理解单词的意思。使这种转换过程达到自动化,这是从幼儿园到小学三年级的阅读教学中要完成的一项重要任务。虽然许多学生在三年级就能够流利地阅读,但也有一些学生直到高中毕业时还不能很好地掌握基本的阅读技能(Singer,1981)。本章主要关注学会阅读的问题,也即阅读流畅性(reading fluency)的问题。

通过阅读进行学习是指将阅读作为一种工具,通过阅读获得某一特定领域的具体知识。这个过程包括对整篇文章的理解和评价。从四年级开始,通过阅读获得知识就成为阅读教学的一项主要任务。第三章将对如何帮助学生从课文中提取知识(即阅读理解,reading comprehension)的方法进行介绍。

阅读研究的历史

学科教学心理学的早期研究中所探讨的一个主要问题就是:个体是如何学会阅读的?在休伊(Huey,1908/1968)的经典著作《心理学与阅读教学法》(*The Psychology and Pedagogy of Reading*)中,他对探讨和理解阅读过程的重要性进行了简要论述:

> 若某位心理学家能够对我们的阅读过程进行全面透彻地分析,这简直就可视其为最高成就,因为这需要对极其复杂的人类心理活动过程的许多方面进行描述,同时还要揭示那些代表其文化素养的各种标志性行为的复杂的形成历程。(p.6)

令人遗憾的是,早期对阅读进行的实验研究并未在20世纪初的心理学领域占有一席之地。20世纪前半叶占统治地位的行为主义,其研究与探讨阅读中的认知过程的研究格格不入。科尔斯(Kolers,1968)在《心理学与阅读教学法》一书的修订版的序言中指出:"自休伊对阅读过程进行探讨以来,目前尚无新的具有标志性的研究成果出现。"(p. xiv)

20世纪60年代认知心理学的兴起,使得阅读心理学研究得以重生。在过去的几十年里,研究者提出了很多阅读模型,以试图解释个体理解书面语言的过程。本书无意对所有的模型进行评论,但就大多数模型而言,都涉及到下面几个基本的认知过程:音素辨认,单词解码,词义获得和句子整合。

音素辨认

什么是音素意识?

音素意识是指意识到语言中的语音单位(音素)的能力,包括听和发出各种语音的能力。瓦格纳与托格森(Wagner & Torgesen,1987)在马丁利(Mattingly,1972)早期研究的基础上,将音素意识定义为"对语音体系的意识和使用"(p. 192)。音素意识有时也叫音位意识(phoneme awareness),即意识到单词是由语音单位构成的,而这些语音单位又能够组成单词。如,"hat"由三个音素组成:/h/,/a/和/t/。音素意识涉及到两个过程:一是将单词分解成语音单位的过程,如读单词"hat"时,能够区分出三个语音单位/h/,/a/和/t/;二是将语音单位组成口语单词的过程,如将上述三个语音单位组合起来,发出"hat"这个单词的声音。

当人们说"The cat in the hat is back"这句话时,我们可以从声谱图中看到其语音流。我们会发现,声谱图上并不是一系列整齐排列的语音单位,而是连续不断的声波。我们所听到的各种不同的发音源于我们的认知加工,而非说话时的声学特性。听者需要经过学习,才能够将连续的声波转化为独立的语音单位。

在标准的美式英语中,有42个基本的语音单位(即"音素"),如表2-1所示。当然,不同地区的发音和方言中可能会有更多的语音单位。英语中有26个字母,但由于某些字母的发音不止一种,因而音素总数不止26个。例如,"c"在"cat"和"cent"中的发音就不相同。英语的音素意识并非强调意识到字母和声音之间的联系(这种技能将在下一节的"单词解码"中加以解释),而是指在长时记忆中表征这些语音单位。

表2-1 英语单词中的常见语音单位

字 母	常见拼写	例 子
b	b	back
cork	c, k	cat, kitten
ch	ch, _tch	chief, catch
d	d	dog
f	f, ph	fit, elephant
g	g	give
h	h	help
j	j, _dge, ge, gi, gy	just, fudge, age, giant, gym
l	l	lion
m	m	milk
n	n, kn	no, know
ng	ng	sing
p	p	pot
r	r, wr	right, write
s	s, c	sent, cent
sh	sh, _t_, _c_	shoe, nation, special
t	t	ten
th	th	thin
t̄h	th	that
v	v	voice
w	w	way
wh	wh_	white
y	y	yes
z	s, _s	zebra, nose
zh	_s_	vision
a	a, a_e, ai_, -ay, ea, -ey	able, cape, train, day, steak, they
e	e, ee, e_e, ea, _y, _i_	equal, feet, eve, each, baby, babies
i	i, i_e, igh, _y, _ie, ai	I, bite, high, sky, pie, aisle
o	o, o_e, oa, _ow, _oe	go, phone, boat, low, toe
u	u, ue, you, u_e, _ew	using, cue, youth, use, few
ā	a, au, ai	hat, aunt, plaid
ah	a, al, o	father, calm, on
aw	a, aw, au, o	tall, law, caught, soft
ē	e, ea	bed, bread
ī	i, ui, u, ea, ee, ie	sit, build, busy, dear, deer, pierce
ū	u, o, ou, a, e, o	cup, some, couple, alone, loaded, wagon
oo	oo, u, ew, ue, ou, o	too, rule, new, due, group, do
o͞o	oo, u	book, full
oi	oi, -oy	oil, toy
ow	ow, ou	owl, ouch
ar	ar	park, car
ur	ur, ir, er, or, ear	hurt, stir, term, word, earn

注：本表没有列出某些不规则发音的字母，如queen中的q。一般有41～45个不同的语音单位。

改编自 Open Court Phonics Kit(1983), Stein(1966), Carrell & Tiffany(1960), Clark and Clark(1977).

"cat"的发音由哪几部分组成？单词"cat"和"hat"之间是否押韵？在听到单词"hat,fir,led"之后，对其进行复述。这些都是对音素意识进行测验的题目。如果学生能将"cat"这样的单词分成三个语音单位，能够区分押韵和不押韵的单词，能够正确地发出所听到的单词声音，那么就可以认为他具有音素意识。用于考查音素意识的其他常用测验还有：根据某个单词中的语音单位的数量来敲击相应的次数（如，对单词"hat"而言，可敲击三下）；颠倒单词中语音单位的顺序（以单词"hat"为例，说出/t/、/a/和/h/）；给单词加入某个声音（如，给单词"at"加入"h"，组成"hat"）；从某个单词中去掉一个发音（如，从单词"hat"中去掉"h"得到"at"）；将单独呈现的语音组成某个单词（如，当分别给出/h/、/a/和/t/的时候，说出单词"hat"）等。

音素意识的研究

音素意识是如何发展的？为了回答这个问题，利伯曼及其同事（Liberman, Shankweiler, Fischer & Carter, 1974）测查了四岁、五岁和六岁儿童将单词分解成音素和音节的能力，结果如图2-5所示。从图中可以看出明显的发展趋势，几乎所有四岁的儿童都不能辨认音素，而几乎所有的六岁儿童都能够正确地辨认音素。同时，有一半的四岁和五岁儿童以及几乎所有的六岁儿童能够将单词分解成不同的音节。这表明，音素意识在儿童期是逐渐发展的。

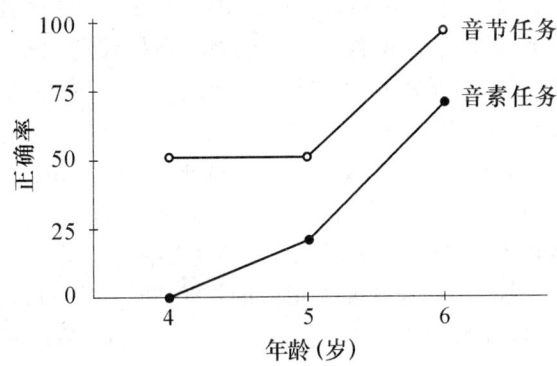

图2-5　音素意识的发展

改编自 Liberman, Shankweiler, Fischer & Carter (1974)

朱尔、格里芬和高夫（Juel, Griffin & Gough, 1986）对一年级和二年级的80名儿童的音素意识进行测查，也发现了相似的结果。表2-2中是音素意识测验中的部分题目。一年级上学期时，儿童回答的正确率为35%，下学期时，回答正确率为73%；二年级上学期时，儿童回答的正确率为83%，下学期为86%。这些结果也证明，音素意识随着儿童年级的增高而不断发展。

表 2-2　音素意识测验

任　　务	测　验　者	儿　　童
分　　割	说"no",问：在"no"中有哪两个发音？	/n/ /o/
组　　合	说/n/,/i/,/s/,问：哪个单词发这个音？	"nice"
去掉首音	说"top",问：去掉/t/,"top"怎么读？	"op"
去掉尾音	说"same",问：去掉/m/,"same"怎么读？	"sa"（与"say"相同）
首音替换	说"ball",用/k/代替/b/开头,组成一个新单词。	"call"
尾音替换	说"park",用/t/代替/k/结尾,组成一个新单词。	"part"

改编自 Juel,Griffin & Gough(1986)

音素意识和学会阅读之间有什么样的关系？音素意识是学会阅读的先决条件,如果学生缺乏音素意识,则阅读就会有困难。这种观点被称为音素意识假设(phonological awareness hypothesis),目前已得到了大量研究的证实(Adams,1990; Ehri,1991;Rieben & Perfetti,1991;Wagner & Torgesen,1987)。下面让我们来具体分析音素意识假设的两个基本观点。

首先,音素意识假设认为,如果将优秀的阅读者和较差的阅读者进行对比,则会发现,阅读能力差的学生,其音素意识测验成绩也差。布拉德利和布赖恩特(Bradley & Bryant,1978)对年幼的高水平阅读者与年长的低水平阅读者的音素意识进行测验,要求他们从所给的四个单词中挑选出与其他三个发音不同的单词(如,从"sun,sea,sock,rag"中选出"rag";从"cot,hut,man,fit"中选出"man");说出与给定单词押韵的另一个单词(如,根据测试词"sun"说出"fun")。该研究所得结果与音素意识假设相符,虽然年长者比年幼者有更多的阅读经历,但在上述两个音素意识测验中,年长者的成绩均较差。其他一些研究者也发现了相似的结论,在小学阶段阅读能力较差的学生,其音素意识通常也比较缺乏(Pennington,Groisser & Welsh,1993;Stanovich,1991)。虽然这些结果表明,音素意识的缺乏与阅读困难有关,但这种组间对比研究并不能告诉我们音素意识与阅读之间是否存在着因果关系。所以,还需要进行纵向研究,以确定早期儿童音素意识的发展是否影响着后续的阅读能力的形成。

第二,在纵向研究中,音素意识假设认为,小学阶段的阅读水平与儿童早期音素意识的水平高低有关。例如,布拉德利和布赖恩特(1985)对四岁和五岁儿童的音素意识进行测验,三年后用标准化的阅读成就测验进行重测。结果证实了这种假设,两次测验成绩之间具有高相关($r=0.5$)。

朱尔、格里芬和高夫(1986)进行了更有针对性的研究,考查一年级和二年级学生的音素意识(如表 2-2 中的例子)和阅读技能(如读出看到的单词,写出听到的单词)。音素意识与读出看到单词的能力之间具有高相关(一年级末 $r=0.8$,二年级末 $r=0.5$),与写出听到单词的能力之间也有高相关(一年级末 $r=0.8$,二年级末 $r=0.6$)。即使在数据分析的时候,将智力因素排除在外,音素意识对基本阅读能力也有很大的影响。

瓦格纳与托格森(1987)对以往音素意识的纵向研究进行了总结,发现即使考虑一般认知因素的影响,也有 20 个实验证明早期音素意识的发展水平与后续阅读成绩之间具有高相关。由此研究者得出结论:"音素意识与阅读之间具有相关,而这种相关不受一般的认知能力影响。"(p. 202)当然,除了音素意识外,还有其他一些因素也会对儿童的阅读水平产生影响。这个研究证明了音素意识是影响儿童阅读水平的一个重要因素。

虽然这些研究结论与音素意识假设一致,但也许你会问:这些研究是否证明了音素意识假设?根据这些研究结论,可以得出音素意识与阅读能力之间的几种可能关系:(1)音素意识影响了阅读能力水平的高低(这符合音素意识假设的观点);(2)阅读能力影响了音素意识水平的高低;(3)音素意识和阅读能力都受第三个因素的影响(如一般智力)。区分三种可能关系的一种有效方式就是对那些基本素质相当但不会阅读的儿童进行音素意识训练,然后对其阅读水平进行测验。我们将在下面介绍这种方法。

教学启示:音素意识训练

如果音素意识假设是正确的,那么教授学生辨认音素有助于改善其阅读能力。另外,这种教学干预研究不仅为验证音素意识假设提供重要的证据,也为早期的阅读教学提供实践指导。基于上述有关研究结果,朱尔、格里芬和高夫(1986)对音素意识教学的实践意义进行了论述:

> 这些研究表明,为音素意识较差的入学儿童提供口语音素意识训练是必要的。如果不经过特殊的训练,音素意识较差的儿童在后来的读写学习中会处于明显的劣势……这些学生通常是一些少数民族儿童。口语音素意识训练应该成为阅读教学之前的常规教学活动。

音素意识训练是否有助于学生学会阅读?布拉德利与布赖恩特(1983,1985,1991)的研究对此作出了回答。他们在两年内对五岁到六岁的儿童进行了 40 次音素意识训练,每次 10 分钟。训练的主要内容就是让儿童对那些以视觉或听觉方式呈现的单词进行音素辨认。例如,在一些训练中,给儿童呈现一幅汽车的图片,然后让儿童从一组图片中挑选出开头发音与汽车图片相同的单词图片(有的训练则是让儿童挑选出与给出单词发音不同的图片)。还有的训练是给儿童大量的图片,然后要求他们根据相同的发音对图片进行分类,同时说出相同的发音是什么。在口语单词的训练中,要求儿童说出听到的两个单词是否押韵,开头的发音是否相同,听到的几个单词中哪个单词与其他单词的尾音不同,等等。与实验组不同,控制组的儿童也接受了相同单词的40次训练,但只是训练儿童根据单词的语义对其进行分类(如将猫、蝙蝠、老鼠归为一类,因为它们都是动物)。训练结束时,音素训练组在标准化的阅读成就测验上的成绩超过控制组整整一个年级水平。尤为重要的是,接受音素训练的儿童一直保持了这种优势,在五年后的测验中,其阅读成绩仍优于控制组儿童。

再举一个对幼儿园儿童进行短期研究的例子。有实验者对音素训练组的儿童进行7周共28次的音素意识训练,每次20分钟。他们要求儿童在老师读出一个单词之后,对单词进行重复,并说出每个单词的音素。此外,还进行了字母命名训练以及布拉德利与布赖恩特(1983,1985)的研究中所采用的训练。与之对等的控制组则接受常规的阅读教学。

表2-3中左边两列数据表明,训练似乎对儿童的音素意识产生了很大的影响。虽然在前测中,音素训练组和控制组儿童的音素意识水平相同,但在后测中,接受训练的儿童音素意识有了显著改善,而控制组儿童的进步很小。表2-3右边的两列数据表明,训练也改善了儿童的阅读能力:在单词阅读的后测中,音素训练组儿童在含有两、三个音素的单词朗读测验中,其成绩好于控制组儿童。另外,在单词拼写的后测中,音素训练组儿童正确拼写出所听到单词的音素的成绩也好于控制组儿童。最后,在学年末的标准化阅读成就测验中,音素训练组的儿童中有35%已具有阅读能力,而控制组的儿童仅为7%。

表2-3 音素训练儿童和控制组儿童在四个测验中的正确率

组 别	音素意识		单词阅读	单词拼写
	前 测	后 测	后 测	后 测
音素训练组	40%	72%	52%	46%
控 制 组	40%	45%	10%	25%

改编自 Bradley & Bryant(1983)

其他教学训练研究也得到了类似的结果(Cunningham,1990;Lundberg,Frost & Peterson,1988),这表明直接的音素意识训练能够促进早期阅读能力的发展。值得注意的是,音素意识训练的促进作用不只局限于儿童早期的基本阅读能力的发展。例如,斯坦诺维奇(Stanovich,1986)的研究表明,如果教师没有对音素意识较差的初学阅读的儿童进行音素意识训练,就会导致一种恶性循环(p.364),即如果学生的音素意识较差,则他们阅读单词时就会遇到困难,从而限制了他们进行大量阅读的机会;而阅读机会的减少又阻碍自动化解码能力的发展;缺乏自动化的解码技能,学生只能将注意力集中在对单词的解码上,无法关注对阅读内容的理解,最终导致词汇量匮乏以及知识基础薄弱。音素意识训练的研究表明,早期干预有可能阻止这种恶性循环的产生。

一些儿童的音素意识并不会自然而然的发展起来,但教学干预可以起到一定的作用。斯佩克特(Spector,1995)对音素意识训练的研究进行了总结,认为"目前的研究清楚地表明,音素意识训练是有效的"。为此,"在学前阶段,可以让儿童进行一些活动,引导他们注意单词的发音"(p.41)。除了训练儿童理解单词和发音之间的联系之外,还可以教授儿童分解单词(如根据发音将单词分成几部分)和组合单词(如根据发音组成单词)的技能。

戈斯沃米和布赖恩特(Goswami & Bryant,1992)对音素意识研究的教学意义进行了总结:

> 毫无疑问,音素意识在阅读中具有重要作用。大量研究的结论充分证明了儿童将单词的发音进行分解和组合的能力与阅读能力之间有较强的(正)相关……同时研究表明,音素意识的训练能够促进儿童的阅读……音素意识是影响学会阅读的速度和效率的一种决定性因素……当然,音素意识只是整个阅读过程的开端环节。(p.49)

下面我们将要介绍单词解码过程中的认知能力发展。

单词解码

什么是解码?

解码是指将书面形式的单词转化成对应的语音的过程。它仅仅涉及单词的发音(或说出单词)过程,而不是解释单词的意义。本节我们将介绍在如何教授解码技能方面的旷日持久的争论,之后将论述解码研究的重要发现以及解码训练的教学研究。

激烈争论

阅读教学中,较为激烈的一个争论就是究竟采用读音法(phonics approach)还是用整词法(whole-word approach)进行教学(Adams,1990;Chall,1967,1983)。读音(或侧重编码)(code-emphasis)教学是指教授学生读出单词中字母或者字母组合的发音,并据此发出单词的声音。亚当斯(Adams,1990)指出,读音教学法的重点是"教授字母或字母组合与其发音之间的对应关系"(p.50)。例如,表2-1列出了英语口语中42个基本的语音以及与之相应的单词例子。阅读者需要学习将准确的发音与恰当的单词联系起来。图 2-6 表示的是一个漏气的车胎(发出"sssss"的声音),同时附有与这个声音相似的几个单词。

图 2-6　建立字母或字母组合与特定发音之间联系的读音教学

改编自 Open Court Phonics Kit(1979)

与语音教学法相反,整词教学法则是教儿童"即兴阅读"单词,也就是说,将整个单词作为一个独立的单位来发音。例如,早期的阅读教程可能是集中教授几百个单词。图 2-7 是阅读初学者要学习的几个经典单词。随着时间的推移,新单词逐渐地被添加到阅读者的存储库中。整词教学法属于侧重意义(meaning-emphasis method)教学方法的一部分,强调获得单词的意义是一个主要的学习目标。

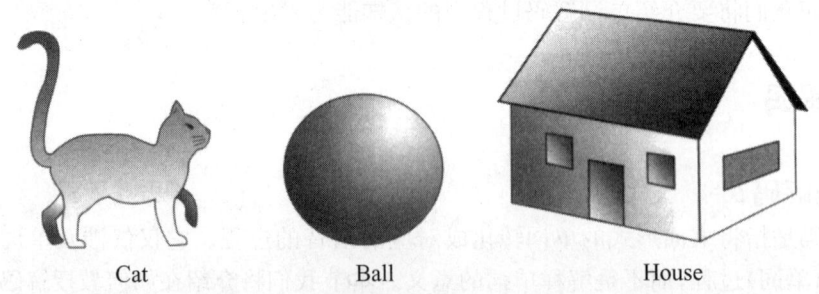

图 2-7　建立单词名称与单词符号之间联系的整词教学法

纵观历史,美国阅读研究始终在读音教学和整词教学二者之间摇摆不定(Adams, 1990;Singer,1981)。在 18 世纪,读音教学占主导地位,所使用的标准教科书是《新英格兰初级读本》(The New England Primer),于 1690 年发行第一版。这种教学首先让学生学习字母,然后学习如何读两个字母的组合(ab,ac,ad,af 等)以及辅音—元音音节(ba,da,ca 等)。接下来,给学生呈现含有更多音节的单词,最多的音节数可达五个。学生不断地操练每个音节的正确发音以及每个单词的正确拼读,直至一看到单词就能够拼读出来。最后,让学生出声阅读句子和故事,并回答阅读理解问题。

直至 19 世纪初,读音教学一直居于主导地位,当时流行的课本是《美国拼读》(The

American Spelling Book），于 1790 年出版第一版，这本书与《新英格兰初级读本》相似，都是先教字母，然后教音节，最后教单词。不同的是《新英格兰初级读本》中所涉及的主要内容是宗教，而《美国拼读》中所涉及的内容主要是国家忠诚和传统文化。

19 世纪中叶，整词教学的优势开始显现。在 1836 年到 1844 年间流行的教科书是《麦克古菲系列读物》（*McGuffey Reader*）。这种教学采用循序渐进的方式来引入新单词，比如先让学生看单词，然后听单词，接着看一幅与单词有关的图片或读某个句子，最后拼读单词（或分解单词中的音节）。《麦克古菲系列读物》与以往教科书的不同之处在于划分了等级系列，可以按照学生年龄和水平的不同分别进行教学。

19 世纪 80 年代，随着对优秀文学作品的阅读的重视，读音教学法重新受到关注。1902 年出现了科学字母表，该字母表由 44 个音素以及与其相对应的 44 个音节组成。常用的教学方式就是训练学生学习利用这些音节来编写句子，其他教学方法包括先教学生读单词，然后再提供图片或句子等。

20 世纪初，教育领域中的科学研究对阅读教学产生了一定的影响，更为强调默读而不是出声朗读。例如，在入门性的课程中，教师可能在黑板上写出"到这儿来"，然后学生根据黑板上书写的指令而进行活动。这种教学还强调理解故事的意义；教师在让学生读某篇故事之前，先让学生交流自己的经验。学生在学习如何将单词分成各个部分之前，首先学习如何辨认整个单词。

第二次世界大战结束后，美国学校中普遍使用的阅读课本多是基础读物。这些基础读物与《麦克古菲系列读物》相似，也是一些分级系列丛书，每本书在阅读技能的复杂程度和难度等方面都有循序渐进的提高。大多数的基础读物既采用整词教学法，也采用读音教学法。但许多研究者认为（Singer, 1981；Flesch, 1995），整词教学法的比重更大一些。弗莱彻（Flesch, 1995）在其名著《为什么约翰不会阅读？你对此如何作为？》（*Why Johnny Can't Read and What You Can Do about It?*）中，呼吁重新审视读音教学法的重要作用。

阅读初期，何种教学方式是最有效的？这一问题成为"教育领域中最具有政治性的议题"（Adams, 1990, p. 13）。值得庆幸的是，这场争论引发了大量有价值的研究成果。查利斯（Challs, 1967）在其经典著作《学会阅读：激烈争论》（*Learning to Reading: The Great Debate*）中，对以往研究进行了总结，认为儿童在学习阅读和理解内容之前，应该先学习建立字母和发音之间的联系。亚当斯（1990）在一项总结性研究中得出了相同的结论："直接、系统的读音教学能够更好地促进学生单词阅读能力的发展。"（p. 93）虽然当今的阅读教程试图在读音教学与整词教学之间寻求一种平衡，但研究表明，在儿童能够熟练地进行阅读理解之前，必须具有快速的、自动化的单词解码能力，这是至关重要的。也就是说，儿童必须首先学会阅读（侧重编码），然后才能成功地通过阅读进行学习（侧重意义）。

综上所述，美国的阅读教学进程始终在"读音法"与"整词法"之间摇摆不定。读音法强调字母—音节—单词—句子的教学进程，而整词法则强调从有意义的语境到单词、再分解到各个部分的教学进程。亚当斯(1990)在对早期阅读教学研究进行评论时指出，这场"激烈的争论"还将继续进行下去。个体究竟是如何阅读的？应该如何进行早期的阅读教学？有关研究在上述问题上得到了什么结论？我们下面将对这场争论中所涉及到的三个重要方面进行介绍：个体如何辨认音节；词优效应，即个体如何辨认字母；发音策略效应，即个体如何将字母组合起来，读出单词。

有关解码的一些研究

自动化效应

首先让我们先回顾一下这场争论之初的一个案例。故事发生在1895年的秋天，地点是印第安纳州布鲁克维尔的西部联盟电报局。人物是名叫维尔·雷诺兹(Will Reynolds)的18岁男孩和名叫爱德思·鲍尔斯利(Eydth Balslay)的17岁女孩。他们都在鲍尔斯利先生的督导下学习如何发报。他们都很聪明、认真，到1896年6月时，两人已经学会了收发一般的商业信件。在这段时间内，两人都同意接受每周一次的收发电报的速度测试。由此，维尔和爱德思作为心理学的被试而被载入教育心理学的史册，这项研究也被公认为最早的技能学习的心理学研究(Bryan & Harter,1897)。

为了对两人的接收速度进行测量，测试者在两分钟内以某一速率给他们发送一条莫尔斯电码信息，要求他们根据听到的电报声音，将电码信号转化为文字信息。如果被试编码信号时出现了错误，那么测试者就改用稍慢的速度呈现信息，并再次测试。如果被试成功了，则改用稍快的速度再次呈现信息并测试。图2-8是维尔和爱德思从开始到掌握收报基本技能期间的学习曲线，其中X轴表示练习量，Y轴表示学习水平。

布赖恩特和哈特(Bryan & Harter,1897)发现，维尔和爱德思的译码技能在质和量两方面都发生了变化。这些质和量的变化形成了一种自动化效应(automaticity effect)，即学习者无需对接收电报的每个步骤加以注意即可完成任务。首先，从图2-8的学习曲线中可以看出，在训练过程中，两人接收电报的速度有明显的提高。经过6个月的练习，他们达到了接收电报所要求的最低限度(即每分钟71个字母)，训练至9个月的时候，他们的速度已经达到了每分钟100个字母，学习曲线的上升速度越来越快。速度的加快表明两人的解码能力逐渐达到自动化，即有意注意的参与逐渐减少。

其次，两人的学习也发生了质的变化，从一个字母一个字母的转换，到一个单词一个单词的转换，最后到一个短语一个短语的转换。布赖恩特和哈特(1897)认为，这种质的变化表现在训练中期出现的高原期。从学习曲线中可以看到，第16周至第20周之间的学习曲线接近于水平。布赖恩特和哈特认为，这种情况表明技能学习是分阶段的：第1周到第16周期间学习速度的增长反映了对单个字母和简单单词的解码技能

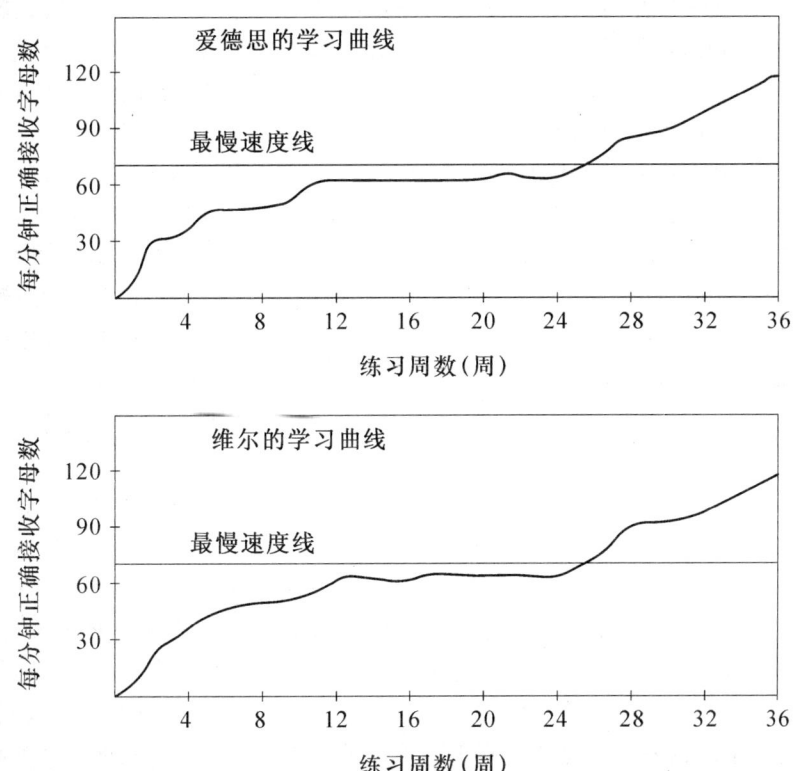

图 2-8 在最初 36 周的学习中,维尔和爱德思每分钟能正确接收多少字母?

改编自 Bryan & Harter(1897)

的提高。随后出现的高原期表明字母解码技能不断巩固,以便达到自动化。从第 24 周开始出现的学习速度的增长表明学习者的关注点转移到单词和短语上。通过对上述两人从新手到专家转变的观察,布赖恩特和哈特认为,学习者最初对电报的解码是一个字母一个字母进行的,经过大量练习之后,则进行一个单词一个单词的解码,最终达到能够以短语为单位进行解码。因而,他们总是在接收到 6~12 个电码信息之后才开始进行书写记录。曲线中的高原期表明,他们通过一个字母一个字母进行解码的能力已经达到了最高水平,但尚未达到完全的自动化。一旦达到自动化,这种技能逐渐成为单词和短语解码等更高级技能的一部分。值得注意的是,新手对一个字母一个字母进行解码时,通常不会注意到整份电报的内容,而专家通常是在获得了完整的短语信息之后才将其记录下来,因而了解电报的内容。

就儿童如何学习阅读而言,这个 19 世纪的研究能为我们提供什么信息呢?当著名的教育心理学家桑代克(1913)对布赖恩特和哈特的技能学习的经典研究进行分析后,认为"在(刚开始)学习阅读时……其进程与学习发报具有某种相似性"(p. 100)。

无论是对书面文字还是莫尔斯电码,在进行解码的学习过程中,其关键所在就是要使较低水平的技能达到自动化程度。相应地,对于学生来讲,能够快速、自动化地辨认字母(或字母组)与其发音之间的联系是至关重要的,此时音素的解码不需要太多的认知努力。这个目标可以通过练习逐渐达到。

与上述的基本技能自动化发展观点相一致,许多研究者认为,那些需要对自己的解码过程进行有意识监控的学生,只能将较少的注意资源用于推论以及理解文章方面(Adams,1990;Chall,1967;Perfetti & Lesgold,1979)。为了对这种观点进行验证,珀佛特和霍根伯姆(Perfetti & Hogaboam,1975)选择一些在标准化阅读理解测验中低分(成绩低于 30 个百分点)和高分(成绩高于 60 个百分点)的三年级和五年级学生作为被试。阅读理解测验要求被试在阅读完之后,回答有关文章内容方面的问题。实验要求被试完成一个单词朗读任务:在屏幕上呈现一个单词,要求被试尽快读出单词。这个任务主要是要求被试进行解码,而不是理解。

如图 2-9 所示,高水平的阅读者与低水平的阅读者在读出熟悉的单词时,所用时间没有显著差异。但在读出不熟悉的单词时,低水平阅读者所用时间比高水平阅读者平均要长 1 秒钟。对这个结果的一种解释是:高水平阅读者花费较多的时间用于阅读较难的文章,因而他们更为熟悉这些"不熟悉"的单词。但图 2-9 还表明,低水平阅读者在朗读假词(即可以读出音但无意义的单词)时也比高水平阅读者多用平均 1 秒钟的时间。显然,即使单词本身没有意义,高水平阅读者的编码过程也是快速的、自动化的,而低水平阅读者在对这些不熟悉的单词进行解码时则非常困难。这个研究结果再次证明,解码技能的良好发展使得阅读者能够将更多的注意资源用于文章的理解

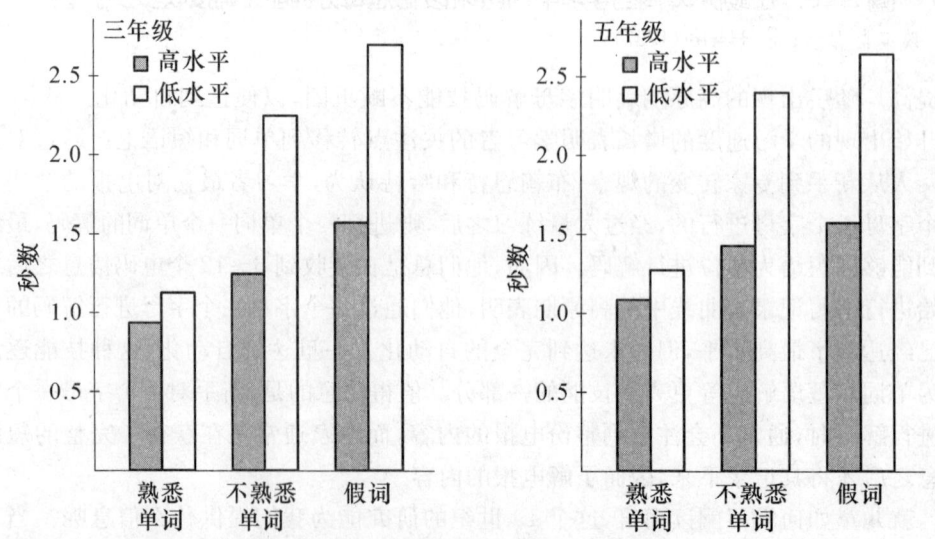

图 2-9　高水平阅读者和低水平阅读者的平均阅读时间

改编自 Perfetti & Hogaboam(1975)

上。实际上，流利阅读者的解码技能达到一定程度的自动化后，他们往往意识不到单词的发音规则(Calfee,Chapman & Venezky,1972)。显然，掌握有效的解码技能是掌握阅读理解技能的一个前提条件。

词优效应

在有关解码的激烈争论中，提供更为详尽信息的另一种方式是对熟练的阅读者(如普通的成年人)进行研究，考查他们是如何阅读单词中的字母的。例如，我们可以考查人们究竟是像读音法所描述的，先阅读单个字母，然后将它们组成单词呢，还是先阅读整个单词，然后再辨认每个字母。

第二种观点听起来似乎有点不可思议，因为经验告诉我们，在认识整体之前，必须先认识部分。但是，早期的一些研究结论确实出乎人们的意料。例如，卡特尔(Cattell,1896)发现，当字母作为单词的一部分出现时，比单独出现更容易被正确识别。在其他一些实验中，在屏幕上快速呈现一些互不相关的字母时，个体仅能辨认出三个；但是如果将这些字母每三个组成一个单词，个体能够辨认的字母数则为六个。当字母是单词的组成部分时，人们能够更快、更准确地辨认出字母，这种现象被称为词优效应(word superiority effect)(Baron,1978;Kreiger,1975;Reicher,1969;Smith & Spoehr,1974)。

词优效应很早就被实验心理学研究所证实。此处仅以约翰逊(Johnson,1978,1981)所做的一个实验为例来加以说明。研究者要求被试注视屏幕，然后报告屏幕上闪现的字母是什么。表2-4给出了几种不同的字母呈现方式，它们分别是单词形式(如"COIN")，字母串形式(如"CPDT")，或者单个字母形式(如"C")。每种形式呈现的时间都是30毫秒。之后在屏幕上呈现一个遮蔽图像(如"×××××")，以消除视觉后像的影响。最后要求被试进行一个迫选测验(如，单词的第一个字母是"C"还是"J"？你看到的字母是"C"还是"J"?)，在实验之前，被试并不知道对哪个单词或字母串进行测验。从表2-4中可以看出，当字母是单词的一部分时(如，"C"在"COIN"中)，被试辨认的正确率高于字母单独呈现(如，单独呈现"C")以及以无意义的字母串形式呈现的情况。在约翰逊的实验中，词优效应提高了13%的正确率。

表2-4 词优效应

实验处理	刺激	遮蔽刺激	迫选测验		正确率
单词	COIN	×××××	COIN	JOIN	0.845
字母串	CPDT	×××××	CPDT	JPDT	0.686
单词字母	C	×××××	C	J	0.710

改编自 Johnston(1981)

词优效应似乎说明阅读者加工单词比加工字母更为容易,因而成为整词阅读教学法的论据之一(Singer,1981)。但是我们在接受这个结论时还需谨慎。因为词优效应并不是一种理论,它只是一个经过实验验证的事实,还需要对个体如何阅读、如何学习阅读等方面进行理论分析。教育实践需要建立在对阅读过程理解的基础上(如,有关阅读的整合理论),而不是基于个别的事实。

约翰逊(1981)认为,可以从三个角度对词优效应进行理论假设。理论一,单词可以提供单个字母所不能提供的信息。但是当单词以大写字母(如"COIN"),或混合形式(如"CoIn","cOiN"),或者是加空格(如"CO IN")的形式呈现时,同样存在着词优效应。理论二,单词能够为字母的辨认提供线索。假定你知道了一个单词由四个字母组成,后三个字母是"NOB",那么你就可以将假设限定在第一个字母是"S"或"K"上。但是与该理论解释不符的是,将首字母有三种可能性的情况(如"-RIP")与首字母有九种可能性的情况(如"-ATE")相比,被试并未表现出更多的词优效应。理论三,遮蔽刺激的呈现使单词有了更好的记忆效果。但是,这种理论的解释也是不充分的,因为它并没有很好地去解释为什么对单词的编码比对字母的编码更容易。总之,约翰逊(1981)认为,所有这些理论都无法为词优效应提供合理的解释。

词优效应的原因究竟是什么?约翰逊及其同事(1981;Johnston & McClelland,1980)提出了一种理论。该理论是基于这样一种观点:单词可以在几个水平上进行分析。当呈现"COIN"的时候,阅读者开始在下列每一水平上对该单词形成假设并进行假设验证:

● **特征检测**(feature detector) 确定字母的笔画是直的还是弯曲的,每个位置上笔画的指向。

● **字母检测**(letter detector) 根据特征检测所提供的部分信息,确定每个位置上的字母。

● **单词检测**(word detector) 根据字母检测所提供的部分信息,确定呈现的单词。

但是,遮蔽刺激一旦呈现,对外部特征和字母的检测就会消失。所以,在经过刺激遮蔽之后,能够保留下来的惟有单词检测这一水平。如果刺激是一个字母或字母串,没有单词水平的分析加工,那么遮蔽刺激就会影响任务的完成。约翰逊及其同事认为阅读者通过单词的各个部分来分析单词,以此来解释词优效应。如果这种理论是正确的,那么词优效应并不能说明运用整词法对阅读初学者进行教学比读音教学法更好。

发音策略效应

让我们先回顾一下图 2-2 所示的朗读任务。巴龙(Baron,1977)给成年读者呈现可发音但无意义单词,要求他们朗读这些单词,并解释是如何确定每个单词的发音的。

结果表明，实验中的被试倾向于使用三种发音策略：第一种是相似性策略，利用熟悉、相似的真词的发音，来发出无意义单词的音，如，将"BLUD"读成"blood"的音。第二种是类比策略，根据真词中某些部分的韵律来朗读无意义单词，如，根据"motion"的部分韵律的读音来读出"ROTION"。第三种是对应策略，被试根据读音规则，确定单词中每一部分的发音，然后将发音组合起来，如，对于无意义单词"SHUD"，将"sh"读成"SH"，"U"读成"ah"，"D"读成"d"，最后组合起来，发出"sh-ah-d"的读音。

在巴龙的研究中，被试最经常使用的策略是对应策略。这种策略的使用与阅读教学中的读音法有些相似，读音法阅读教学要求学生学习建立字母和发音之间的联系。与之相对，相似性策略在某种程度上与阅读教学的整词法相对应。类比策略则似乎在读音法和整词法之间寻求一种平衡。对被试的发音错误进行分析发现，类比策略是一种最有效的方式。

为了验证类比策略的优势，巴龙(1977)对一些被试进行训练，教他们如何使用类比策略来朗读无意义的单词。结果表明，在接受类比策略的训练后，被试的朗读成绩有很大的提高，错误率从9%下降到4%。巴龙的研究还证明，类比策略可以同样成功地运用到年仅四岁的年幼儿童的阅读教学中。例如，通过应用韵律，可以教授儿童朗读由三个字母组成的、结尾是"IN"以及"AX"的单词，如"TIN"、"TAX"、"PIN"、"WAX"。

越来越多的证据表明，那些尚未完全掌握读音解码的阅读初学者可以通过使用类比策略来学会阅读单词(Goswami,1986;Goswami & Bryant,1990)。在一项研究中，给阅读初学者呈现一张纸，上面写有一个提示单词，如"beak"，然后再呈现其他一些单词和无意义单词，如"bean"、"beal"、"peak"、"neak"、"lake"、"pake"等。老师首先朗读提示单词，然后要求儿童大声读出纸上的其他单词。当"peak"以及"neak"等单词与提示词的韵律相似时，儿童的成绩比较好，但对于"bean"和"beal"等与提示词有部分字母相同的单词而言，或者对"lake"和"pake"等发音不同的单词而言，儿童的成绩较差。在随后的研究中，爱瑞和罗宾斯(Ehri & Robbins,1992)发现了另外一些研究证据，"阅读初学者更倾向于通过与已知单词进行类比而不是通过对单词的读音编码来阅读不熟悉的单词"(p.22)。

若要在英语的字母和发音之间建立自动化反应，首先需要学习英文的42个发音(如表2-1所示)和字母表中的26个字母。然后，必须学习字母与发音之间相联系的规则。但遗憾的是，字母和发音之间的关系是不规则的(Clymer,1967)。例如，克莱默(Clymer,1967)总结了45条规则，表2-5所示是其中的部分规则，但就大部分规则而言，都有例外的情况。学习一门语言(如英语)的最佳读音解码方式是什么？早期的技能学习研究认为，练习能够促进自动化解码技能的发展。

表2-5 元音和辅音的部分发音规则(节选)

规　　则	举　例	例　外	一致性比例
当单词含有两个元音且最后一个是 e 时,则第一个元音发长音,e 不发音。	bone	done	63%
当单词只有一个元音时,则这个元音发短音。	hid	kind	57%
当两个元音相连时,第一个元音发长音,第二个元音不发音。	bead	chief	45%
当两个相同的辅音相连时,只有一个辅音发音。	carry	suggest	99%
Ch 的发音通常与它在 chair 中的发音相同。	catch	machine	95%
当 g 在 i 或 e 之前时,通常发出与 jump 中相同的 j 音。	engine	give	64%

改编自 Clymer(1963)。

教学启示:自动化训练

上述研究结果对我们的一个重要启示是,阅读者在识别字母以及读出单词等技能上必须达到自动化。简言之,在阅读教学的最初几年里,应该帮助儿童发展自动化的解码能力(也就是不需要太多的认知努力)。这一部分将集中讨论如何对自动化解码能力进行训练。

斯坦诺维奇(1980)对解码研究进行了总结,认为优秀的阅读者与差的阅读者之间的区别主要表现在是否能够不受语境限制而快速识别单词。记忆系统的资源是有限的,如果一些加工过程占用了过多的注意资源,那么其他加工过程可用的注意资源就会减少。例如,拉伯奇和塞缪尔斯(LaBerge & Samuels,1974)提出,流利的阅读者能够对文章进行自动化的解码,这意味着他们可以将注意资源用于理解加工过程。相反,阅读初学者必须将注意力集中在解码上,因而理解加工过程的注意资源相对减少。珀佛特和霍根伯姆(1975)就此所作的总结是:"由于解码主要是一个自动化的过程,因而对阅读者的高级理解过程没有太多要求。"(p.466)

拉伯奇和塞缪尔斯(1974)提出了自动化发展的三个阶段:

● **不准确阶段**(nonaccurate stage),阅读者在单词识别过程中出现错误。
● **准确阶段**(accurate stage),阅读者能够正确地辨认单词,但必须集中注意力。
● **自动化阶段**(automatic stage),无需注意即能够正确地辨认单词。

应该如何进行教学,使学生达到解码的自动化? 塞缪尔斯(1979)提出了**重复阅读法**(method of repeated readings)这项技术。根据这项技术,学生不断地重复阅读一篇短文,直至达到一定的熟练程度,然后再用相同的程序阅读另一篇短文,如此训练下去。图2-10是一名学生使用重复阅读法阅读五段短文之后,在阅读速度和单词辨认速度上的变化。有两个结果非常有趣:第一,就每段短文而言,学生阅读的流畅性显著改善。第二,虽然每段短文中的单词不同,但从一段短文到下一段短文,学生阅读的流畅性也有显著改善。

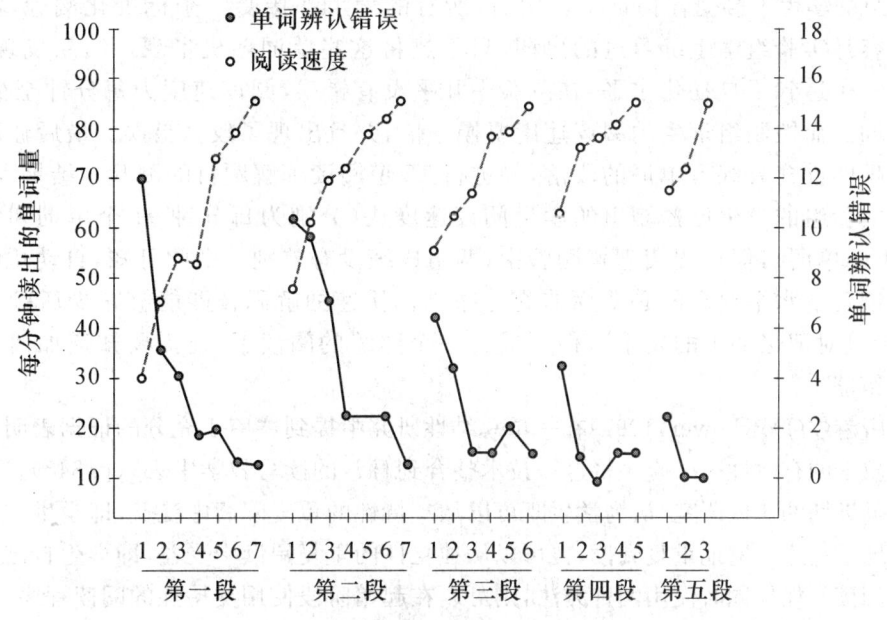

图 2-10 通过重复阅读来改善解码流畅性

改编自 Samuels(1979)

促进单词辨认自动化的最佳方式是什么?塞缪尔斯(1967)提出了**注意集中假设**(focal attention hypothesis)。这种假设认为,阅读时注意力应该集中在单词上而不是语境上,因此使用图片和句子进行单词辨认训练,实际上干扰了阅读者去注意单词。例如,爱瑞和罗宾斯(1979)让一年级学生使用卡片学习阅读16个单词,每张卡片上都有一个包含目标词的句子。结果与预期假设相符,卡片上只有单词时,学生读出单词所需时间(平均为10.9秒)比卡片上有句子语境时所需时间(平均为15.7秒)要短。他们能够记住较多关于单词的正字法特征,如单词拼写,但对于造句所需的单词语义特征的记忆成绩较差。与此类似,奈莫克(Nemko,1984)也要求一年级学生使用卡片来学习16个单词,单词的呈现方式有两种:单独呈现或者在句子语境中呈现。测验形式是阅读单独呈现的单词和在句子中呈现的单词。结果表明,当学习单个单词且对单个单词进行测验时,学生的成绩最好。

塞缪尔斯(1979)认为,当学生阅读的流畅性不断提高时,他们的理解水平也相应提高,因为"解码所需注意力的减少使得更多的注意资源可用于阅读理解"(p.405)。但在解码自动化的训练能否提高阅读理解能力这一问题上,目前尚未达成一致。弗莱舍、詹金森和潘恩(Fleisher, Jenkins & Pany, 1979)对四年级和五年级较差的阅读者进行解码训练。实验组的学生使用卡片来练习快速阅读单个单词,而控制组的学生不接受任何训练。然后,所有的学生都接受一个标准化测验,测验的内容是实验组学生练习过的单词,只不过将这些单词随机呈现。结果发现,实验组学生达到了自动化水平,在测验中几乎没有错误,阅读速度为每分钟至少90个单词。而控制组学生的阅读速度要慢一倍,并且出现了较多错误。最后让所有的学生阅读含有练习单词的段落,并进行12道阅读理解题目的测验。结果表明,虽然实验组的学生比控制组的学生阅读速度快(分别为每分钟91个单词和每分钟61个单词),但在阅读理解测验中,两组成绩没有差别。由此可知,自动化解码是阅读理解水平提高的必要而非充分条件。快速的解码技能能够减少瓶颈限制(或者是对记忆加工的要求),但要成为一个熟练的阅读者,还需要知道如何使用理解策略。

唐赫尔(Dowhower,1994)在一项总结性研究中提到,"鉴于充分的证据表明重复阅读教学的有效性……应该将这一技术整合到日常的读写教学中去"(p.343)。唐赫尔根据近期的一些研究,认为学生既可以从支持性的重复阅读中受益,即学生在教师的指导下一遍一遍地重复阅读,也可以从独立性的重复阅读中受益,即学生自己进行重复阅读。如果同时使用两种方法,则可以在起始阶段使用支持性的阅读程序,然后逐渐引入独立性的阅读程序。布卢姆和科斯基宁(Blum & Koskinen, 1991)对重复阅读技术进行了改进,让学生两两配对,一起阅读一篇50字的文章,每个人向对方读三遍。重复阅读法以及其他一些自动化训练的最终目的都是让学生无需注意解码过程即能够完成对单词的解码。

词义获得

什么是词义获得?

个体是如何阅读单词的?本节将介绍单词阅读过程中,个体如何对声音单位进行辨认,并将其组合起来。但声音单位的组合只是获得单词意义的一部分,如果要在文章中理解词义,阅读者还需要同时运用语义知识(即词义)和语法知识(即语法规则)。寻求词义的过程被称为意义获得(meaning access)。本节将介绍一些与词义获得过程(包括语境效应和词汇效应)相关的基础研究以及促进词义获得过程的教学研究。

词义获得的研究

语境效应

语境效应(context effect)是指单词所在句子的语境对单词辨认的速度和正确性的影响。塔尔文和戈尔德(Tulving & Gold,1963)对句子语境在词义获得中的作用进行了一项开创性的研究。研究者在屏幕上快速呈现一个单词,然后要求被试大声读出单词。在快速呈现单词之前,给被试一个提示,如"The actress received praise for being an outstanding _____."(这名女演员因其出色的_____而受到赞赏。)显然,这个句子为要测验的单词"performer"(表演)提供了**恰当语境**(appropriate context)(Tulving & Gold,1963)。但对于单词"potato"(土豆)来说,这个句子则是一个**不恰当语境**(inappropriate context)。测验单词之前提供的线索的长度分别为零(即,没有线索),一个,两个,四个和八个单词。预期假设是:线索越长,提供的语境越有效。

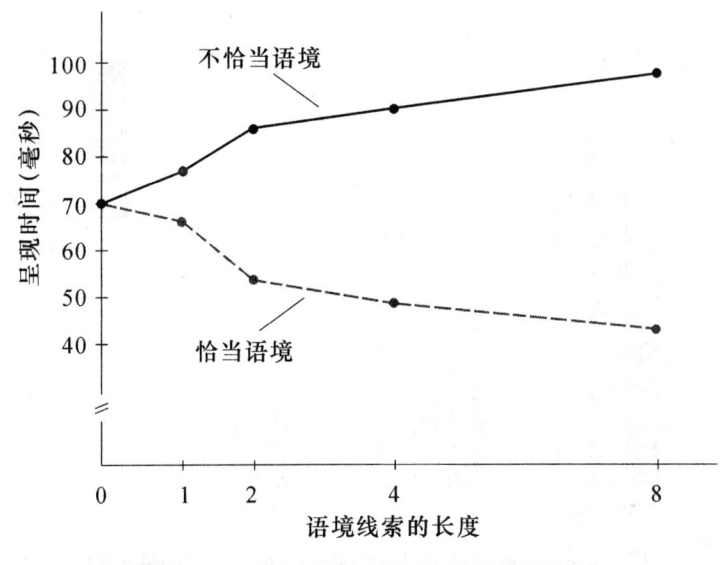

图 2-11 在恰当语境和不恰当语境下读出单词的时间

改编自 Tulving & Gold(1963)

实验结果如图 2-11 所示。研究者测查了被试读出测验单词所用的时间。当在一个恰当语境下呈现单词时,即使呈现时间很短,被试也能够读出单词。但如果在一个不恰当语境下呈现单词,则被试读出单词所需呈现的时间有所加长。如图 2-11 所示,恰当语境下读出单词所用时间是不恰当语境的两倍。同没有语境线索相比,不恰当语境会抑制被试读出单词的能力,而恰当语境能够提高这种能力。

上面的研究结果说明,阅读者的语义和语法知识在单词阅读中发挥了一定的作用。对此的一种解释是,句子语境能够提供语法线索(话语中的哪部分将会出现的线索)和语义线索(单词可能具有的意思的线索)。这些线索使阅读者能够在单词呈现之前,预先形成具体的假设。如果假设是正确的,那么所需的阅读时间会减少。如果假设是错误的,那么就需要更多的时间形成新的假设,并对假设进行验证。

韦斯特和斯坦诺维奇(West & Stanovich,1978)将塔尔文和戈尔德的研究方法运用于年幼的阅读者。例如,要求四年级、六年级学生和成年人阅读屏幕上呈现的单词。在某些单词呈现之前,呈现与单词一致的句子语境、不一致的句子语境以及只呈现"the"。韦斯特和斯坦诺维奇测查了从单词呈现到被试读出单词之间的时间间隔。图2-12表明,对于所有年龄组的被试而言,当句子语境与单词一致时,读出单词所需时间最短。但语境对成年人的影响有所减少,成年阅读者对语境的依赖要少于儿童。对此的一种解释是,成年阅读者对词义的理解更为自动化,而儿童则需要对语境进行更多的有意注意。

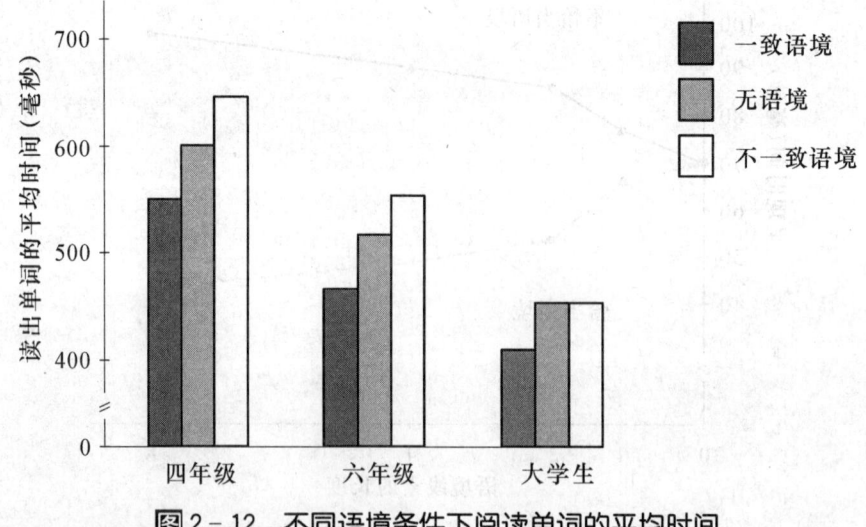

图2-12 不同语境条件下阅读单词的平均时间

改编自 West & Stanovich(1978)

斯波尔和舒伯斯(Spoehr & Schuberth,1981)对不同水平阅读者的比较性研究进行了总结,发现水平较差的阅读者更易受语境的影响。例如,在韦斯特和斯坦诺维奇的研究中,水平较差的阅读者比优秀的阅读者表现出了更大的语境效应。此外研究还发现了语境效应的发展性特点,即年幼阅读者比年长阅读者更依赖于语境。施瓦维尔特、阿克曼和塞姆勒(Schvaneveldt, Ackerman & Semlear,1977)的研究结果与此类似。这表明,优秀的阅读者对语境线索的运用已经达到自动化,而较差的和年幼的阅读者则需要花费更多的时间和有意注意来运用语境线索。

教学启示:词汇训练

上述研究结果表明熟练的阅读者比不太熟练的阅读者能更有效地从记忆中提取词义。我们可以假定:词义获得速度(从长时记忆中提取词义所需的时间)的加快是可以通过教学来实现的。词汇训练是提高阅读者词义获得效率的一种常用技术(Pressley,1990)。

词汇训练

词汇水平较高(具有较多词义知识)的儿童在阅读理解测验中的成绩会比较好(Anderson & Freebody,1981),这不足为奇。同样,在阅读文章时,将不熟悉的单词转换成儿童所熟悉的同义词,这也可以提高儿童的阅读理解成绩(Marks, Doctorow & Wittrock,1974)。其可能的原因是,当不熟悉文章中的单词时,学生会将注意力集中在词义的获得上。如果单词是熟悉的,那么学生就会自动获得词义,并将注意力集中在阅读理解上。

从这些研究中可以得出的一个直接推论是:如果对学生进行词汇训练,则可以提高其阅读理解能力。对学校中的三年级到九年级的阅读材料进行统计发现,学生需要掌握的单词量为 88 000 个,但学生在学校中每年可以学会的单词平均为 3 000 到 5 000 个(Nagy & Anderson,1984;Nagy & Herman,1984;Nagy, Herman & Anderson,1985)。根据纳吉及其同事的观点,仅仅通过直接的词汇教学无法让学生掌握如此大的词汇量。相反,词汇学习应该在语境中进行——也就是说,通过阅读或听说来学习。所以,词汇训练应该进行一些阅读练习,如默读等。

虽然对直接的词汇教学有诸多反对意见,但仍有大量的研究在探讨如何教授儿童词汇。其中大部分研究结果表明,儿童在多项选择测验上的成绩比较好,但并没有证据表明对其阅读理解能力有显著改善(Nagy & Herman,1985;Pearson & Gallagher,1983)。某些词汇训练方案失败的一个原因可能是:学生只要掌握了 4 000 个基本词汇,就可以读懂学校中的大多数阅读材料。由于这 4 000 个基本的核心词汇以外的新单词很少出现在学校的阅读材料中,因而,对新单词的训练就会产生一种效果递减现象。例如,纳吉和安德森(Nagy & Anderson,1984)发现,大多数的新单词在学校阅读材料中的出现率不足百万分之一。在单词出现频率如此低的情况下来学习、理解其意义,就不会对阅读理解产生任何实质性的影响。

词汇训练能够提高阅读理解水平,往往是由于训练有助于阅读者在新单词与丰富的知识经验之间建立联系,并且阅读理解测验中包含了刚刚学会的新单词(Kameenui, Carnine & Freschi,1982)。例如,在一项系列性的研究中,要求四年级、五年级和六年级学生阅读文章,然后回答有关问题。一部分被试阅读的文章含有生僻的单词,而另一部分被试阅读同样的文章,但将生僻的单词换成较简单的同义词。下面节选其中的一段文章,斜体字代表生僻词,括号中的是较为简单的同义词:

Joe and Ann went to school in Portland. They were *antagonists*(enemies). They saw each other often. They had lots of *altercations*(fights). At the end of high school, Ann *maligned* (said bad things about) Joe. Then Ann moved away. Joe stayed in Portland. He got a job as a *bailiff* (worked for a judge). One day Joe was working, and he saw Ann. Ann did not see Joe. Ann looked *apprehensive* (afraid). She was being *incarcerated* (under arrest).

基本问题的测验如下:

Joe and Ann saw each other _____ in school.

(a) never

(b) not much

(c) frequently

(d) often

推理问题的测验如下:

Joe works in a _____.

(a) school

(b) hospital

(c) courthouse

(d) university

图 2-13 表示的是学生在阅读较难文章(有生僻单词)和较简单文章(同义词)后正确回答基本问题和推理问题的百分数。阅读较简单文章的学生在基本问题测验中的成绩尚可,而在推论问题测验上则具有明显优势。显然,理解了单词意义的阅读者会有更多的机会对文章的内容进行推论。

这个研究最具特色的一个方面是在学生阅读较难文章之前对其进行训练。训练包括对每个单词进行详细的讨论,如下面对"altercations"(口角)这个单词的讨论:

实验者在学生面前放一张卡片,卡片上写着单词以及单词的解释。

实验者:"这个单词是 altercations。这个单词是什么意思?"

学生:"口角。"

实验者:"对,口角。口角是什么意思?"(实验者指向卡片上对单词意思的解释)

学生:"争论。"

实验者:"对,口角的意思是争论。那么你和老师有口角吗?(学生作出回答)你是否和树木有口角?(学生作出回答)那么'口角'的意思是什么?"

学生:"争论。"

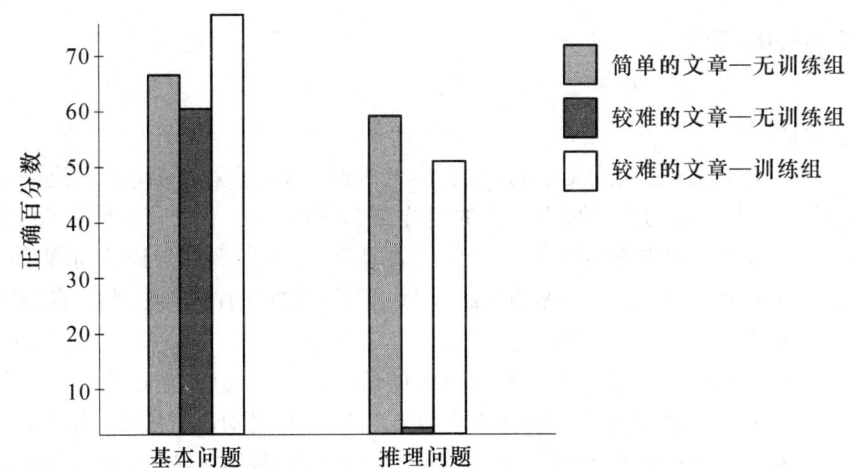

图2-13 三组被试在基本问题和推理问题上正确回答的百分数

改编自 Kameenui,Carnine & Freschi(1982)

之后将学会的新单词整合到下一个新单词的学习中。例如,实验者在用相同的程序教完"antagonists"(敌手)之后,提问学生:"那么,你是否有'敌手'?(学生作出回答)你是否同你的敌手发生'口角'?"(学生作出回答)

这种词汇训练是否提高了阅读理解成绩?从图2-13中可以看出,在阅读困难文章之前进行词汇训练,可以提高学生在基本问题和推理问题上的成绩。但需要注意的一点是,词汇训练是专门针对文章所需要的单词进行的,并且训练迫使阅读者将词汇与已有的知识经验进行联系。

贝克及其同事(Beck,Perfetti & McKeown,1982;McKeown,Beck,Omanson & Perfetti,1983)也提出了一种训练方式,使阅读者将单词与已有经验联系起来。这种词汇训练方法有效地促进了阅读者对含有刚学过单词的文章的理解,但这种有效性只反映在以知识为基础的训练中以及含有所教过的特定单词的测验中(Stahl & Fairbanks,1986)。

句子整合

什么是句子整合?

从前面的介绍中可以看出,读词活动既包括解码又包括词义获得。但是阅读一篇

第二章 阅读流畅性

文章还需要将单词组合起来,形成一个连贯的句子结构,这个过程被称为句子整合(sentence integration)。对句子整合进行研究的一种方式就是对阅读者阅读时的眼动进行观察。

对句子整合的研究

阅读时的眼动

思考一下,当你阅读这段文字的时候,你的眼睛是如何运动的?信息流是否平稳地、不断地从纸上流动到你的眼中?你的目光是否在不同段落之间平滑移动,吸收经过大脑分析的信息?如果你对上述问题的回答是肯定的,那么你的描述与阅读中的缓冲器模型理论相符。也就是说,你的眼睛在纸上从左至右扫描信息,将信息放入短时记忆的缓冲器中,以便随后对之进行分析。

虽然对阅读的这种描述符合大多数熟练阅读者的一般经验,但也受到严格的实验研究的挑战。有一种技术能够对阅读者在阅读过程中的眼动进行观察,由此可以提供有关信息。在19世纪末,研究者发现阅读者的眼动是一种不连续的跳动,而不是连续的、平滑的移动。你也可以通过仔细地观察别人在阅读课本或在屏幕上阅读时的眼动而得出这个结论。

在过去的二十多年中,对阅读中的眼动所进行的研究(Crowder & Wagner,1992;Rayner & Pollatsek,1989;Rayner & Sereno,1994)得出了如下较为明确、一致的结论:

- 凝视(fixation):平均每200毫秒到250毫秒,阅读者的目光会固定在文章中的某一点上。
- 凝视广度(fixation span):目光在文章中的凝视广度大约是6到8个字母。当目光固定在文章中的某一点时,其视野范围可以从目光关注的中心点往右延伸至大约7个字母的位置。所以,在平常的阅读中,个体的一次凝视能够看到一个中等长度的单词或者是两个较短的单词。另外,从视野中心往左,大约也可以看到4个字母,因此,在阅读一行文字时,从左往右最多可以覆盖15个字母的视野范围。尽管从凝视中可以提取出许多有益于指导阅读的信息,但这种信息对辨认单词并不能提供很多帮助。
- 扫视(saccade):眼睛快速地从文中的某一点跳到另一点,这种跳动(或扫视)的持续时间大约是15毫秒到30毫秒,眼跳过程本身并不能提供什么信息。在多数情况下,阅读者的眼跳是跳动到文章中的下一个重要单词上,但也有10%到15%的眼动是回视(阅读者回到读过的某部分)。
- 扫视长度(saccade lengths):对于英语阅读者来说,每次从左到右的眼动距离(或者转到下一行的开头)大约是8个字母(大约1.5个单词的长度)。

凝视和扫视的眼动模式这一现象似乎与目光平滑移动的说法相矛盾。假设阅读时眼动是按照固定的速度(即所有凝视的平均时间都相等)和固定的距离(即所有扫视的平均长度也相等)进行的,那么就可能产生平滑移动的现象。但是,许多研究者(Crowder & Wagner,1992;McConkie,1976;Rayner & Sereno,1994)证明,就同一个阅读者而言,其凝视时间和扫视广度有很大差异,凝视时间可以从简单单词的不足100毫秒到句末单词的1秒多钟不等;根据周围单词形态的不同,扫视长度可以从1个字母到15个字母不等。所以,阅读者并不是按相同的时间间隔和阅读间距进行眼动,眼动似乎在一定程度上受控于文章的内容。

一次凝视能看到多少?

在阅读者获悉自己所读内容之前,文章是如何控制眼睛的凝视和移动的?也就是说,在了解文章内容之前,你怎么知道将目光移动到某处?为了探讨这个问题,麦康基和雷纳(McConkie & Rayner,1975)让高中生在计算机屏幕上读一段文章。计算机决定着阅读者凝视屏幕的何处,计算机不更换凝视点(称为"视窗")周围的内容,而是更换文章的其他部分。

在每次的凝视中,视窗的大小分别为 13,17,21,25,31,37,45,100 个字母。就是说,如果某人阅读由 17 个字母构成的视窗中的一行文字,如图 2-14 所示,那么在凝视点之前的 8 个字母和之后的 8 个字母都是有意义的,而在视窗之外,文字则变成无意义的字母或许多 X 符号。对于某些阅读者,单词之间的空格用其他字母或 X 填充;对另外一些阅读者,单词之间的空格则被保留(在图 2-14 中,凝视点是"diagnosis"中的"d")。

原始文章
Graphology means personality diagnosis from handwriting. This is a

视窗大小为 17,没有空格
Hbfxwysyvoctifdlexiblonality diagnosiscabytewfdnehbemedveee clfw

视窗大小为 17,有空格
Hbfxwysyvo tifdl xiblonality diagnosis abyt wfdn hbemedv. Awcl el f

图 2-14 麦康基和雷纳实验中所采用的阅读任务例子

改编自 McConkie & Rayner(1975)

图 2-15 呈现的是不同大小视窗下的扫视长度和阅读速度的中数。从图中可以看出,当视窗大小受到限制时,扫视长度从 8 个字母下降到 6 个字母,阅读速度也有所降低。另外,单词间没有空格也会缩短扫视长度,这可以从视窗为 13 到 25 的实验结果中反映出来。在后续的研究中,雷纳、韦尔和波拉斯泰克(Rayner, Well & Pollastek,1980)发现,阅读者仅受凝视点往右的视窗大小的影响。例如,对于凝视点

左右都有8个字母的视窗和只有右边有8个字母的视窗而言，二者的结果是相同的。这说明阅读者在一次扫视的过程中，会集中注意6到8个字母，并且大约能提前看15个字母，以确定下一次扫视的合适长度。

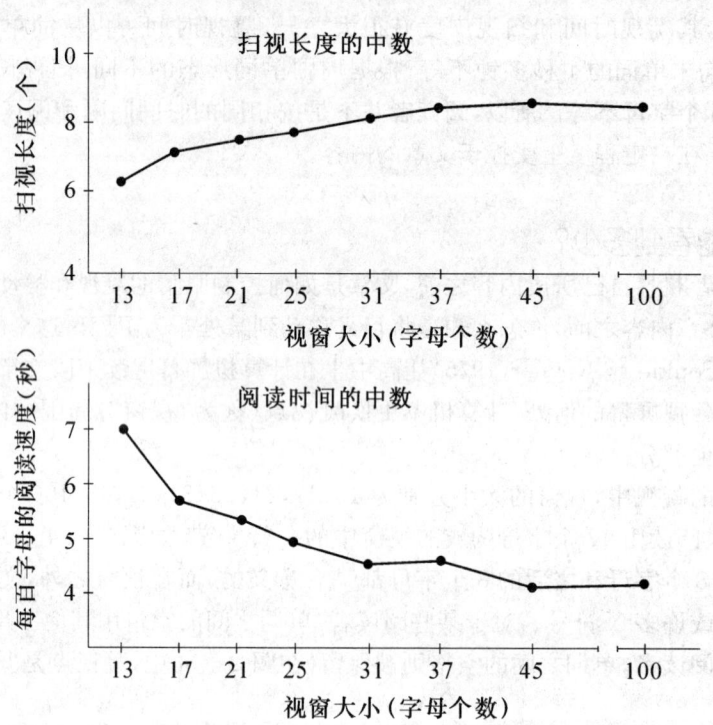

图2-15 八个不同大小视窗下扫视长度和阅读速度的中数

改编自 McConkie & Rayner(1975)

阅读者的目光凝视何处？图2-16所示是眼动研究的另一个例子。卡彭特和贾斯特(Carpenter & Just,1981)要求一个大学生阅读屏幕上的一段短文，同时计算机对阅读者的凝视点以及凝视时间进行监控并加以记录。在图2-16中，每行文字的上面都有一些数字，括号中的数字表示凝视的顺序，括号下面的数字表示凝视的时间(毫秒)。

卡彭特和贾斯特的研究结果为我们理解阅读过程提供了什么信息呢？首先，凝视点既非任意选定，也非平均分配。例如，阅读者几乎对所有的单词都进行了凝视，而对句子之间的空格则没有关注。从一个凝视点转移到下一个凝视点时，两个凝视点之间的长度也有很大差异，有的扫视广度仅为3个字母(如从第12个凝视点到第13个凝视点)，有的扫视广度则为10个字母(如从第21个凝视点到第22个凝视点)。

第二，各个凝视点之间也有很大的不同。例如，在凝视的时间上，从100毫秒到683毫秒不等。对于不熟悉的单词，如"radioisotopes"(放射性同位素)和"icons"(图谱)，

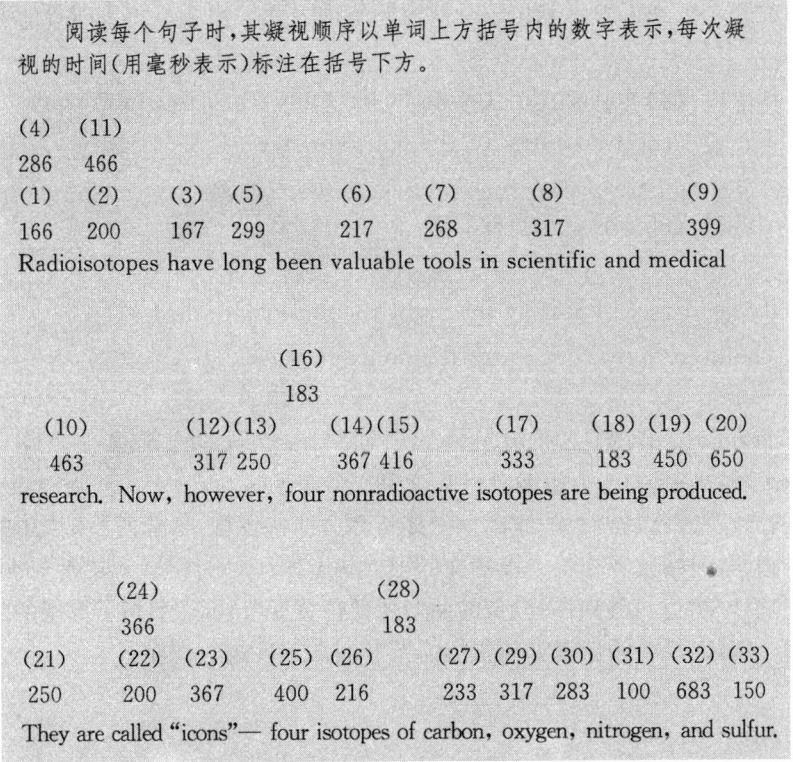

图2-16 阅读者在阅读有关放射性同位素的短文过程中的凝视

改编自 Carpenter & Just(1981)

凝视时间要长于熟悉的单词。同样,其他一些研究者也发现,即使是在相同的句子语境中,阅读不常见的单词(如"steward")(乘务员)所用时间比阅读普通单词(如"student")(学生)平均要长30毫秒到90毫秒(Rayner & Duffy,1986)。这些结果与缓冲器理论构想(眼睛以相对稳定的速度移动以接收信息,供后续分析所用)相矛盾。这些研究结果表明,眼动在一定程度上受制于文章的难度。

第三个重要的发现是,阅读者似乎是在阅读的过程中对所读内容进行思考。例如,在图2-16中,凝视时间在每个句子的末尾一般较长,如第一个句子中的"medical research"和第二个句子中的"being produced"。这个结果说明,阅读者试图对句子或主要分句的信息进行整合。由于凝视的时间远远长于辨认单词所需的时间,因而在句(或分句)末较长的凝视时间意味着进行了额外的认知加工。卡彭特和贾斯特(1981)将这种加工称为**句子总结**(sentence wrap-up),其中主要包括探寻所指事物,在分句之间建立联系,作出推论以及解决矛盾等方面。

贾斯特和卡彭特(1978)的研究可以作为例证来说明眼睛的凝视如何与阅读者的

信息整合相连系。他们要求被试读一段由两句话组成的短文。短文内容如下：

It was dark and stormy the night the millionaire was murdered.
The killer left no clues for the police to trace.

还有一些被试阅读的短文稍有不同：

It was dark and stormy the night the millionaire died.
The killer left no clues for the police to trace.

从上面可以看出，第二个句子中的名词"killer"同时也是第一个句子中动词"murdered"或"died"的行为始动者。阅读第二个句子时，阅读者需要通过推论才能得出杀手是导致百万富翁死亡的原因。卡彭特和贾斯特发现，尽管两段短文中的第二个句子完全相同，但阅读者在第二段短文的第二句上所用时间比第一段短文的第二句平均多 500 毫秒左右。凝视时间较长的两个主要位置是"killer"和句子末尾的"trace"。

再举一例，以说明阅读者如何根据需要对阅读速度进行调整：

Al is a doctor.
Bill is a doctor, too.

在这个例子中，两个句子在某种程度上是相互独立的，因此理解第二个句子时不需要第一个句子中的信息支持。现在阅读下面这两个句子：

Al is surgeon.
Bill is a doctor, too.

要理解第二个句子，你需要运用所掌握的知识——所有的外科医生（surgeon）都是医生（doctor）来进行逻辑推论，也就是说，你需要首先推论 Al 是一名医生。辛格、雷维林和霍尔道森（Singer, Revlin & Halldorson, 1990）发现，在第二种情况下，当需要进行这种推论时，阅读者的阅读速度比无需推论时慢 500 毫秒左右。这些研究结果表明，通过仔细考查凝视时间和阅读时间，我们可以理解阅读者是如何整合信息的。

教学启示：快速阅读

这一部分所介绍的研究对快速阅读训练具有指导意义，快速阅读训练试图教授学生如何提高凝视广度(即在一次凝视中可以看到的单词数量),减少凝视持续的时间(即一次凝视所需的时间),减少凝视次数或者增加扫视长度(即浏览不同段落)。许多快速阅读训练都声称可以在不降低理解力的情况下来提高学生的阅读速度。克劳德和瓦格纳(Crowder & Wagner,1992)发现,为了达到这个目标,通常采用的方式有以下几种:

- 训练学生不采用默读方式,以减少每次凝视的时间。
- 鼓励学生将单词组成有意义的单位,以便在一次凝视中可以加工更多的信息。
- 训练学生用食指指向阅读的段落,以引导自己的眼动,减少凝视次数。
- 训练学生在阅读时进行推论,进行积极地阅读。

眼动的有关研究在多大程度上与这些实际训练或说法相一致?很遗憾,有关研究让我们在快速阅读问题上持谨慎态度。首先,先前的研究表明,阅读中的停顿(如,句末的长时间凝视)是与阅读者对句子信息的整合相连系的。所以,训练学生缩短凝视时间将会干扰整合过程。其次,研究还发现阅读者在每次凝视的时候,通常只能看到一个或者两个单词,所以增加扫视长度(或减少凝视的次数)意味着有些单词将会被遗漏掉。

视觉系统加工的速度究竟有多快?就人类眼动的研究结果来看,每次凝视最多可看到两个单词,每秒钟最多凝视4次,因而最快的阅读速度为每分钟480个单词。克劳德和瓦格纳(1992)曾将阅读速度的上限定为每分钟900个单词(假设每次凝视可看到三个单词,每秒钟的凝视次数可达五次)。因此,由于阅读速度受到生理上的限制,每分钟可阅读的单词数在480个到900个之间。研究发现,大学生的平均阅读速度甚至比最低线要低,为每分钟300个单词(Crowder & Wagner,1992)。

某些个体的阅读速度是否能超过每分钟900个单词?为了对这个问题作出回答,卡弗(Carver,1985)对阅读速度极快的阅读者(如那些接受过快速阅读训练、声称阅读速度达到每分钟20 000个单词的人)进行了调查。另外,卡弗还对一些在阅读测验中成绩优秀的大学生和在学业性向测验的阅读部分得满分的学生进行了调查研究。对这些被试进行了三天的严格控制的测验,结果发现,被试的平均阅读速度为每分钟250到450个单词,这与眼动研究所得结论是吻合的。

个体的阅读速度能否高于每分钟900个单词?在对快速阅读训练的有效性进行评价之前,先看下面的这个例子。某个学区打算聘请一个快速阅读公司来提高学生的阅读速度。阅读公司同意进行大约50个小时的教学和练习,并且保证75%的学生的阅读速度可以比原初水平提高5倍,阅读理解水平可以提高10%。你认为这个训练会成功吗?在南加利福尼亚州的一个学区曾进行了上述训练(Crowder,1982),在训练开始和结束时分别对学生的阅读速度和阅读理解进行了测验。结果表明,学生的阅读速度从平均每分钟155个单词上升到每分钟657个单词,而阅读理解成绩则有所下降,正确率从35%下降到33%。

第二章　阅读流畅性

你对上述结果是否感到满意？克劳德（1982）指出，阅读公司并没有实现其承诺的目标，因为只有13％的学生的阅读速度提高了5倍，阅读理解成绩提高了10％。另外，克劳德还指出，在这个训练中并没有可供对比的控制组，所以，我们无法知道如果学生在这半年内不接受训练的话，其进步会有多大。事实上，大多数的标准化测验所得结果都表明，学生的阅读理解水平逐年都会有所进步。最后，克劳德认为，在训练之后所进行的阅读速度测验要比训练之前所用的测验容易。所以，阅读公司最后所得出的学生阅读速度提高这一结论并无确凿证据。

总之，这个例子说明对快速阅读问题应持谨慎态度。进行阅读速度训练，其好处是：阅读速度较慢的成年人（每分钟100到200个单词）可以在不妨碍阅读理解的同时，提高阅读速度（接近大学生的平均每分钟300个单词的阅读速度）。其缺点是：如果阅读速度要达到每分钟900个单词以上的话，就不可能不对阅读理解产生严重的影响。例如，卡弗（1971）的研究发现，训练个体在阅读时快速进行眼动，这种方式无助于个体的阅读理解的改善。显然，阅读者有时需要停顿下来进行推论，理解不熟悉单词的意思，将信息进行整合，获得连贯一致的理解。进行快速阅读训练，其积极意义在于促使学生学会如何有效地浏览信息，某些学生的解码技能会更加自动化。其消极之处在于：当阅读速度超过眼动的最高生理限制时，阅读者不得不略过一些信息，并且减少在整合材料方面所用的时间，最终导致阅读理解成绩下降。

总结

在阅读者的眼睛接触某个文字时，仅在四分之一秒的时间内，就可以产生大量的认知加工活动。本章主要探讨了四个相互关联的过程：音素辨认，单词解码，词义获得以及句子整合。

有关阅读的研究之所以引起极大关注，主要有几个原因。首先，它代表了心理学中重新复苏的一个重要研究领域。第二，在阅读方面出现了相当数量的且有快速增长趋势的研究资料。第三，在阅读研究领域出现了多种多样的不同研究模式，比如，从读音活动研究到眼动活动研究等；同时还提出了各种不同的理论观点。

有关音素意识的基础性研究表明，学生应该能够将语言分解成语音单位。音素意识是阅读活动的一项必备技能，如果有些学生在低年级没有掌握如何辨认音素，可以对他们进行直接的教学。

阅读教学中应该采用整词法还是读音法？有关解码的一些研究为我们的决策提供了重要参考。首先，熟练阅读者的解码技能往往达到了自动化水平，无需有意注意即可完成阅读任务。第二，熟练的阅读者辨认单词中的字母比辨认单个的字母要容易，存在着词优效应。第三，熟练的阅读者会使用发音策略，将字母或几个字母组合成单词。研究表明，熟练阅读者在运用单词语境辨认字母的发音、使用发音策略来组合字母等单词解码活动中，已经达到了自动化水平。随着儿童解码活动的逐步自动化，他们可以将更多的注意资源用于理解阅读材料。研究者目前较为一致的结论是：帮助儿童获得自动化解码的最佳方式是使用读音教学法。

有关词义获得的一些研究对词汇训练有重要意义。阅读初学者或年幼的阅读者倾向于依赖句子中的其他单词来确定某个单词的意思。相反，熟练的阅读者或年长的阅读者可以直接获得词义。为了帮助儿童在使用句子语境以及理解不熟悉单词等方面达到自动化，可以对他们进行词汇训练。还有其他一些训练的形式，包括鼓励儿童进行默读，提供一个可以听到口头语言的环境等。所有此类教学的目的都是为了帮助儿童的词义获得过程达到自动化，以便对句子整合和其他阅读理解过程给予更多的注意。

句子整合的有关研究对如何进行快速阅读训练具有指导意义。首先，阅读活动涉及眼动，而每一次的凝视都需要一定的时间，并且阅读者也只能看到文章的一小部分信息。第二，较长时间的凝视（或停顿）往往发生在句子或分句的末尾，这表明阅读者需要时间对阅读内容进行整合。减少凝视时间的快速阅读训练同时也减少了句子整合的时间。与此类似，减少凝视的次数，同时也减少了阅读者所获得的信息。所以，快速阅读训练在帮助学生学会如何浏览的同时，也会导致其阅读理解水平的降低。

总之，阅读的心理学研究成果对教育的启示意义还有很多，但根据目前对阅读研究的理解，我们可以对阅读教学提出以下建议：(1) 应确保初级水平的阅读者具有音素意识；(2) 对初级水平的阅读者而言，要强调音素意识；对已经达到一定水平、处于上升发展阶段的阅读者而言，要强调词义获得；(3) 应通过练习形成自动化的单词阅读技能；(4) 在不妨碍阅读理解的情况下，或者阅读目的只是浏览时，可以适当加快阅读速度。

推荐读物

Adams M. J. (1990). *Beginning to read*. Cambridge, MA: MIT Press.

Crowder R. G., Wagner, R. K. (1992) *The psychology of reading: An introduction* (2nd. ed), New York: Oxford University Press.

Gough P. B., Ehri, L. C. & Treiman. R. (Eds.) (1992) *Reading acquisition*. Hillsdale, NJ: Erlbaum.

第三章　阅读理解

本章提要

- 努力探寻意义
- 图式理论
- 运用先前知识
- 运用文章结构
- 进行推断
- 运用元认知知识
- 建构有效的阅读理解方案
- SQ3R
- 总结

本章将探讨提高学生阅读理解水平的策略。有三类知识是有效的阅读理解所必需的：内容知识，即拥有先前知识，并能够加以使用；策略知识，即在阅读过程中进行推断，并运用文章结构来识别重要的信息；元认知知识，即监控自己是否理解了阅读材料。本章将具体考查熟练阅读者的阅读理解过程，并探讨这些过程在多大程度上可以通过教学使学生得以掌握。最后，本章将探讨那些可以教授学生一种或者多种知识的阅读理解方案。

努力探寻意义

阅读图3-1中的文章。读完后，将它放在一旁，然后写下所有你能记住的部分。

巴特利特(Bartlett,1932)在其著名的有关人们如何学习和记忆有意义文章的研究中使用了这篇短文。巴特利特要求英国大学生阅读一篇来自北美印第安文化的民间故事，阅读者并没有太多与这篇文章有关的先前知识经验。他在研究中要求第一个人阅读两遍短文，15分钟后写下所有能记住的部分；之后要求第二个人阅读第一个人所写的内容，并写下所能记住的部分；然后再让第三个人阅读第二个人所写内容，依此类推。当最后一个人阅读他人所写内容，并写下所记住的部分时，其内容情节与原初的故事有很大不同，

> **幽灵之战**
> 一天晚上,两个来自埃古拉克(Egulac)的年轻人沿河到下游捕捉海豹;当他们到达下游时,云雾弥漫,一片寂静。不久,他们听到作战的呐喊声。他们想:"或许这是一支作战的远征队。"他们跑到岸边,躲在一棵树后面。独木船越来越近了,他们听到划桨的声音,同时看到一只独木船朝他们划过来。船上有五个人,他们说道:
> "我们准备到河上游去打仗。希望带你们一起去,你们意下如何?"
> 其中一个年轻人说道:"我没有箭。"
> "船上有箭。"他们说道。
> "我不能去。我可能会被杀死。我的亲人不知道我的去向",他说道,之后转向另外一个人,"你或许可以跟他们一起去。"
> 于是,其中一个年轻人跟着去了,而另一个年轻人回家了。
> 战士们逆流而上,到达了卡拉玛(Kalama)为一边的一个小镇。他们都下了水,并开始打斗起来。有很多人被杀了。不久这个年轻人听到一个战士说:"快,咱们回家去,那个印第安人被击中了。"年轻人心想:"噢,他们是幽灵。"他并没有感到疼痛,但他们却说他已经被击中了。
> 独木船回到了埃古拉克。年轻人也回家了,并生起了火。他告诉大家说:"知道吗,我跟着一群幽灵打仗去了。我们这边的许多人都被杀死了,许多跟我们对打的人也被杀死了。他们说我被击中了,但我却没感到疼痛。"
> 讲完后,这个年轻人就变得非常安静。日出时分,他倒下了。一些黑色的东西从他嘴里流出。他的面部开始变形。人们跳了起来,发出大声尖叫。
> 年轻人死了。

图 3-1 "幽灵之战"故事原文

改编自 Bartlett(1932)

正如图 3-2 中所描述的。如果你是巴特利特研究中的被试,在你所回忆的文章中可能会出现以下几种变化:

● **平整化**(leveling 或 flattening):你可能会忽略许多细节,比如专有名称(如 Egulac,Kalama);你也可能忘掉了作者的具体写作风格,但能记住主要的观点,或者故事中主要的部分。

● **突显化**(sharpening):你可能会强调一些特殊的细节,比如,因为印第安人家中有一位老母亲,所以他不能去打仗。

● **合理化**(rationalization):你可能使整篇文章显得更加紧凑、连贯,与你的预期更加一致。例如,如果你把这篇文章看作是一个关于捕鱼活动或者海军战争的故事,你可能不太容易记得有关幽灵的描述。

第三章 阅读理解

第一名被试的回忆

幽灵之战

有两个住在埃古拉克的印第安年轻人,他们去海里捕捉海豹。他们捕猎的那个地方雾气很大,寂静无比。不久他们听到呐喊声,他们从水中出来,躲到一棵树后面。之后他们听到划桨的声音,他们看到五艘独木船。其中一艘船朝他们划过来,船上有五个人。船上的人对这两个印第安人喊道:"跟我们走,到上游去,和那边的人打仗。"

其中的一个印第安人回答道:"我们没有箭。"

"船上有箭。"

"我可能会被杀死,而我的家人需要我。你没有父母,"他朝另外一个人说道,"如果你愿意,你可以跟他们一块去。我要留下来。"

于是,其中一个印第安人去了,另一个留下来回家了。独木船驶向上游,到了卡拉玛的另一边,与那里的人们作战。那里的许多人被杀死了,船上的许多人也被杀死了。

后来,一个战士朝这个印第安年轻人喊道:"回到独木船上去,你已被箭射伤了。"这个印第安人感到迷惑不解,因为他并没有感到疼痛。

交战双方的许多人都倒下了,他们回到船上,沿河而下。于是这个年轻的印第安人也回到了埃古拉克。

然后,这个年轻人向大家讲述战争是如何进行的,有多少人倒下了,以及一个战士说他受伤了,但他并没有感到疼痛。他告诉大家所有的故事,他变得越来越虚弱。黎明将至时,他变得更加虚弱了;日出时分,他倒下了。他大叫了一声,黑色的东西从他张开的嘴中流出。人们感到很吃惊,跑过去扶起他。他不能回应人们的呼唤了。

他死了。

第十名被试的回忆

幽灵之战

两个印第安人正在曼巴邦(Manpapan)海湾捕捉海豹,这时开过来一条战争用的独木船,上面有五个印第安人。他们正准备去打仗。

"和我们一起走吧,"那五个人对这两个年轻人说,"去打仗。"

"我不能去,"其中的一个说道,"因为我家中有老母亲要靠我来养活。"另一个人说他也不能去,因为他没有武器。"这不成问题,"那些人回答,"我们的船上有很多武器。"于是这个人上了独木船,和他们一起去了。

战争开始不久,这个印第安人受了致命的枪伤。他发觉自己快要死了,就大声叫喊起来。其中一个人对他说:"别胡说,你不会死的。"但他真的死了。

图3-2 阅读者从"幽灵之战"中记住了什么?

摘自 Bartlett(1932)

正如你所看到的，这个实验结果表明：人类的记忆活动与计算机不同。我们并不是逐字逐句地记住所有的信息。我们确实记住了某些信息，但并不是完全按照它们呈现时的方式原封不动地加以记忆的。我们经常添加某些信息；试图以有意义的方式来组织记忆中的内容。

按照巴特利特的观点，当我们阅读一篇有意义的文章时，我们不是被动地将信息输入头脑中，而是主动地试图理解文章。巴特利特将这种主动理解的过程称之为"努力探寻意义"。当人们阅读一篇文章时，必须将新信息同化到已有的知识结构中——或者同化到巴特利特称之为"图式"的结构中。所呈现的文章内容与人们从中学到的内容二者之间并不是直接对应的，人们能从文章中学到什么，这取决于所呈现的文章与阅读者的图式二者间的结合。阅读者改变新信息以适应其已有的观念，在这个过程中，会丢失一些细节，但对阅读者来说，信息变得更连贯一致。例如，就"幽灵之战"这篇文章而言，许多阅读者都缺乏有关幽灵的适当图式。因为学习涉及到将新信息同化到已有的观念中，所以许多阅读者都感到迷惑不解。巴特利特认为(1932)："由于缺乏我们经常看到的普遍性的情景或标记，所以无法同化或记住这些内容。"(p.172)因为神秘幽灵的概念在阅读者的知识结构中并不是主要的内容，所以就不能很好地记忆文章中与神秘幽灵有关的信息，而这篇短文也由此被改编成一个较为常见的"战争故事"。

巴特利特还指出，回忆故事的过程是一种主动的"建构过程"，而不是直接的提取。回忆时，我们使用一般的图式——比如战争故事——来帮助我们生成与该图式相吻合的细节。记忆不是细节化的，而是图式化的，也就是说，记忆是基于一般的印象而进行的。虽然回忆时生成了一些看似正确的具体细节，但实际上其中有许多都是错误的。

虽然巴特利特的研究是在60多年前进行的，但他所关注的问题与现代的认知心理学家们所提出的许多问题都是相同的。巴特利特认为阅读者会主动地"努力探寻意义"，即试图把所读的文章与自己已有的知识联系起来，从而使文章变得可理解。巴特利特的这一观点尤其令人关注。

图式理论

什么是图式？

人们如何学习有意义的文章？巴特利特是最早对这类问题进行论述的心理学家之一。巴特利特主要的理论观点是图式（schema）——图式即个体已有的知识结构，该结构既用于同化新信息，又用于回忆信息。例如，在阅读"幽灵之战"这篇文章时，你必须建构一个适当的图式（比如战争故事），把文章中的情节同化到这个图式中（比如受到了致命的枪伤),然后运用这个图式进行回忆,所回忆的内容包含了与这个主题相一致的推论。

什么是图式?从某种意义上讲,现代认知心理学家们的一个主要任务就是回答这一问题。虽然每位理论家对图式有各自不同的定义,但一般都包含以下几点(Mayer,1992):

- **普遍**(general):图式作为理解新信息的一个框架而被用于许多不同的情境。
- **知识**(knowledge):图式作为个体已经知道的内容而存储于记忆中。
- **结构**(structure):图式是围绕某个主题而组织起来的。
- **包含**(comprehension):图式中包含一些需要用文章中的具体信息来加以填充的"空槽"。

由此我们可以将图式看作是阅读者的一般性的知识结构;该结构用于选择和组织新信息,并将其纳入到一个整合的、有意义的框架之中。

记叙文的图式

记叙文就是叙述事件的文章。有些研究者认为,读者采用故事语法(story grammars)来理解记叙文(Mandler & Johnson,1977;Rumelhart,1975;Thorndike,1977)。例如,曼德勒和约翰逊(Mandler & Johnson,1977)曾提出,许多民间故事都可以分为两个主要部分:故事=背景+情节。情节又可以分为两个部分:情节=开头+展开。情节的展开又包含两个部分:展开=反应+结尾。反应可以由两个简单的部分组成:反应=简单回应+动作,也可以由两个较复杂的部分组成:反应=复杂回应+目标路径;而目标路径又由两部分组成:目标路径=意图+后果。根据曼德勒和约翰逊的故事语法,可以将"幽灵之战"一文分解为一个背景和五个情节,如图3-3所示。情节1之后紧接着是情节2,然后是情节5;情节3和情节4则是与情节2有关的子情节。在每一个情节中,通常有一个开头事件,紧接着是某种回应,这种回应又导致了某种后果或者结尾。

背 景	1	一天晚上,两个来自埃古拉克的年轻人沿河到下游捕捉海豹。
	2	当他们到达下游时,云雾弥漫,一片寂静。
		情节1
开 头	3	他们听到作战的呐喊声。
复杂回应	4	他们想:"或许这是一支作战的远征队。"
意 图	5	他们跑到岸边,
	6	躲在一棵树后面。
	7	独木船越来越近了。
结 尾	8	他们听到划桨的声音,
	9	同时看到一只独木船朝他们划过来。

续 图

			情节 2
背	景	10	船上有五个人。
		11	他们说道:"我们准备到河上游去打仗。
		12	希望带你们一起去,你们意下如何?"
意	图	13	其中一个年轻人说道:"我没有箭。"
后	果	14	"船上有箭。"他们说道。
		15	"我不能去。
意	图	16	我可能会被杀死。
		17	我的亲人不知道我的去向。"
		18	他说道,之后转向另外一个人,"你或许可以跟他们一起去。"
后	果	19	于是,其中一个年轻人跟着去了,
		20	而另一个年轻人回家了。
结	尾	21	战士们逆流而上,到达了卡拉玛另一边的一个小镇。
			情节 3
开	头	22	他们都下了水,
		23	并开始打斗起来。
		24	有很多人被杀了。
		25	不久这个年轻人听到一个战士说:"快,咱们回家去,那个印第安人被击中了。"
简单回应		26	年轻人心想:"噢,他们是幽灵。"
		27	他并没有感到疼痛,
动	作	28	但他们却说他已经被击中了。
结	尾	29	独木船回到了埃古拉克。
			情节 4
开	头	30	年轻人也回家了,并生起了火。
		31	他告诉大家:"知道吗,我跟着一群幽灵打仗去了。
		32	我们这边的许多人都被杀死了,
动	作	33	许多跟我们对打的人也被杀死了。
		34	他们说我被击中了,
		35	但我并没感到疼痛。"
		36	讲完后,
结	尾	37	这个年轻人就变得非常安静。
			情节 5
开	头	38	日出时分,他倒下了。
		39	一些黑色的东西从他嘴里流出。
		40	他的面部开始变形。
动	作	41	人们跳了起来,发出大声尖叫。
结	尾	42	年轻人死了。

图 3-3 用故事语法分析"幽灵之战"

摘自 Mandler and Johnson(1977)

当阅读者读或听某个故事时,他将预期故事会有一个结构,正如曼德勒和约翰逊的故事语法所示。例如,阅读者将预期故事中会有许多情节,情节中会有开头事件,然后会有对这些事件作出回应的意图与尝试,并由此导致某种后果。格雷泽(Graesser, 1980),根斯巴彻(Gernsbacher, 1990)以及其他一些研究者指出,年幼的阅读者通常缺乏理解文章所需的适当图式。例如,惠利(Whaley, 1981)发现,与六年级的儿童相比,三年级的儿童显得更无法预期故事接下来将会怎样展开。其可能的原因是:年幼者不像年长者那样能意识到故事语法。因此,学习阅读还涉及学习运用故事中的具体细节来填充故事结构中的一般性部分(比如每个情节的开头、动作以及结尾等)。

阅读理解需要哪些技能?

本章主要探讨阅读理解的过程,尤其是了解阅读者在"努力探寻意义"时所采用的一些技能。这些技能是什么呢?罗森斯海因(Rosenshine, 1980)在对五本主要的基础阅读读物进行分析后认为,以下八种技能是受到普遍关注的:(1)找出细节;(2)识别主要的观点;(3)识别事件的顺序;(4)得出结论;(5)识别因果关系;(6)理解语境中的词语;(7)进行解释;(8)从文章中作出推断。然而,罗森斯海因发现,并没有证据表明所有的这些基础读物都是以同样的顺序或程序来教授上述技能的。与此研究结果相似,皮尔逊和菲尔丁(Pearson & Fielding, 1991)也指出,阅读理解教学经常教授学生如何激活背景知识,如何运用文章结构,或者如何概括文章等。布朗和佩林斯卡(1989; Palinsca & Brown, 1984)识别了四种主要的阅读理解技能:(1)提出可从文章中获得答案的问题;(2)识别出需要解释的词汇;(3)总结文章;(4)预期文章接下来的发展。虽然长期以来这些技能一直作为阅读理解教程的一部分内容而教授给成千上万名学生,但我们才刚刚开始了解这些技能与阅读理解过程之间的关系。

布朗、坎皮恩和戴(Brown, Campione & Day, 1981)认为阅读者在"努力探寻意义"的过程中可能使用三类知识,我们在本章也对这三类知识加以探讨:

- **内容知识**(content knowledge):是指文章中所涉及的学科内容领域的有关信息。下面的"运用先前知识"部分将对此类知识加以讨论。
- **策略知识**(strategic knowledge):是指学习者为了更有效地学习而采用的各种程序。下面的"运用文章结构"和"进行推断"两部分将对此类知识加以讨论。
- **元认知知识**(metacognitive knowledge):是指阅读者对自己的认知过程以及对自己是否成功地达到任务要求的意识。其中主要涉及理解监控,这类知识将在下面的"运用元认知知识"部分加以讨论。

具体讲,我们尤其关注在运用先前知识、运用文章结构、进行推论以及运用元认知知识等各种活动中的具体认知过程。

运用先前知识

阅读者的观点是什么?

阅读者拥有的有关文章主题的先前知识影响着他们对文章内容的记忆,这是成人阅读学习的研究中所得出的最一致的结论之一。阅读者的观点主要包括阅读者用以理解文章的先前知识。阅读者能够记住文中的哪些信息,这既依赖于文章内容,也依赖于阅读者的先前知识。

阅读者先前知识的差异研究

先前知识数量的差异

图3-4中上面一部分所呈现的文章可看作是先前知识起作用的一个例子。布兰斯福德和约翰逊(Bransford & Johnson, 1972)要求大学生阅读这篇文章,并对文章的可理解性进行评定(1表示最难理解,7表示最易理解),之后回忆文章内容。第一组学生在阅读之前得知这篇文章的题目("洗衣服");第二组学生在阅读之后得知这篇文章

文章

　　这个程序实际上很简单。首先,你把东西分成几类。当然,或许一类就行了,这取决于东西的多少。接下来的一项活动是,如果缺少某些物品,则需要去别处拿来。于是你就准备就绪。重要的是,不要做过多的事情。也就是说,一次少做些比多做些更好。这一点在短期内看来或许并不重要,但如不注意很容易出现麻烦。如果犯错误,则可能要付出昂贵的代价。刚开始,整个程序似乎很繁琐。然而,这项工作不久就会成为生活的一部分。很难预料在不久的将来何时可以不必做这项工作,其实,没人能回答这个问题。整个程序完成后,再一次把不同的东西分类。然后,把它们放到合适的地方。最后,它们将被再次使用,上述整个程序也将循环进行。这就是生活的一部分。

对文章的理解和回忆的得分

	不告知题目	阅读后告知题目	阅读前告知题目	最高分值
可理解性评定	2.29	2.12	4.50	7.00
回忆量	2.82	2.65	5.83	18.00

图3-4 "洗衣服"

摘自 Bransford and Johnson(1972)

第三章 阅读理解

的题目;而第三组学生则始终不被告知文章题目。图3-4下面一部分的表格呈现了三组学生在回忆任务上的成绩以及在理解性评定上的分数。第一组学生在理解性评定上的分数较高,其回忆量也几乎是其他两组学生的两倍。很明显,告诉学生文章的题目可促使其将所阅读的新信息与他们有关洗衣服的先前知识联系起来。而阅读后再告知题目或者始终不告知题目,则不能促使阅读者将新信息与先前知识建立有意义的联系。

图3-5中给出了另一篇文章。假如你从一位想购房的顾客的角度来阅读这篇文章;或者从一位夜盗者的角度来阅读这篇文章,那么,你对这篇文章内容的记忆是否会受到上述两种不同情形的影响?皮彻特和安德森(Pichert & Anderson, 1977)分别要求学生在三种不同的情形下阅读"房子"这篇文章:作为购房的顾客,作为偷盗者,或者无任何角色要求而直接阅读文章。结果发现,学生所回忆的文章细节明显受其不同的阅读角度的影响。例如,从夜盗者角度进行阅读的被试,对文章中父亲收藏钱币的地点的回忆成绩较好。这些结果再次表明,从文章中能够学到什么,这既依赖于文章内容本身,也依赖于阅读时的角度或持有的观点。

两个男孩一直跑到公路上才停下来。"瞧,我告诉过你,今天是个逃学的好日子。"马克说道。"星期四妈妈从来不在家。"他又说。房子被掩映在高高的篱笆之后,这两个孩子在风景如画的大草坪中闲逛。"我从不知道你们家这么大。"皮特说道。"是的,自从我爸爸用石板壁进行装修并新建了壁炉后,房子比以前更漂亮了。"

房子有前门、后门以及通向车库的侧门;车库中除了三辆十速变速自行车外,再没有别的东西了。他们从侧门走进去,马克解释说,侧门通常是开着的,因为有时他妹妹们回家比较早而妈妈又不在时,她们可以从这个门进家。

皮特想参观一下房子,马克便领着他从客厅开始看起。和其他各房间一样,客厅也是刚刚粉刷过。马克打开音响,嘈杂的声音使皮特感到不安。"不用担心,即使最近的房子离这里也有四分之一英里呢!"马克大声说道。皮特看了看篱笆外面,发现四周确实看不到房子,才有些放心。

餐厅中放满了瓷器、银具和雕花玻璃器皿,根本没有地方玩耍;他们到了厨房中,在那里做三明治。马克说不想去地下室,因为自从安装了新管道后,地下室变得潮湿、阴冷。

当他们参观一个小房间时,马克说:"这里放着我爸爸收藏的名画和钱币。"马克又吹嘘说,自从他发现父亲在桌子的抽屉里放有不少钱币后,他随时可以得到所需的零花钱。

楼上有三间卧室。马克给皮特展示他母亲的衣橱,里面装满了皮毛衣物以及装有珠宝但锁着的珠宝盒。他妹妹的房间无吸引人之处,彩电也被马克撤到了自己的房间中。马克又炫耀说,走廊中的浴室是他的;因为妹妹们的房间中还有另一间浴室,供她们所用。尽管这样,他的房间中最显眼的是天花板上的一道大裂缝,老屋顶已经腐朽了。

图3-5 "房子"

摘自 Pichert and Anderson(1977)

以年幼的阅读者为被试所做的研究也得到了相似的结果。皮尔逊、汉森和戈登（Pearson, Hansen & Gordon, 1979）要求二年级学生阅读一篇修改过的有关蜘蛛的文章。尽管从标准化阅读理解测验上的得分来看，这些儿童都属于优秀的阅读者，但仅有一半的学生知道一些有关蜘蛛的知识，而另一半学生知道得很少。阅读完有关蜘蛛的文章后，要求他们回答一些外显的问题，即回答这些问题所需的信息都在文章中呈现过，比如"蜘蛛用什么捕捉昆虫？"此外，还要求他们回答一些内隐的问题，即回答这些问题时需要进行推断，比如"蜘蛛身体的哪一部分与蛇的身体的哪一部分相似？"图3-6表明：在回答需要推断的内隐问题时，有着丰富知识经验的阅读者，其得分几乎是那些知识贫乏者的三倍；在回答需要记忆保持的问题时，前者的得分比后者高25%。这些结果说明：熟练的阅读技能并不是决定我们从阅读中学到多少知识的惟一因素。阅读者所具有的知识经验似乎显著地影响其对所读材料的推断。

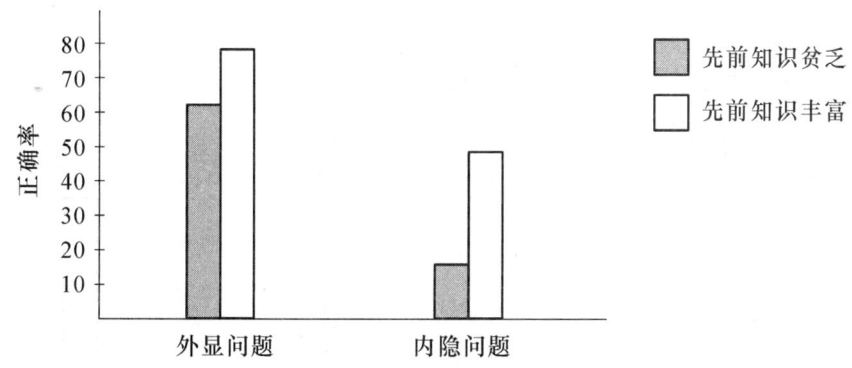

图3-6 背景知识对阅读理解与保持的影响

改编自 Pearson, Hanson and Gordon(1979)

马尔和戈姆利（Marr & Gormley, 1982）也发现：先前知识有助于阅读者作出推断，但对事实的记忆无明显影响。他们要求四年级学生或阅读一篇熟悉的文章，或阅读一篇不熟悉的文章；之后对文章进行复述，并回答一些问题。图3-7中呈现了所用的阅读材料例子。如果答案可直接从文章中获得，则记为"原文式"反应；如果答案涉及到推断，则记为"脚本式"反应。从图3-7中可以看出：就原文式反应成绩而言，阅读熟悉文章组和阅读不熟悉文章组在复述测验和简答题测验上差异不大；然而，与阅读不熟悉文章组相比，阅读熟悉文章组在复述测验和简答题测验中都产生了更多的脚本式反应。这一结果再次证明：先前知识对阅读者作出有意义的推断具有非常显著的影响，而对简单的记忆则无明显作用。

第三章 阅读理解

> **内容熟悉的文章**
> 　　棒球是一项适宜于夏季进行的运动项目,通常在户外进行。它是一项团体运动项目,由九个人组成。棒球的球心由橡胶制成,球心外面由绳子和皮革覆盖。棒球投手用力把球投向击球手,击球手则试图把球打出球场外。每一次击球手将球击出后,队员能跑完所有三个垒并到达本垒板则算得分。得分最多的那个队赢得比赛。这是一项紧张刺激的运动。
>
> **内容不熟悉的文章**
> 　　冰上掷石是一项适宜于冬季进行的运动项目,通常在室内冰上进行。它是一项团队运动项目,由四个人组成。冰上掷石所用的石饼是一个圆形石头,其顶部有一个手柄。一个队员沿着冰面将石饼投向彩色圆环。球队队长或者主将站在彩环的末端。每当石饼投出,朝向主将那边,并停留在彩环中时,便得一分。得分最多的那个队赢得比赛。这是一项不太普及的运动。

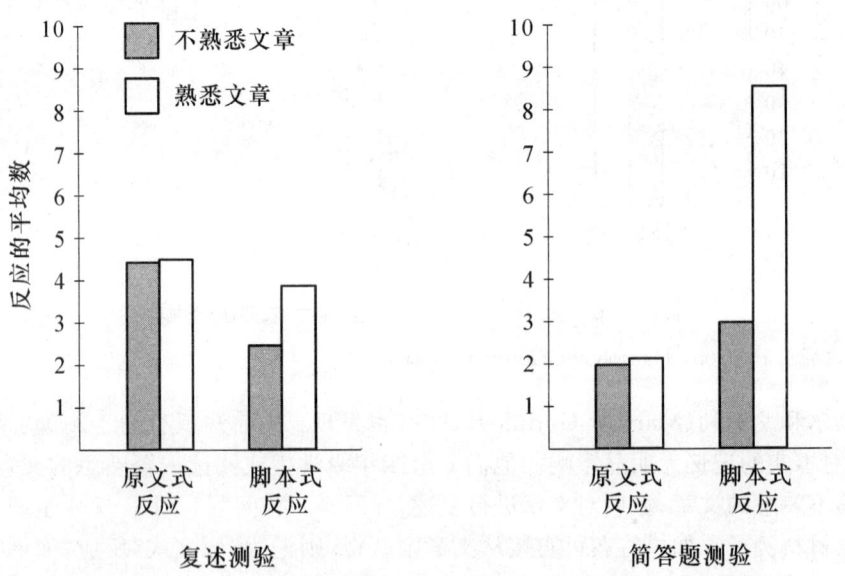

图 3-7　熟悉与不熟悉文章对阅读理解和记忆保持的影响

改编自 Marr 和 Gormley(1982)

先前知识类型的差异

　　在一个严格控制的研究中,利普森(Lipson,1983)让知识背景不同的阅读者去阅读相同的文章。被试分别是四、五、六年级的犹太教学生和天主教学生,他们皆为优秀的阅读者,但在犹太教和天主教仪式的知识方面有所不同。给他们呈现两篇文章,一篇为"十三岁男生成人礼",另一篇为"第一次圣餐会",要求学生阅读并回忆文章内容。正如所预期的,犹太教学生阅读"十三岁男生成人礼"的速度比天主教学生快;而天主教学生阅读"第一次圣餐会"的速度比犹太教学生快。图3-8呈现了正确回忆量(外显内容的回忆)、正确推断量(推断性的回忆)以及错误量(错误的回忆)。从中可以看到:与缺乏先前知识背景的文章相比,阅读者在拥有大量先前知识的文章测验中,可以回忆更多的外显内容信息,作出更多的推断,并产生较少的错误。

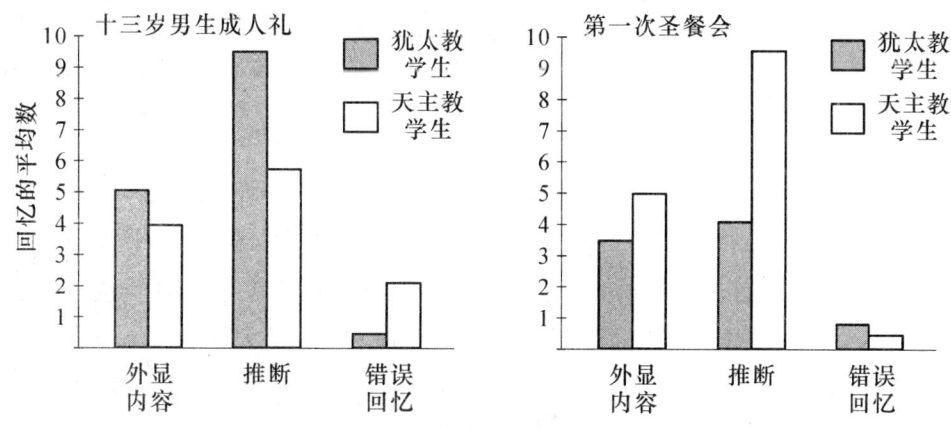

图3-8 不同的先前经验如何影响对文章的记忆

改编自 Lipson(1983)

教学启示:提供先前知识

这一部分的主题是:各个年龄阶段的阅读者都在运用其先前知识来帮助理解所阅读的文章。上述许多例子都表明,如果阅读者缺乏适当的已有经验或观点,或者阅读者所拥有的已有经验、观点等与作者不同,则难以理解文章。总体来看,关于先前知识在阅读理解中的作用的研究一致证明了"先前知识对于阅读理解的显著影响"(Roller,1990,p.83)。简言之,阅读理解在一定程度上依赖于阅读者已有的相关知识。

考虑一下,当小学生阅读美国历史课本中有关引起美国革命战争的各种事件的文章时,他们是怎样学习的?贝克、麦基翁、西纳特拉和洛克斯特曼(Beck, McKeown, Sinatra & Loxterman, 1991)考查了课本上一篇以"1763年,英国及其殖民地结束了与法国和印第安的战争"为开头的文章(p.257)。要想理解这个句子,四年级或五年级的学生需要哪些先前知识？他们需要知道的一些事件有：大约250年前，英国和法国都宣称位于北美洲的一块领土属于自己，这块领土位于美国的13个殖民地的西部；美国殖民地属于英国，所以殖民者们与英国站在一边；而许多印第安人则站在法国这一边；这场战争之所以被称为"法国和印第安的战争"，是因为英国和美国殖民地一起，与法国和印第安进行战争。

面对这个阅读任务时，学生是否拥有适当的先前知识？为了回答这个问题，麦基翁和贝克（1990）在小学儿童学习美国历史之前对他们进行了访谈。尽管教科书的编制者们以为阅读者拥有足够的背景知识，但麦基翁和贝克发现，学生仅仅具有很少一部分背景知识，而这些知识之间也没有建立起内在联系。

为了考查背景知识的提供对于阅读理解的促进作用，贝克等人（1991）对上述法国和印第安战争的文章进行了改写，以便包含所需的适当的背景知识。比如，原文中的第一个句子改为下面七个句子：

> 大约250年前，英国和法国都宣称位于北美的一块领土属于自己；这块领土就在13个殖民地的西面。1756年，英国和法国为了争夺这块领土的控制权而发起战争。因为13个美国殖民地归属于英国管辖，因此这些殖民地与英国站在战争的同一边。印第安则站在法国一边。因为我们是与法国和印第安进行战争，所以这场战争就被称为法国和印第安战争。这场战争于1763年结束。（Beck et al., 1991, p.257）

从修改后的文句中可以看出，第一个句子旨在"激活阅读者头脑中的冲突图式"（Beck et al., 1991, p.257），以便于阅读者能够理解战争的起因是双方都想拥有同一样东西。激活的图式能够帮助阅读者了解信息之间是如何组织的。第一个句子和第二个句子也以读者所熟悉的方式交代了冲突事件发生的时间和地点。第三个句子更为明确地阐述了第一个句子所交代的内容：战争因冲突所致。接下来的句子解释了战争的双方以及这场战争为什么被称为法国和印第安战争等内容。

在原文中，下一个句子是："这场战争的后果是法国被驱逐出北美洲；英国统管加拿大以及其他曾经归属于法国的领地。"（Beck et al., 1991, p.258））在贝克等研究者（1991）看来，原文存在的问题是以讨论战败者开头，并且使用不熟悉的语句"被驱逐出北美洲"。为了激活适当的先前知识，他们对原文进行了如下修改："英国赢得了这场战争。现在英国统管北美，包括加拿大。法国人离开了北美。"（Beck et al., 1991, p.259）这句话的目的是为了激活儿童冲突图式中的一个重要方面——即"胜利者"。

儿童可以运用他们有关取胜的知识来理解英国赢得对北美的控制权,理解法国不得不放弃对北美的控制权。

之后,贝克等人(1991)又要求四年级和五年级的学生阅读4篇有关美国历史的文章,其中一篇是关于法国和印第安战争的,但一部分学生阅读原文,另一部分学生阅读修改后的文章,然后回忆课文中的信息。结果表明,阅读原文的学生仅仅记住了44%的主要信息,而阅读修改后课文的学生则记住了58%。在开放性的问答测验中,阅读原文的学生的回答正确率是30%,而阅读修改后课文的学生的回答正确率是49%,尽管测验所考查的内容并未超出原文的范围。

麦基翁等研究者(1992)随后也使用同样的阅读材料进行研究后发现:与没有接受背景信息的学生相比,那些阅读了背景信息(比如,强调英国作为殖民地占有者的信息)的学生能够更好地记住并回答原文中的问题。综上所述,有充分证据表明,当学生利用其背景知识来理解课文时,他们能更好地学习。我们从中可以得出的一个重要教育启示就是:在帮助学生运用适当的背景知识来理解文章方面,教师起着重要的作用。贝克和麦基翁(1994)指出:"许多教师需要得到帮助;因为在小学中,很少有教师具有充分的学科背景知识,使之能够轻松地把握课文内容,并为学生提供所需的相关知识。"(p.254)

上述研究结果对教学的启示意义还表现在确保阅读材料符合儿童的兴趣和经验水平。鉴于当前儿童阅读的材料远高于或者低于他们的年级水平,因此,这一建议就显得尤为重要。例如,当某学生阅读超出其阅读能力三四个年级水平的书籍时,他或许能够对每一个句子进行编码,但缺乏理解文章主题所必需的先前知识。同样,当某学生阅读低于其阅读能力三四个年级水平的书籍时,他或许觉得这些材料无趣而幼稚。

另一个相关的教学启示是:应将阅读活动整合到其他科目中去。例如,社会课程中涉及到"墨西哥的玛雅印第安人"的主题时,那么接下来最好是让学生阅读一篇有关玛雅儿童生活的故事,因为在社会课程中所学内容能够为学生提供理解故事所需的先前知识。

最后,课堂讨论和班级活动也能够为阅读者提供理解文章内容所需要的先前知识。阅读之前所进行的各种活动能够帮助学生理解不熟悉的文章,并使之成为可理解的熟悉内容。

运用文章结构

阅读者是否记住了重要信息?

文章中的重要信息比次要信息更容易被记住,这是对成人学习进行研究所得到的另一个较为一致的结论(Johnson, 1970; Gernsbacher, 1994; Mayer, 1992; Meyer & McConkie, 1973; Meyer, 1975; Kintsch, 1976)。这说明：熟练的阅读者把握了文章的宏观结构——即知道将文章分解为几个要点，知道各个要点之间是以何种等级结构相连系的。

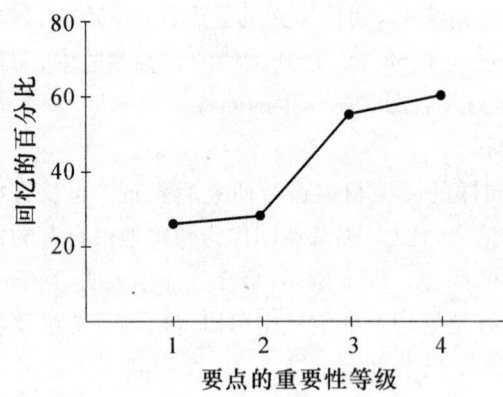

图3-9 熟练的阅读者对重要性等级不同的要点的回忆量

改编自 Brown and Smiley(1978)

假定我们把一个典型的记叙文章分解成各个要点单元——即能够表达事件或动作的句子或短语。然后，我们要求熟练的成人阅读者对这些要点的重要性进行评定，分别用1、2、3、4四个等级来依次代表最不重要、不太重要、比较重要、最重要，而且每一个等级的要点数量各占四分之一。现在我们要求另外一些熟练的成人阅读者去阅读这个故事原文，之后进行回忆。你是否认为他们更倾向于回忆出重要的信息？图3-9呈现了布朗和斯迈利(Brown & Smiley, 1978)的一个研究结果。如图所示，人们对重要信息的回忆量远多于不重要的信息。许多研究也都得到了类似结果，这种现象被称为**等级效应**(levels effect)，因为某个要点的重要性等级影响其被回忆出来的可能性。

儿童运用文章结构的差异研究

运用文章结构的年龄差异

已有证据表明：与能力较低或者年幼的阅读者相比，能力较高或较年长的阅读者更能够意识到文章的结构。结构意识表现在对文章主题中的重要信息的识别以及注意等方面。布朗和斯迈利(1977)曾用"龙的眼泪"和"如何喂猫"两个短小故事进行研究。首先，他们把故事分为几个要点，并要求一组熟练的成人阅读者对其重要性进行评定，其中四分之一为最不重要(评定为1)，四分之一为不太重要(评定为2)，四分之一为比较重要(评定为3)，四分之一为最重要(评定为4)。之后，布朗和斯迈利要求三年级、五年级、七年级和大学生评定故事中各个要点的重要性，其方式与上述程序相似。图3-10是每一个年龄阶段的学生对每一个要点的平均评定分数。从中可以看出，三年级和五年级的学生不能识别哪些是重要的，哪些是不重要的；他们倾向于毫无分化地评定重要与不重要的观点。然而，七年级学生和大学生则能够意识到各种不同要点的相对重要性，他们倾向于对重要观点给予较高评定，对不重要观点以较低评定。在后续的研究中也发现，成年阅读者比年幼阅读者能更好地概括文章，这与识别要点的情形是一致的(Brown & Day，1983)。

运用文章结构的能力差异

迈耶(Meyer，1975)曾设计了一种方案来考查阅读者是否运用了文章的**顶级结构**(top-level structure)；所谓顶级结构，是指能体现主要观点的纲要。

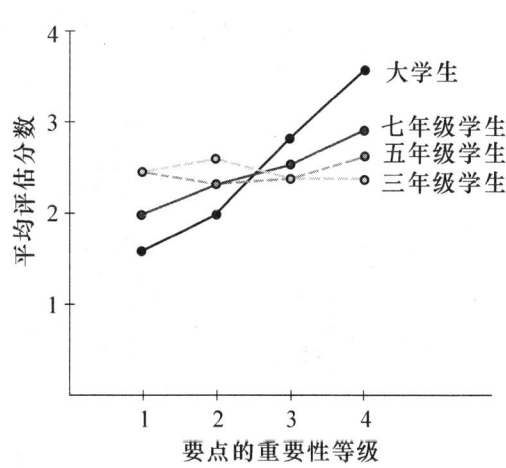

图3-10 不同年龄水平的学生对于要点重要性的平均评定分数

改编自 Brown and Smiley(1977)

如果学生先回忆主要的上位观点，然后再回忆下位观点，则表明学生运用了顶级结构。如果较熟练的阅读者对顶级结构比较敏感，那么他们所回忆的内容应当是围绕着这个纲要结构而组织起来的，而且能够回忆出更多的上位信息，而不是下位信息。

泰勒(Taylor，1980)要求阅读能力优秀的四年级学生、阅读能力较差的六年级学生以及阅读能力优秀的六年级学生阅读一篇短文，并进行回忆。结果正如我们所预期的，在延迟回忆条件下，使用顶级结构的学生中，阅读能力优秀的六年级学生占59%，阅读能力较差的六年级学生仅占18%，阅读能力优秀的四年级学生仅占12%。如果熟练的阅读者更关注顶级结构，那么我们可以预期，他们对上位观点的回忆成绩也是最优的。实验结果也证实了这一预期，在延迟回忆测验上，阅读能力优秀的六年级学生对上位信息的回忆量比阅读能力较差者多75%，但前者对下位信息的回忆仅比后者多30%。图3-11简要描绘了这些结果。

主题变换敏感性的年龄差异

如果熟练的阅读者对于文章结构比较敏感，那么我们可以预期，他们对于主题句给予了更多的关注。根斯巴彻(1990)的研究表明：阅读文章的过程包含着结构搭建，"理解的目的就是为了把所理解的信息构筑成连贯一致的心理表征或结构"(p.1)。根斯巴彻认为，若要搭建结构，其首要一步应该是铺垫基础，这个过程可能要花费一定的时间。为了对该过程进行探讨，研究者要求熟练的阅读者阅读一篇文章，但该文章是以一句、一句的方式分别呈现于计算机屏幕上的，即阅读者读完一

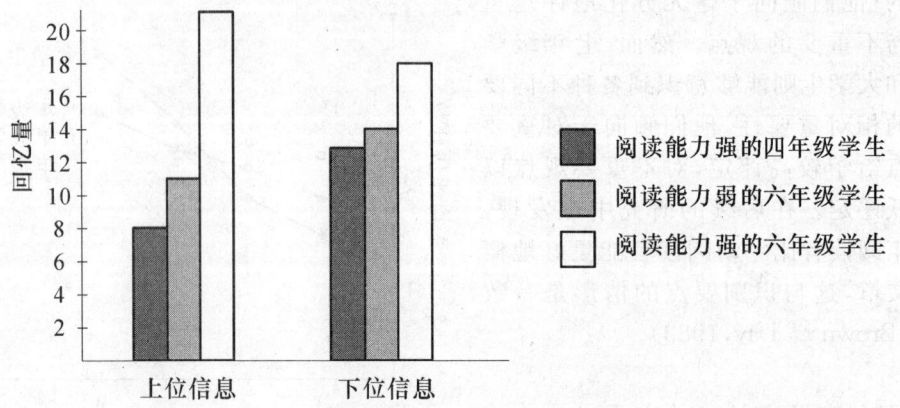

图 3-11 三组学生对上位信息和下位信息的回忆

改编自 Taylor(1980)

个句子后,通过按键来呈现下一个句子。经过一系列的研究,根斯巴彻发现熟练的阅读者用于段落开头句子上的时间多于段落中的句子。根斯巴彻(1990)认为,"阅读者理解段落开头的句子时会慢一些,因为他们利用开头句子作为铺垫,以更好地搭建心理结构"(p.5)。

请看表 3-1 左边部分所呈现的故事。根据哈博兰特(Haberlandt,1984)提出的结构化分析,该故事由背景描述以及随后的两个情节和一个结尾构成。情节由开头、回应、目标、意图以及后果组成。表中的第二列标识出了这些成分。如果学生利用某个情节中的第一个句子作为表征该情节的基础,那么,他们在第一个句子上所用的阅读时间就会比其他句子长。表中的右侧列出了熟练的阅读者在每一个句子上的平均阅读时间。其研究结果与结构搭建理论所预期的完全一致,即阅读者在第一个句子上花费了更多的时间。

值得注意的是,从第一个情节转到第二个情节时,阅读时间有所增加。这表明阅读者对主题的变换比较敏感,因为熟练的阅读者能够意识到文章结构。海欧纳(Hyona,1994)通过对一系列的有关研究进行分析,发现这些研究一致证明"主题变换效应"的存在,即熟练的阅读者对"引入新主题的那个句子投入更多的阅读时间",或者说"用于情节变换处的句子上的时间多于某情节内的其他句子上的时间"(p.77)。

表3-1 阅读故事中的每个句子时花费了多长时间？

句　　子	类　　型	阅读时间(秒)
麦克和戴夫·汤普森住在佛罗里达。	背　景	
他们住在一片橘林的对面。 在他们的房子和橘林之间有一条小河。		
有一个星期六，他们无事可做。	开　头	3.1
他们感到非常无聊。	回　应	2.3
他们决定到橘林中摘一些橘子。	目　标	2.1
他们乘坐独木船，划桨渡过小河。	意　图	2.2
他们摘了满满一箱橘子。	后　果	2.1
当他们划船回家时，独木船开始下沉。	开　头	2.6
麦克和戴夫意识到他们遇到了麻烦。	回　应	2.1
他们必须防止独木船继续下沉。	目　标	1.8
他们把橘子扔下船。	意　图	2.1
船终于不再下沉。	后　果	2.5
此时所有的橘子也一去不复返。 他们的冒险以失败而告终。	结　尾	2.4

改编自 Haberlandt(1984)

　　熟练的成人阅读者对主题变换的敏感程度是否比儿童高？为了考查这个问题，海欧纳(1994)让五年级学生和成人阅读同一个故事"市场写真"。整个故事一句一句地依次呈现于计算机屏幕上。要求被试阅读每一个句子，并通过按键来呈现下一个句子。读完全文后，准备随后进行的有关测验。图3-12呈现了研究者所节选的故事，其中标有下划线的为主题变换句子。结果表明，成人和儿童用于主题变换句子上的时间都比其他句子长，但成人比儿童表现出更明显的主题变换效应，这一现象在阅读较难的说明文时表现得尤为突出。显然，儿童阅读相对容易的文章时也能够建构连贯的结构。

> 市场上会有什么事情发生？在一个秋高气爽的日子，请和我一起切身感受一下市场中的众生百态。
>
> 我在一个摊位上买了一杯冰激凌，然后坐到一个长凳上。粉红色的冰激凌味道好极了。我一边品尝着美味的冰激凌，一边观察市场上来来往往的人群。市场上一片喧闹，大声叫卖的小贩、哭叫的孩子、打架的醉汉、恩爱的夫妻、面无表情的老妇人，还有飞来飞去的鸽子。
>
> 从某处飘来一股令人作呕的难闻气味。两个醉汉席地而睡，其中一个人呕吐得满处都是。看着他们的样子，我感到恶心。
>
> 我走到一个卖鱼的摊位旁，看看是否有鲱鱼。这个小摊的位置正好在市场的中间。卖鱼的人向我推销他的鱼，但我并不想买，因为那些鱼看起来不新鲜。摊位前的地面上到处都是鱼鳞，我的鞋子上也沾了许多。
>
> 鸽子似乎找到了它们的食物。一群鸽子争先恐后地飞到我旁边。鸽子是市场上永远的顾客。我面前的一对鸽子为争夺从鱼摊上掉下来的一条鲱鱼而打斗起来，其他鸽子也加入了这场混战。
>
> 一个男人走到麦克风前。市场上的人显然都很惊奇，他们开始聚集到这个人周围。这个地方变得越来越拥挤。

图 3-12 "市场写真"节选

改编自 Hyona(1994)

教学启示：概要训练

如何才能帮助阅读者学会将注意力集中在文章的顶级结构（或者上位信息）上呢？布朗和斯迈利(1978)提供的证据表明，通过训练可以让学生掌握这一阅读策略。例如，要求五年级、七或八年级、十一或十二年级的学生跟着实验者一起阅读一篇短文，比如"龙的眼泪"或者"如何喂猫"，之后要求被试回忆文章内容，图 3-13 中的实线表示了这一结果。从图中可以看出，每一个年龄阶段都表现出等级效应，即学生对要点的回忆成绩优于非要点的回忆成绩。第一次回忆测验之后，要求学生再去阅读该文章五分钟，并告知可以采取某些措施来改善回忆，同时也提供纸、笔等有可能用到的辅助工具，之后再进行第二次回忆测验。图 3-13 中的虚线表示了这一结果。从图中可以看出：额外的学习时间对于年幼的学生并没有多大作用；但确实提高了年长学生的成绩，尤其提高了对要点回忆的成绩。很明显，年长的学生知道把学习时间花在重要的信息上，而年幼的学生不能自发地使用这种策略。

即使年幼儿童不能自发地使用有效的学习策略，是否通过引导也可以促使他们运用这些策略？为此，布朗和斯迈利(1978)在第二天继续进行实验。整个实验程序与第一天基本相同，只是在五分钟的学习时间中，要求那些没有表现出主动学习的学生运用画线等方式来帮助学习。图 3-14 是以五年级学生为被试所得的结果，其中实线表

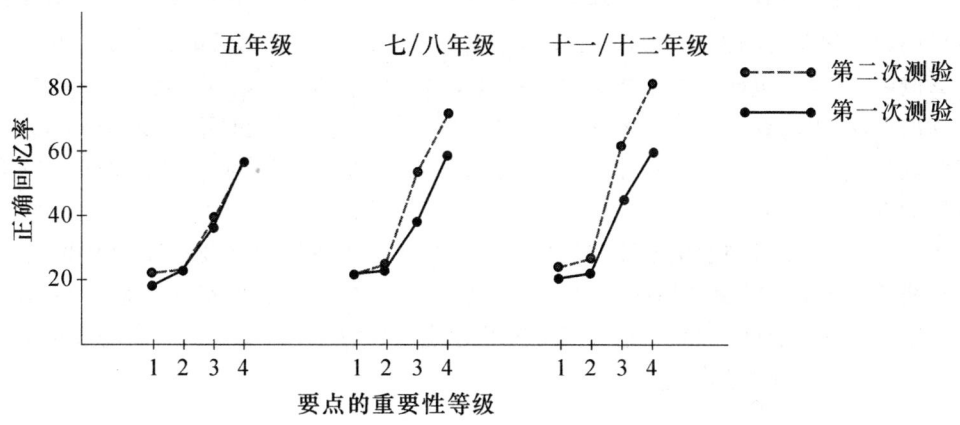

图3-13 三个年龄组对不同等级要点的正确回忆百分比

改编自 Brown and Smiley(1978)

示第一次测验的回忆成绩,虚线表示五分钟的学习后进行的第二次测验的回忆成绩。从图中可以看出,对于那些能够自主采用画线方式进行学习的学生,即使外界不给予明确要求或引导,他们也都能关注重要信息;这可以从他们明显改善的要点回忆成绩上体现出来。相比较而言,引导学生画线并没有促使他们关注重要信息;这可以从他们在不重要的信息上的成绩提高反映出来。以七年级和八年级学生为被试所得的结果与此相似。很明显,年幼的阅读者需要练习如何识别、使用文章的等级结构等有效策略。

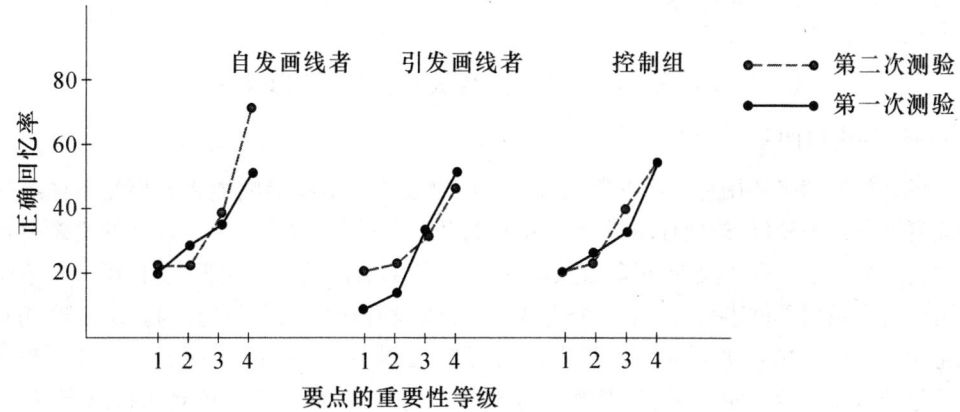

图3-14 三组五年级学生对不同等级要点的正确回忆百分比

改编自 Brown & Smiley(1978)

第三章 阅读理解

在一个直接训练的研究中，泰勒和比奇（Taylor & Beach，1984）教授七年级的学生采用等级化概要的方式来阅读社会科学文章。要求学生在每页纸的上部写出每篇文章概要，该概要包括整篇文章的主题句以及每一部分的主要论点。之后针对每一部分的论点，给出两到三个重要的论据，并在每页纸的左边空白处写下与该部分对应的、能体现其论点的上位标题句。图 3-15 是对一篇三页纸的社会科学文章进行等级化概要的例子，该概要包括一个主标题和六个小标题。训练组的学生共接受 7 次训练，每次 1 小时；控制组的学生未接受任何训练。为了考查等级化概要程序的有效性，分别对两组学生进行前测和后测。先让学生阅读文章，然后让其回忆并回答有关问题。结果表明，接受训练的学生无论在回忆测验还是在回答问题测验上，其后测成绩的改善都明显优于控制组的学生。

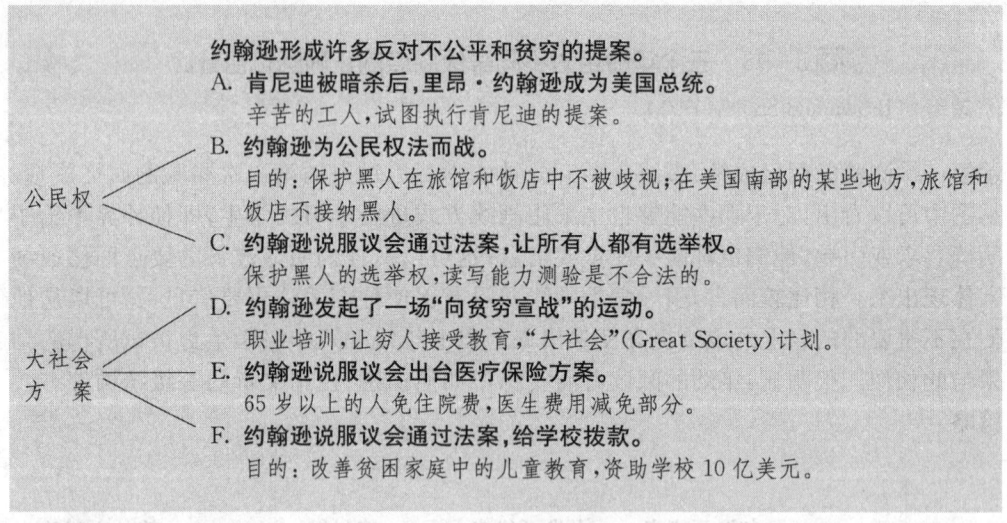

图 3-15　三页纸的社会科学文章的等级化概要举例

摘自 Taylor and Beach(1984)

熟练的阅读者使用什么样的策略来概括课文要点？这些策略能否教授给不熟练的阅读者？布朗和戴（1983）通过对熟练的阅读过程进行分析，提出以下几种概括文章要点的原则：删除无关信息，删除冗余信息，用一个上位术语代替一组同类项目，用一个下位术语代替一系列具体事件，选择一个主题句（如果没有现成的主题句，则自编主题句）。在每次 30 分钟、共 12 次的训练课程中，比恩和斯廷维克（Bean & Steenwyk，1984）教授实验组的六年级学生使用这些原则给一系列文章写概要，而只要求控制组找出要点，并不对他们进行明确的教学训练。在写概要测验中，接受概要训练的学生，其成绩优于控制组（两组分别是 17.6 和 11.0）。更为重要的是，在随后进行的阅读理解测验中，概要训练组学生的正确率是 62%，而控制组只有 47%。这些结果再次证明，写概要的技能是可训练的,并且掌握这些策略或技能可以提高学生的阅读理解能力。

进行推断

什么是推断?

理解课文的过程常常需要阅读者进行推断。例如,请看这句话:"我们的邻居打开了门锁。"你可能作出这样的推断:开门的工具是钥匙(Pairs & Lindauer,1976)。再举一例:"她砰地把门关上,门夹着了她的手。"你可能作出这样的推断:她弄伤了手(Pairs,Lindauer & Cox,1977)。

总体来说,进行推断对阅读理解而言是非常重要的,"进行推断的能力是阅读理解的关键成分"(Winne, Graham & Prock, 1993, p.53)。韦弗和金彻(Weaver & Kintsch, 1991)曾进行过估计,认为若要透彻理解一篇文章中的每一个外显的句子,大约需要作出12倍的暗含推断。然而,一个重要的教育议题是:年幼阅读者在阅读中作出推断的能力是很差的。

儿童推断能力的发展研究

帕里斯及其同事(Myers & Paris, 1978; Paris & Lindauer, 1976; Paris et al., 1977; Paris & Upton, 1976)的研究发现,儿童的推断能力具有发展性特征,即与年长的儿童相比,年幼儿童在阅读过程中不太可能作出推断。例如,让幼儿园、二年级和四年级的学生听8个句子,每个句子都可以作出暗含的推断,即推断完成句子中所提到的行为可能使用的工具。例如,"我们的邻居打开了门锁"暗含所使用的工具是钥匙。听完句子后,对学生进行回忆测验。回忆测验采用两种提示方式:一种是对每个句子都给予明示线索,即给出句子的主语、谓语或宾语,另一种是给每个句子提供暗示线索,即给出完成活动所需要的工具名称。例如,对于上面句子,明示线索为"邻居"、"打开"或"门",暗示线索是"钥匙"。图3-16表明了使用明示线索和暗示线索时每个年龄组的学生正确回忆句子的百分比。幼儿园儿童在明示线索条件下成绩较好;但对于二年级、四年级的学生而言,暗示线索和明示线索的作用相同。显然,年幼儿童不能像年长儿童那样自发地根据所给信息来作出推断。帕里斯等(1977)运用另一种类型的句子,即对后果作出推断,比如上述"砰地把门关上"的句子,所得结果也证明了推断能力的发展性特征。

帕里斯和厄普顿(Paris & Upton, 1976)进行了一系列的研究,考查儿童阅读短文时进行推断的年龄发展特征。他们分别从幼儿园至五年级中分别选取部分学生,让其倾听6个故事,其中一个例子如下:

> 克里斯一直在等待着,直到房间里只剩他一个人。他惟一能听到的就是父

第三章 阅读理解

亲在畜棚中砍木头的声音。他把红色的椅子推到水池边,水池中堆满了盘子。站在水池边的椅子上,他的手刚好够到笨重的坛子。坛子里面有糖果,他伸长胳膊,将坛盖打开。正当他把手伸进坛中时,房门打开了,他妹妹走了进来。

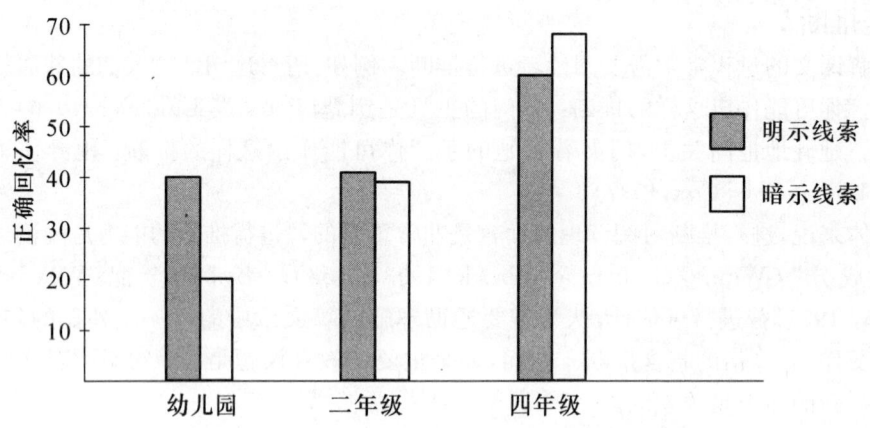

图 3-16 儿童阅读中利用推断的年龄差异

改编自 Paris and Lindauer(1976)

听完每个故事后,要求学生回答 8 个问题。其中一半问题考查基本记忆,比如"坛子重吗?"或"椅子是褐色的吗?"另一半问题考查推断,比如"克里斯的父亲正在使用斧子吗?"或者"克里斯在做某件不被允许的事情时是否被发现了?"结果表明,记忆和推断问题的测验成绩都是随着年龄的增长而提高,但推断成绩提高更多。此外,回忆量与推断能力之间存在高相关。这表明:随着儿童的不断成长,他们越来越能够作出推断,进而促进阅读理解。

教学启示:推断训练

推断训练是许多基础阅读教程(Pressley,1990;Rosenshine,1980)和传统阅读教程的一项主要内容。然而,至今为止很少有研究来探讨推断训练的有效性。例如,汉森(1981)设计了一种适合二年级学生的为期五周的课堂教学方案,该方案训练一部分学生练习回答短文推断问题,同时使用常规教学方式训练另一部分学生阅读同样的短文,然后进行后测,要求所有学生阅读一篇新的短文,并回答字面性的或推断性的问题。在字面性问题上,实验组学生的得分比控制组高 12%;在推断性问题上,实验组学生比控制组高 26%。然而,如果在阅读前对学生进行泛泛的策略训练,比如要求学生尽量预测下文,或者把故事与自己的经历联系起来,那么实验组与控制组相比就没有表现出优势。显然,若要教授学生如何回答推断问题,一种有效的方法就是直接训练学生如何回答推断性问题。

在一项追踪研究中,汉森和皮尔逊(Hansen & Pearson,1983)对优秀的和较差的四年级阅读者进行了五个星期的推断训练,其中包括如何使用阅读前策略,比如讨论学生自己的经历、预测故事的发展等。下例可看作是进行阅读前策略训练的一个脚本:

> **教师**:在我们讨论每个故事之前,通常都做什么?
> **期望的反应**:谈论我们的生活,并预期故事将如何发展。
> **教师**:我们为什么要做这样的联系比较?
> **期望的反应**:能帮助我们理解故事。
> **教师**:在上星期的社会科学课上,我让你们思考一篇有关日本的文章。假如今天你们阅读一篇关于节约能源的科学文章,当你阅读这篇文章时,会想到什么?
> **期望的反应**:(学生把个人的经历与节约能源联系起来,并解释这种经历是如何与文章相关联的)例如,学生描述家人为了节省石油而用木头取暖,并试图了解日本人如何节省石油。

阅读一篇某人因自己的外表而感到难堪的故事时,可以着重训练学生怎样理解主要观点:

> **教师**:有时人们会因自己的外表而感到难堪。告诉我们你与此类似的一次经历。
> **典型的反应**:我把头发剪得特别短。我穿过一条很短的裤子。我个头太矮。
> **教师**:下面的故事描述了一位老人因自己的外表而感到难堪。你认为什么样的外表使他感到难堪呢?
> **典型的反应**:破旧的衣服。手杖。灰白的头发。满脸皱纹。

利用上述脚本,在阅读前引发学生讨论约20分钟。之后,学生独立阅读文章。控制组的学生没有接受阅读前的训练。两组学生都进行阅读,然后讨论10个问题。对于训练组,所有的问题都要求进行推断。比如,在对"夏洛特的网页"的初级版本进行讨论时,教师问道:"假如老鼠泰姆普雷托是人的话,他将会是什么类型的人?"控制组所讨论的问题包括字面性问题和推断题,其比例是4:1。这个比例与常规的阅读讨论模式相一致。训练结束后,对学生进行测验;要求学生阅读一篇适合其阅读水平的文章,并回答字面性问题以及推断性问题。从图3-17中可以看出,训练对于优秀的阅读者似乎没有明显影响,这或许是因为他们已经掌握了有效的推断策略。但训练大大提高了较差的阅读者在推断性问题以及字面性问题上的成绩。

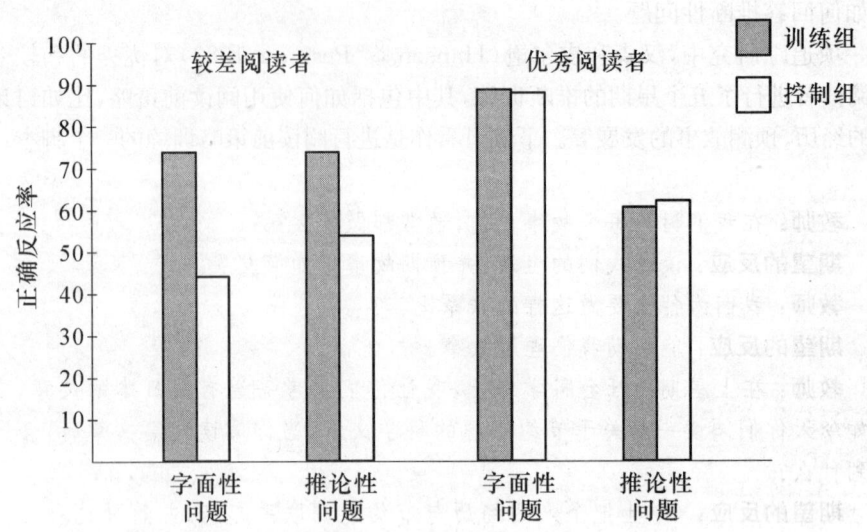

图 3-17 推断训练对较差阅读者和优秀阅读者的作用

改编自 Hansen and Pearson(1983)

推断训练对学生的阅读理解成绩有影响吗？为了回答这个问题，瑞尔和欧科希尔（Yuill & Oakhill,1988;Oakhill & Yuill,1996)对七岁和八岁的学生进行了 7 次训练,每次半小时。训练前对所有学生都进行阅读理解测验,其成绩有高有低。他们要求实验组学生阅读短小的故事,和训练者一起完成几个关于短文的推断任务,之后接受反馈,并讨论答案。第一个任务要求学生根据所读短文提出问题,短文如图 3-18 中所示。学生可能提出的问题有:"露西住在哪里?""她为什么住在那里?""为什么她不搬走?"第二个任务要求学生找出能代表主人翁特征、故事发生的地点等方面的词汇。在第三个任务中,遮盖住一部分课文内容,要求学生进行猜测。对控制组学生不进行推断训练,只进行编码训练。

阅读文章:

露西看了看下面,似乎非常深。她听到猫的叫声,她试图移动一下,但她发现这很不安全。她该怎么办呢？她看到父亲正朝房子走去。她大声地叫他。父亲抬头看到了露西,然后朝树跑了过来。

写下可根据这段短文进行回答的问题。

1. _____
2. _____
3. _____

图 3-18 应用提问进行推断训练

改编自 Oakhill and Yuill(1996)

训练后再对所有学生进行阅读理解测验。后测结果表明，训练组中前测成绩较差的同学，其后测成绩有显著提高；而控制组中前测成绩较差者，其后测成绩没有显著提高；训练组和控制组中前测成绩较好的学生，其后测成绩均无显著改善。由此可知，推断训练对于阅读理解较差的学生具有更明显的作用，这表明推断能力是熟练的阅读理解所不可缺少的关键成分。

虽然在小学阶段大部分学生都形成了阅读理解能力，但也有部分学生尚未形成，并经常被归为学习障碍者，在学校中接受特殊的教学。推断训练能够帮助这类阅读者吗？温等人(Winne et al. 1993)的研究回答了这个问题，他们对四到六年级阅读理解技能较差的学生进行9次推断训练，一个学生和一个成人辅导者一起回答有关短文的推断问题。

例如，辅导者阅读图3-19中有关夏令营的文章，之后要求学生回答一系列问题，如图3-19中下半部分所示，这些问题旨在促进学生进行推断。第一个问题的正确答

阅读文章：
夏天终于到了。约翰和彼得准备去野营。他们今年想找一个真正不错的野营地。去年夏天，他们的野营地距离商店和冰激凌摊位几乎有两公里远。

这两个男孩子都喜欢野营。约翰加入童子军已经五年了。彼得很小的时候，每年都和他妈妈在森林中野营。今年，男孩们决定野营地应当设在离水近的地方。

当他们到达野营地时，护林员告诉他们只剩下两个野营地了。"一个靠近冰激凌店，"他说道，"附近有许多漂亮的野花。另一个在小池塘旁边，很安静，离其他野营人员较远。但那里有很多虫子。"

回答下述问题：
1. 男孩子们在哪里野营？
(回答这个问题要求作出推断，即男孩子们在池塘附近野营。)
2. 为什么？
(回答这个问题需要记住一点："野营地应设在离水近的地方。"还要记住另一个重要的事实："另一个在小池塘旁边"，这是惟一靠水较近的地点。)
3. 约翰和彼得希望找到什么？
(答案是"一个真正不错的野营地"。阅读者必须注意到，这是故事的主要议题。)
4. 男孩子们今年打算到什么样的地点去野营？
(答案是"离水近的地方"。阅读者必须注意到这是故事的一个主要制约条件。)
5. 护林员给男孩子们几种选择？
(答案是"一个靠近冰激凌店"，"另一个在小池塘旁边"。阅读者必须能够确定这些都是故事中的重要信息。)
6. 小池塘旁边的野营地有什么问题？
(虽然答案是"那里有很多虫子"，但阅读者应该意识到，这个信息与男孩子们如何作出决定没有关系。)

图3-19 应用回答问题进行推断训练

改编自 Winne, Graham & Prock(1993)

案是：男孩在池塘附近野营；这可以从句子"男孩们决定野营地应当设在离水近的地方"推断出来。回答每一个问题之后，一些学生接受了正确答案的反馈，并被告知文章中答案的所在之处（简短反馈组）；另一些学生接受同样的正确答案反馈，同时辅导者还就如何从文章中找到答案作出解释（解释反馈组）。结果发现，与简短反馈组相比，解释反馈组学生的推断成绩有显著提高。这表明，阅读理解技能较差的学生不仅需要练习如何作出推断，也需要练习解释推断是如何作出的。

运用元认知知识

什么是元认知知识？

元认知（Metacognition）是个体关于自己的认知过程的知识和意识。布朗等人（1981）指出：虽然元认知技能难以教授，但它们对有效的阅读确实非常重要。下面将重点探讨与阅读有关的一类元认知知识：理解监控（comprehension monitoring）。

元认知知识差异的研究

理解监控

理解监控即对自己是否理解正在阅读的内容的一种意识。具有良好的阅读理解监控技能的阅读者会不断地问自己："这样理解是否合理？"例如，马科曼（Markman，1979）让三年级、五年级、六年级的学生听三篇短文。每篇短文要么有明显的矛盾之处，要么有隐含的矛盾之处，如图3-20中画线句子所示。在有关鱼的那篇短文中，其矛盾之处是：海底缺乏足够的光线，因此不能看到颜色，而鱼却在海底看到了食物的颜色。实验者告诉学生她正在写一本儿童读物，希望他们能提供建议。她让儿童评价这些文章是否容易理解，并提出使之更易理解的建议。实验者读完两遍之后，提示学生指出文章中的矛盾之处。针对图3-20中的文章，实验者给出的前七个提示是：

1. 阅读文章。
2. 重新阅读文章。
3. 这是关于鱼的阅读材料。
4. 你认为如何？
5. 你有什么问题吗？
6. 我忘记告诉你什么了吗？
7. 所有的内容都是合理的吗？

儿童能否针对文章中的矛盾之处而对这些提示予以回应？图3-20中列出了各

个年级中能从三篇文章中至少找出两篇矛盾之处的学生数。从图中可以看出,大约有一半的学生至少能发现两篇文章中的明显矛盾之处,但几乎无人能发现其中隐含的矛盾。显然,对于学生来说,自发地识别出所读文章中的不合理之处确实有一定难度,尤其当矛盾或不合理之处比较内隐时难度会更大。

有明显矛盾的文章
海洋中生活着各种各样的鱼。有些鱼的头长得很像鳄鱼,有些长得很像猫。它们生活在海洋中的不同地方,有些在接近海面的浅水区域,有些却深居海底。<u>鱼必须借助光线才能看到东西。在海底深处绝对没有光,那里一片黑暗,如果鱼待在那里,则不能看到任何东西,甚至无法看到颜色。一些生活在海底的鱼能够看到食物的颜色</u>,通过这种方式它们知道自己吃的是什么。

有隐含矛盾的文章
海洋中生活着各种各样的鱼。有些鱼的头长得很像鳄鱼,有些鱼长得很像猫,它们生活在海洋中不同的地方。有些在接近海面的浅水区域,有些却深居海底。<u>在海底深处绝对没有光,一些生活在海底的鱼根据颜色来判断它们的食物,它们仅食用红色的菌类食物。</u>

从三篇文章中至少找出两篇中的矛盾之处的人数比

年 级	明显矛盾	隐含矛盾
三年级	50%	0%
五年级	60%	10%
六年级	60%	0%

图 3-20 年幼的阅读者能够识别文中的矛盾之处吗?

改编自 Markman(1979)

能否引导儿童监控自己的理解?

为了考查这个问题,马科曼(1979)运用上述任务对三年级和六年级的学生进行追踪研究。然而,在这次实验中有一半的儿童被告知,在每篇文章中都有一些需要删除的地方。有些没有任何意义,有些含混不清。请你尽量找出文中的问题所在,并告诉我为什么它没有意义或不合理。这些指导语对三年级的学生没有显著影响,即没有提高其找出明显和隐含矛盾之处的成绩,但明显提高了六年级学生找出两种矛盾之处的成绩。很显然,年长儿童能够进行阅读理解监控,但不能自发地进行这种监控活动。

迈尔斯和帕里斯(Myers & Pairs, 1978)就阅读的元认知方面访谈了二年级和六年级的学生,其中有些问题涉及理解监控,比如"你是否曾经为了理解句子的意思而重新回到某段的开头或者文章的开头?为什么?"大约有 60% 的六年级学生能够解释原因(比如,为了获得所需的背景线索);相比而言,只有不到 10% 的二年级学生能够解释原因。显然,年幼儿童很少能意识到阅读中理解监控的作用。

这些研究结果都表明，熟练的阅读者能够注意到文章中的矛盾之处。为了进一步验证这一结论，贝克和安德森(1982)让大学生阅读简短的说明文，其中有矛盾之处。文章呈现于计算机屏幕上，每次只呈现一个句子。阅读者按下"next"键可看下一个句子，按下"back"键可重新看前一个句子，按下"lab"键则可回到开头。结果发现：当某个句子与前面的句子相互矛盾时，阅读该句子所用时间较长，回看前面的矛盾句子的可能性更大。这些结果都表明：理解监控是熟练阅读者的一个特征。

为什么儿童不能识别文中的矛盾之处？

对此问题的解释主要有两种：表征理论认为，学生不能在工作记忆中对相互矛盾的两种陈述进行充分的表征和保持。加工理论则认为，学生在工作记忆中能够对相互矛盾的两种陈述进行充分表征，但不能对它们进行充分地比较。为了考查这两种理论，沃斯尼亚多、皮尔逊和罗杰斯(Vosniadou, Pearson & Rogers, 1988)让一年级、三年级和五年级的学生听(或阅读)一些故事，图3-21列举了其中某个故事的一部分。可以看出，故事中有矛盾之处，比如"当把面条和水一块倒进过滤器时，水通过小孔流

阅读下面的故事，并指出其中不合理之处：

乔吉特先在锅里放了些水，然后把锅放在炉子上。她点上火，水一会儿就开了，于是她把一包意大利面条放进水中。水又翻滚起来，乔吉特将面条又煮了一会儿，直到变软。现在她必须想办法把面条从水中捞出来。

她想起父亲常用一个过滤器把面条与水分开。当把面条和水一块倒进过滤器中时，水通过小孔流出去，而面条则留在过滤器中。

乔吉特在厨房的橱柜中找到了过滤器。她把过滤器放在碗上，之后把面条和水倒进过滤器中。面条从过滤器的小孔流到碗中，水留在过滤器中。乔吉特很高兴自己把面条和水分开了。她把装有面条的碗放在餐桌上。

矛盾的描述：
1. 当把面条和水一块倒进过滤器中时，水通过小孔流出去，而面条则留在过滤器中。
2. 面条从过滤器的小孔流到碗中，水留在过滤器中。

四组学生识别和回忆矛盾之处的百分数：

组 别	识别矛盾	回忆矛盾
一年级(听)	35%	35%
三年级(听)	47%	65%
三年级(读)	27%	51%
五年级(读)	63%	74%

图3-21 回忆如何影响对故事中矛盾之处的觉察

改编自 Vosniadou, Pearson & Rogers(1988)

出去，面条则留在过滤器中"，而另外一个句子则描述当乔吉特把意大利面条和水倒进过滤器时，"面条从过滤器的小孔流到碗中，水留在过滤器中"。阅读故事前告诉儿童如下信息：

> 仔细听（或阅读）每一个故事，因为它们都有错误之处。其中有些是作者的笔误，有些根本就不合理。希望你们能非常认真地听每一个故事，之后进行复述，并告诉我们哪些句子是不合理的。(Vosniadou et al.,1988,p.30)

之后，要求每个儿童回忆故事，并指出不合理之处，同时说出自己的理由。

图 3-21 表格中的左边一栏数据反映了年龄差异：年幼的阅读者倾向于忽略矛盾之处，而年长的阅读者则更有可能发现矛盾。此外，三年级学生听故事时比自己阅读故事更有可能注意到矛盾之处；这或许是因为与听故事相比，自己阅读时相对需要较多的注意资源，因此用于识别矛盾等活动上的注意资源相对减少。表格中的右边一栏反映了另一种年龄差异：与年长儿童相比，年幼儿童更难记住相互矛盾的陈述。由于年幼儿童比年长儿童更容易忘记矛盾的信息，因此前者更难以识别文中的矛盾之处。沃斯尼亚多等人（1988）由此得出结论："应该更加关注儿童有关文章的心理表征是如何影响其识别矛盾以及监控阅读理解的。"(p.36)根据这种观点，影响理解监控的一个重要因素是先前知识，因为当阅读者熟悉所读内容时，文中的矛盾之处更容易被表征（由此也更容易被比较）。

教学启示：理解监控训练

儿童能否通过学习而成为有效的阅读理解监控者？马科曼和戈林（Markman & Gorin,1981）的经典研究所得结论使人对此充满信心。他们的研究结果表明：只需给予学生少许的教学指导，学生即可准确地发现文章中的矛盾之处。让 8 岁和 10 岁的学生听一系列故事，其中有些故事存在着自相矛盾之处，要求学生听完故事后，说明该故事是否很容易被理解，或者在理解该故事时是否存在困难或问题。例如，在下面的故事中，第二句和最后一句之间是相互矛盾的：

> 玉米有多种吃法。我从没有见过不喜欢吃玉米的人，总有某种吃法会让人们喜欢。玉米可以煮着吃，可以用黄油拌着吃，可以与面粉和鸡蛋搅和之后做面包，也可以做成爆米花，这是人们爱吃的零食。我所认识的人很不喜欢吃玉米。(p.322)

某些学生（教学组）接受指导，学习如何发现文中的矛盾之处。下面即是对学生进

第三章 阅读理解

行训练的例子：

假设你听到"约翰喜欢滑雪"，后来又听到"约翰不喜欢滑雪"，那么这两个句子就是矛盾的。文章中的任何两个部分之间如果不一致，就会让人感到难以理解。假如一篇文章的前面部分说"苏西是一个婴儿"，而后面又说"苏西能够自己走着去上学"，这两个句子的意思就是矛盾的，很难让人理解。

另一部分学生（控制组）没有接受上述训练。

图 3-22 表明教学组和控制组的学生中能够正确指出文中矛盾之处的人数百分比。从图中可以看出，接受教学指导的学生比没有接受指导的学生取得了更好的成绩。对于 10 岁的学生来说，教学训练效果更为明显，这表明他们知道发现矛盾之处的策略，但在给予教学训练之前，尚不能完全意识到应当在学习活动中应用这种策略。马科曼和戈林（1981）由此得出结论："当结合具体例子训练学生如何发现不同类型的问题时，学生即能够调整他们的评价标准。"(p.325)

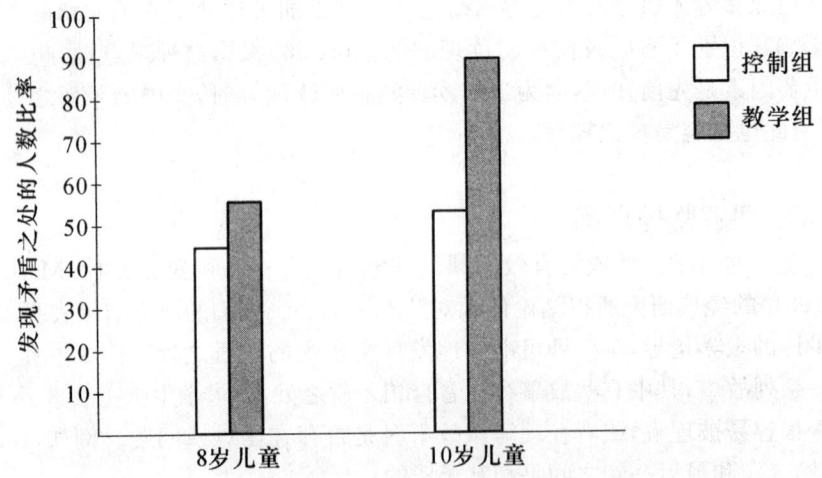

图 3-22　四组学生中发现文中矛盾之处的人数百分比

改编自 Markman and Gorin(1981)

埃利奥特-福斯特和普雷斯利（Elliot-Faust & Pressley, 1986）进行了非常重要的一个实验，他们将上述实验加以扩展，要求三年级的学生听四个故事，其中两个故事中有自相矛盾之处，举例如下：

海马是一种令人着迷的鱼。海马生活在海洋中,其体积非常小,最多长到12厘米左右。海马的头看起来像一匹小马的头,其躯体短小,但尾巴很长。海马在水中行进时,就好像是站在它的尾巴上。海马通过摆动头上和背上的鳍而在水中行进。海马游动的速度不是很快,它游动时会上下颠动。海马在水中游动得很慢。海马凭着快速的游动而逃离敌人。海马就是通过这种方式来保护自己,避免被其他鱼类吞食掉。这是一篇关于海马的故事。(p.28)

听完每一个故事后,问学生:"这个故事合理吗?"如果他们回答不合理,则继续追问"为什么?""哪个地方不合理?"在这个实验中,正确答案是指出"海马游动的速度不是很快"和"海马凭着快速的游动而逃离敌人"之间的矛盾。

与马科曼和戈林(1981)的研究设计相似,这个研究也给一组训练后的学生呈现具有矛盾之处的例子(教学组),但对另一组学生则不进行训练(控制组)。另外还有一组学生(策略组)除接受与教学组同样的训练外,还接受策略训练,即如何使用阅读理解策略来发现句子间的矛盾之处,比如训练学生进行提问:"我的计划是什么?""我正在运用我的计划吗?"或者"为什么我这么做?"以此来训练学生使用理解监控策略。与马科曼和戈林的研究结论相似,教学组的学生发现了更多的矛盾之处(73%),相比之下控制组学生发现的就较少(37%)。与教学组和控制组相比,策略组学生能够发现的矛盾最多(91%)。这些结果说明策略训练能够极大改善年幼阅读者的理解监控技能。

怎样才能帮助学生形成恰当的元认知技能?根据有关儿童理解监控的研究,马科曼(1985)提出了如下建议:

- 儿童应当大量阅读"组织良好、结构紧凑的文章",这些文章包含着"简单的逻辑关系、因果关系或者时间关系"(p.288)。但令人遗憾的是,儿童读物通常结构零乱,段落仅由许多描述性的句子堆砌而成。儿童没有机会练习去判断、决定所读材料是否合理,因为文章常常被改写,它们仅具有最低限度的逻辑关系、因果关系或时间关系。此外,应当要求儿童预测下文,即预测可能发生的事情,预测主人公的行动,按照因果关系来推断事件发生的顺序,推断事件的起因或者人物的动机。
- 应当给儿童列出一系列一般性问题,并要求他们在阅读时进行自我发问,比如"我理解了吗?""主要观点是什么?""我还知道哪些有关的内容?"自我检测策略能够有效地提高智力落后儿童的阅读理解水平(Brown, Campione & Barclay, 1979)。
- 教师应当明确地给学生示范如何使用理解监控策略。
- 儿童应当练习如何评估文章中的各种解释,比如从几种可能的解释中选取哪个最贴切。
- 儿童应当练习如何发现文章的矛盾之处或者所存在的其他问题。

总之,即使儿童有能力使用适当的理解监控策略以及与此有关的技能,他们通常也不会主动应用。通过元认知知识的教学有可能提高其阅读理解成绩,但仍需要进一步研究来确定如何使上述建议真正适合不同儿童的需要。

建构有效的阅读理解方案

本章中所介绍的阅读理解的有关研究揭示了成功的阅读者所使用的策略,并有效地将这些策略教授给初级阅读者。具体而言,本章关注阅读过程中可教授的四种主动的认知加工过程:

- 整合(integrating):利用个人的先前知识来生成文章的意义。
- 组织(organizing):识别重要的观点及其之间的关系。
- 精制(elaborating):在阅读过程中作出必要的推断。
- 监控(monitoring):评价自己的理解程度并调整阅读策略。

在过去的二十多年中,越来越多的研究证据表明,可以通过教学来帮助学生掌握有效的技能,比如怎样写一篇文章的概要,如何预测下文,如何阐述句子,如何提出问题,如何发现自相矛盾之处等(Pearson & Fielding,1991)。巴特利特(1932)把阅读理解看作是对意义的主动探寻过程,而上述研究结果与这一观点是一致的。

对任何一种有效的阅读教程而言,其主要任务就是将各种有效的策略结合起来,形成一种整合的阅读程序,以用于课堂中。我们在本章中介绍了有关阅读策略的大量研究,例如,怎样利用先前知识、判断信息的重要性、作出推断以及监控阅读理解过程等。既然学校中的阅读理解教学主要依据于少量的基础读物而进行(Chall & Squire,1991;Rosenshine,1980),因此在教学中吸纳阅读理解的研究成果就是非常有意义的。将来的一个重要趋势就是根据阅读研究的成果来确立有效的阅读教程,并且在真实的学校环境中检验阅读教学的有关理论。下面部分将简要探讨两个阅读教程,这两个教程都将多种阅读过程整合其中,以完成较为复杂的阅读任务。SQ3R 是较为传统的一种阅读理解教程,而阅读理解技能的交互式教学则是基于研究而提出的一种新的阅读理解教程。

SQ3R

假如我们要找到一种阅读理解教程,其效果良好,具有持久的生命力,能广泛用于许多学校中的阅读理解教学,那么 SQ3R 无疑是最为符合的。虽然该教程的提出远早于本章所介绍的许多研究,但它同样也认可这样的基本观点,即阅读理解是一种对所读文章进行主动加工、生成意义的过程。

罗宾逊(Robinson,1941,1961)建议训练学习者在阅读一篇新的文章时使用下面五个步骤：浏览(survey)、提问(question)、阅读(read)、复述(recite)和复习(review)(SQ3R)。浏览时,阅读者略读材料,了解这篇文章要讲的是什么内容。比如,在阅读本章时,你或许简要地阅读开头和结尾部分的句子以及每一部分的标题。提问时,阅读者针对每一个小标题或者段落提出问题。比如,就这一部分而言,你或许会问"SQ3R教程是什么?"阅读时,学生针对每一个小标题或者段落中的问题进行阅读,以试图回答这些问题。复述时,学生用自己的语言来回答每一个问题。复习时,学生尽可能多地回忆文章中每一部分的信息。PQ4R对SQ3R进行了修订,增加了一个反思(reflect)步骤,即阅读者努力思考有关例子,并把阅读材料与先前知识联系起来(Thomas & Robinson,1972)。

亚当斯、卡耐恩和格斯滕(Adams, Carnine & Gersten, 1982)指出：由于SQ3R是最早提出的一种训练方案,所以"理所当然地被广泛应用于教科书和教师培训手册中,尽管有关的研究文献并未提供支持性证据"(p.31)。例如,亚当斯、卡耐恩和格斯滕(1982)仅发现有六项研究对SQ3R的有效性进行了评估,但其中五项在研究方法上存在明显的缺陷,而第六项研究也没有涉及到学龄被试。与此类似,谢波德(Shepard,1978)也认为,学生没能使用这种程序,主要是因为它太费时间。普雷斯利和麦考密克(Pressley & McCormick, 1995)在一篇评论性文章中指出："虽然许多学习技能训练课程中都推荐使用SQ3R,但就其有效性而言则不得而知。"(p.374)

亚当斯等人(1982)提出一个与SQ3R相似的为期四天的训练教程,但教程中的每一个步骤都是基于当前有关阅读理解的研究而提出的。使用简单的有关社会科学的文章来直接训练学生练习该教程中的五个步骤,学生主要是小学儿童(五年级),他们已经掌握了解码技能,但学习技能很差。研究者要求学生阅读一篇文章之后进行复述,并就文中的一些基本问题进行回答。那些接受训练的学生回答问题的正确率是47%,没有接受训练的学生的正确率是28%。此外,接受训练者比未接受训练者记住了更多的重要信息,但二者间的差异并未达到统计上的显著性。显然,可以通过训练来教授学生进行阅读,以提高其回答基本问题的能力。然而,仍需要进行更多的研究来探明SQ3R在何时、为何以及在何处影响何人的阅读理解。

阅读理解技能的交互式教学

我们怎样才能把一些关键的阅读理解技能结合起来形成一种有效的阅读程序,并用于课堂教学中呢?许多学者认为,既然学校学习是在社会情境中进行的,那么阅读理解活动的教学就应当是合作性的,因此可以通过**交互式教学**(reciprocal teaching)来进行。交互式教学要求师生就如何学习有关材料的策略问题轮流引导着讨论

(Palinscar & Brown,1984;Brown & Palinscar,1989)。一名教师和一个或多个学生组成合作学习小组，由此进行交互式教学。每一教学单元的主要任务就是让小组使用各种阅读理解策略来学习一篇文章。教师和学生轮流担当讨论的指导者，必要时教师可进行评论、给予反馈和提示。

假如在七年级的英语课中，某单元的教学目标是帮助学生改善阅读理解技能。具体而言，要求学生掌握四种有效的阅读理解策略：(1) **提问**(questioning)，即学生能针对所读文章而提出适当的问题；(2) **阐述**(clarifying)，即学生能识别可能存在的各种理解上的问题或困难，并加以解决，如对不熟悉的词汇进行界定；(3) **总结**(summarizing)，即学生对所读文章进行连贯一致的概括，提炼出主要观点；(4) **预测**(predicting)，即学生指出下文的内容将会是什么。在常规的课堂中，教师要么为学生示范这些策略中的每一个步骤（示范法），要么讲解每一种策略，然后要求学生在练习中使用它们（直接教学法）。但是，在交互式教学中，学生则有机会去教授小组中的其他同学来掌握策略。简言之，师生交互作用——无论是教师还是学生，谁当指导者，谁就充当教师的角色，而被指导者则充当学生的角色。

在交互式教学中，一名教师和一组学生共同努力去理解文章。下面以图3-23中有关乌鸦的文章为例。大家一起参与一个有结构的讨论，指导者则示范提问、阐述、总结和预测等认知策略。最初由教师引导讨论，比如怎样对文章进行提问、总结、阐述可能存在的理解问题并预测下文等。当大家意见不一致时，所有参与者重新阅读文章，讨论每一步骤，直到达成一致意见。之后，教师把指导讨论的工作移交给学生，比如由钱特负责（在图3-23中该学生被称为"学生1"）。当一名学生指导讨论时，教师也不时地给予如何练习认知策略的指导，比如怎样提出一个适当的问题，或者如何进行总结、概括等。教师对作为指导者的学生给予支持，并进行必要的点评。总之，教师提供各种支持以促使学生能够顺利完成这项活动。随着学生对此进程越来越熟悉，教师就逐步减少指导和反馈量。图3-23中的教学对话即是进行交互式教学的例子。

> **学生们一起学习的文章节选：**
> 　　乌鸦还有另一种本领。它们是伟大的模仿家，能够学会交谈，能够模仿动物的声音。据说有些乌鸦已经学会了100个单词，甚至还能掌握完整的句子。它们可以模仿鸡的咯咯叫声，狗的汪汪叫声，或者猫的咪咪叫声。
> 　　乌鸦对游戏也是情有独钟。在捉迷藏游戏中，一只乌鸦藏在树上的洞穴中，并发出一声凄惨的叫声。其他乌鸦闻讯冲来，四处搜寻，之后又展翅而飞。这种情形或许能上演多次，之后年幼的乌鸦突然从其藏身之处闪现出来，乌鸦们对此并不恼怒，而是发出一阵欢呼声。它们好像很喜欢和自己开这个玩笑。

续　图

教师：钱特，现在你是我们的教师。为什么不先作个总结呢？记住，只讲最重要的部分。
学生1：乌鸦通过模仿能够学会100个单词。它们能够模仿鸡、狗和猫的叫声。
教师：不错。我们还可以使这个总结再简练些。
学生2：可以说它们能模仿其他动物。
教师：噢！很好！钱特，你注意到了吗？这里列举了几个例子，说它们能够模仿鸡的咯咯叫声，狗的汪汪叫声，或者猫的咪咪叫声；你可以将这些统称为"动物的声音"。你能向我们提出一个问题吗？
学生1：这里没什么可以提问的。
学生3：这里需要加以阐述的词汇是"mimics"（模仿）。
学生4：它的意思是模仿，对吗？
教师：对。雪莉，你是怎么知道这个意思的？
学生4：从文章中得知的。
教师：谁能告诉我们是如何知道mimic这个单词意思的？
学生5：它们是伟大的模仿家，能够学会交谈，能够模仿动物的声音。
教师：是的，后面一句实际上告诉了我们这个单词的意思。非常好，还有其他需要阐述的吗？
所有学生：没有了。
教师：我们应该怎样提问呢？（停顿）
第二段讲的是什么，钱特？
学生1：它们玩的游戏。
学生3：它们玩的游戏和人类一样。
学生4：乌鸦玩的是什么游戏？
学生3：捉迷藏游戏。反反复复地玩。
教师：拉里，你了解些什么？这个比喻非常准确。我们可以提出一个有意义的问题："乌鸦与人类有何相似？"
学生4：他们也玩捉迷藏游戏。
教师：好。还有其他问题吗？
学生2：乌鸦为什么不恼怒？
学生5："annoyed"（恼怒）是什么意思？
教师：生气，讨厌。
学生5：因为它们喜欢这个游戏，觉着好玩。如果我有一只乌鸦，我就告诉它，你就是那只小乌鸦，然后看它如何做。
教师：现在让我们总结一下，然后进行一些预测。
学生1：这一部分是关于如何玩游戏的。
教师：很好。谁来作预测？
学生2：或许它们会开更多的玩笑。
学生4：做其他游戏。
教师：有可能吧。到目前为止，文章告诉我们，乌鸦在很多方面都是非常聪明的；它们能够相互交流，能够模仿许多种声音，能够玩游戏。或许我们将会阅读到乌鸦在其他方面的聪明之处。接下来该谁当教师了？

图3-23　交互式教学举例

摘自 Palinscar(1986)

交互式教学能奏效吗？为了回答这个问题，布朗和佩林斯卡（1989）对比了四组高中生，他们在阅读方面都有些问题。在交互式教学组，学生轮流作为教师来指导他人运用四种阅读理解策略进行讨论；在示范组，学生观察教师示范如何使用四种阅读理解策略；在直接教学组，学生听教师讲解每一种策略，然后进行书面回答问题的练习；在控制组，不给学生提供与四种阅读策略有关的任何信息。四组学生都上12节课，同时也接受常规的阅读理解测验。图3-24是每一组学生在前测和后测阅读理解测验上的平均分。从中可以看出，所有组在前测中的正确率是40%—50%；而交互式教学组的进步最大。在另一个类似的研究中，接受交互式教学的学生在标准化阅读理解测验上，其后测成绩比前测有二十个月的进步；控制组只表现出一个月的进步（Palinscar & Brown, 1984）。此外，布朗和佩林斯卡（1989）的研究还证明，在实验后的两个月、六个月再次进行延迟测验时，交互式教学组学生的成绩仍然是最好的。

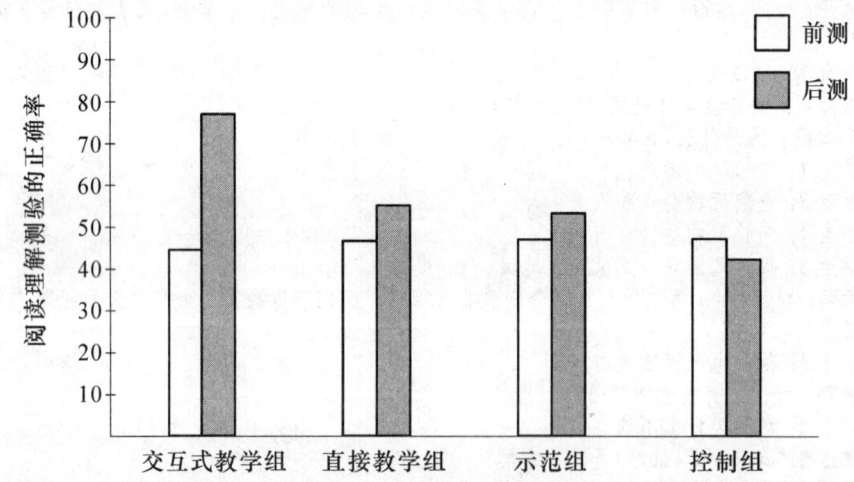

图3-24 四组学生在阅读理解的前测和后测上的成绩

改编自 Palinscar and Brown(1984)

为什么交互式教学能够奏效？这个程序将几种有效的技能结合起来，其中包括学习什么、在什么情形下学习以及和谁一起学习。首先，学习的内容是阅读理解的认知策略，不是具体的事实和步骤。也就是说，教学所关注的是如何学而不是学什么的问题。第二，认知策略的学习是在真实的阅读理解任务中进行的，而不是脱离实际孤立地教授每一种策略。其目的并不是学习策略本身，而是为了理解文章。第三，学生在互助的合作小组中作为学徒而进行学习，教师则是为学生提供反馈和基本信息的评论者和帮助者；简言之，教师参与小组活动，与学生一起完成某一任务，给学生提供专家水平的支架支持。交互式教学的独特之处在于学生可以担当教师的角色,通过教学来学习;也就是,学生在社会情境中学习如何担当重要角色。

交互式教学的有关研究对建立有效的阅读理解教程具有参照价值:当教学着眼于合作情境中完成真实阅读任务所需的具体认知过程时,学生则有可能发展成为有能力的阅读者。然而,罗森斯海因等(1996)通过总结有关研究发现,对阅读理解技能进行直接训练,也能取得与交互式教学同样的良好效果。

总结

本章简要探讨了阅读者理解文章的过程,即阅读理解的过程。首先我们对巴特利特(1932)提出的"努力探寻意义"的观点进行了分析,该观点认为,阅读实际上是试图对所呈现的内容进行有意义的解释的过程。之后,我们探讨了与阅读理解有关的三种类型的知识:内容知识,如先前知识;策略知识,如运用文章结构、进行推论;元认知知识,如理解监控。

首先,本章呈现了能够充分证明先前知识所起作用的例证。无论对于成人还是儿童,具有适当的背景知识的阅读者与缺乏这类知识的阅读者在理解文章时存在着差异,具有丰富的背景知识的阅读者更可能作出与文章相符的推论。

第二,本章呈现了能够充分证明文章结构所起作用的例证。对于成人和年长的儿童来说,他们更有可能记住文章中的重要信息,而忽视不重要的信息。然而,年幼儿童不可能区分文章中的重要信息和非重要信息,因此也不可能将其学习时间有效地用于重要信息上。

第三,本章探讨了阅读过程中进行推断的研究例证。与年长的阅读者相比,年幼的阅读者不太容易自发地进行推断。虽然能够教授学生如何回答推断问题,但是推断训练对阅读理解的总体影响尚不清楚。

第四,本章考查了以阅读理解监控为例的元认知过程。同样,有证据表明,与年长阅读者相比,年幼阅读者不太容易监控他们的活动过程,也不太会随不同的任务而改变其阅读策略。

我们针对阅读理解中的每个认知过程探讨了一些典型的研究,这些研究表明,可以通过教学来教授学生进行这些认知活动。

最后,本章考查了两种综合性的阅读理解程序——一个是传统的、具有持久生命力的 SQ3R,另一个是现代的、基于科学的研究成果而提出的阅读理解交互式教学。虽然本章不可能提供更多的定论,但阅读者所具有的知识、策略和元认知等已有经验在阅读过程中具有重要作用,这一点是确凿无疑的。如果有关研究能够关注阅读理解过程的教学问题,那么,建构一个旨在形成学生阅读时所需的知识、策略和元认知经验的整合的阅读理解教程则指日可待。

推荐读物

Barr R., Kamil M. L., Mosenthal. P. & Pearson, P. D. (Eds.) (1991) *Handbook of reading research* (Vol. 2). NY: Longman.

Bartlett F. C. (1932) *Remembering*. London: Cambridge University Press.

Cesare C. & Oakhill J. (Eds.). (1996) *Reading comprehension difficulties*. Mahwah, NJ: Erlbaum.

第四章 写作

本章提要
- 讲故事的问题
- 写作中的认知过程
- 计划
- 转化
- 检查
- 构建有效的写作方案
- 总结

本章提出这样一个问题：写作包括哪些过程？其答案是：计划写什么，把计划转化成书面文字，然后检查所写内容。教学中需要针对写作的每一个过程对学生加以训练。

讲故事的问题

请阅读图 4-1 中的故事。然后将书放在一边，用自己的话把故事写下来。假定你要写给一个从没听过此故事的人。你的任务不是逐字逐句地复述整个故事，而是将其中的重要内容告诉别人。

> 从前，有一个名叫尼奥比(Niobe)的妇人，她有 12 个儿子和 12 个女儿。她遇到了一位只有一个儿子、没有女儿的仙女。这位妇人嘲笑仙女，因为仙女只有一个男孩。于是仙女非常生气，就把妇人绑在岩石上。这位妇人哭了十年。最后，她变成了一块岩石，她的泪水流成了一条河，河水至今还在流淌着。

图 4-1　你能重述这个故事吗?

摘自 Piaget（1926）

图 4-2 中列出了这个故事的梗概。你写下来的故事是否包含了所有要点或大部分的要点？你是否准确地介绍了那位妇人和仙女（而不是只用"她"来指代）？别人读了之后能否完全理解？你是否以恰当的顺序来描述故事情节？

这个故事摘自皮亚杰的一个早期研究（Piaget，1926）。在这个研究中，让 6-8 岁的儿童听故事，其指导语如下：

第四章 写 作

> 1. 从前有一个妇人(或尼奥比)。
> 2. 她有很多小孩(或小孩的数目超过了其他人)。
> 3. 她遇见一位仙女(或一个女孩)。
> 4. 这个仙女小孩很少(或少于别人)。
> 5. 妇人嘲笑仙女。
> 6. 因为仙女的小孩是那么少。
> 7. 仙女生气了。
> 8. 仙女把妇人绑在岩石上(或树上)。
> 9. 妇人哭叫。
> 10. 她变成了岩石。
> 11. 她的泪水流成河。
> 12. 河水一直流到现在。

图 4-2 故事梗概

摘自 Piaget (1926)

> 你很会讲故事吗?好吧,我们把你的朋友带出这个房间,等他离开后,我们给你讲一个故事。你必须仔细地听。等你全部听完后,我们再把你的朋友带回房间,然后请你把刚才听到的故事告诉他。(p. 96-97)

图 4-3 中列出了几名儿童所讲的故事。从中可以看到,儿童在讲故事时出现了许多错误。其中较明显的几个问题是:儿童忽略了一些关键信息,如仙女惩治那位妇人的原因;或利用一些指向不明的代词来指代某些人物;或忽视了故事情节的顺序。皮亚杰(1926)将年幼儿童讲故事的特点总结为:"所说的话并不是从听话对象的角度

> **阿瑞(8岁)**
> 曾经有一个妇人,她有 12 个儿子和 12 个女儿。她去散步,遇到一个仙女。这个仙女有一个儿子和一个女儿,她不想要 12 个孩子。12 加 12 等于 24。她不希望有 24 个孩子。她把 N 绑在石头上,她变成了一块石头。
> **奇欧(8岁)**
> 从前有一个妇人,她有 12 个儿子和 12 个女儿,但是仙女只有一个儿子和一个女儿。还有,尼奥比想要更多的儿子。于是她很生气。她就把她绑在石头上。他变成了一块石头,他的眼泪变成河流,河水直到现在还流着。
> **梅德(6岁)**
> 那个妇人嘲笑仙女,因为她只有一个儿子。妇人有 12 个儿子和 12 个女儿。有一天她嘲笑她。她很生气就把她绑在河流旁边。她哭了 50 个月,眼泪流成了一条大河。
> **阿丝(6岁)**
> 有一个妇人,她的名字叫莫瑞尔(Morel),然后她变成了一条河流……还有,她有 10 个女儿和 10 个儿子……还有,仙女把她绑在河岸边,然后她哭了 20 个月,还有,在她哭了 20 个月以后,她的眼泪变成了河流,还有然后……

图 4-3 儿童如何讲故事

摘自 Piaget (1926)

来思考的。"(p.16)换言之,年幼儿童难以设身处地从听众的角度来考虑,从其讲述的方式来看,仿佛听众已经知道这个故事(即年幼儿童以为每个人都知道他们所知道的)。与此相反,成人经常能够根据不同的听众来调整其故事(即成人经常考虑到不同听众的特点)。

本章中,我们要探讨写作的实质。皮亚杰有关讲故事的研究对我们理解写作有什么启示?他的研究表明,说话和写作的一个主要方面是去影响听众。说话时,听众真实地出现在面前,但在写作时则不然。因此,写作时把潜在的听众铭记在心,这是有一定难度的。成人在写作时也会像皮亚杰研究中的年幼儿童那样,表现出自我中心和无组织性,这表明写作是一种技能,在一定程度上取决于能否理解听众(即可能的阅读者)的观点的能力。

一个优秀的写作者需要知道什么呢?阿普尔比(Applebee,1982)认为需要三种知识,其中每种知识都可以从皮亚杰的讲故事研究中找到例证。

- **语言知识**(knowledge of language),如英语的语法规则。
- **主题知识**(knowledge of topic),如要传递的具体信息。
- **读者知识**(knowledge of audience),如潜在的阅读者的观点。

本章后面的内容将探讨写作者如何在写作过程中利用这些知识,以及如何通过教学来改进写作过程。

写作中的认知过程

写作的三个过程

假如要求你写一篇简短的传记故事,或者是一篇介绍如何使用水龙头的短文,或者一封商业书信。那么,当你写作时,有哪些认知过程参与其中了呢?为了考查这一问题,弗劳尔和海斯(Flower & Hayes,1981;Hayes & Flower,1980;Hayes,1996)要求一些被试完成某种写作任务,并描述在完成任务的过程中思考些什么,这就叫作**出声思维**(thinking aloud)。将写作者所说的每一细节都记录下来的最终文稿称作**出声思维的口语记录**(thinking aloud protocol)。

根据对写作者的口语记录分析,海斯和弗劳尔(1980)认为写作涉及到三个不同的过程,即计划、转化和检查。

- **计划**(planning):包括从长时记忆中、从指定的作业及已有文献中寻找信息,然后运用这些信息来确立写作的计划。计划的三个子过程是生成、组织和目标设置。生成(generating)包括从长时记忆中提取与写作任务有关的信息。例如在写一篇有关写作过程的短文时,你就必须回忆出写作的三个主要过程。组织(organizing)包括从所提取的信息中选择最有用的,并列出写作计划。例如,在撰写关于写作过程的文章时,你也许会依次将计划、转化和检查这三个主要过程各列为一节。目标设置（goal-setting）包括确立基本的标准，以指导写作计划的执行。例如，因读者对所写材料不甚熟悉，所以你要注意，关于写作过程的文章应该简单易懂，不要有专业术语。为了与新近有关计划分类的研究（Kellogg，1994）保持一致，本章将目标设置这个过程放在计划的子过程——评价（evaluating）（即考查构思或写作计划与作者的目标相符合的程度）之下。

● **转化**（translating）：即写出与上述计划相一致的文本，换言之，就是把文字写在纸上的活动。例如，所写的文本应该是语句清晰、语法正确，能以有效的方式来传递要表达的信息。

● **检查**（reviewing）：即利用阅读、编辑等子过程对文本进行修改。通过阅读活动找出文中存在的问题；通过编辑过程修改可能存在的问题。例如，如果初稿中的句子不合语法，或者词不达意，那么通过检查这一过程即可发现并重写这些句子。

图4-4是海斯和弗劳尔（1980）提出的写作模型的简图。三个阴影长方形代表写作中的三个主要过程。左边两个无阴影的长方形则代表写作过程的输入部分：写作任务（包括对主题和读者或听众的理解）以及写作者的知识（包括主题知识、读者知识和书面英语的语言知识）。右边无阴影的长方形代表输出部分（即生成的文本）。箭头表示三个写作过程是相互作用的，而不是固定不变的。

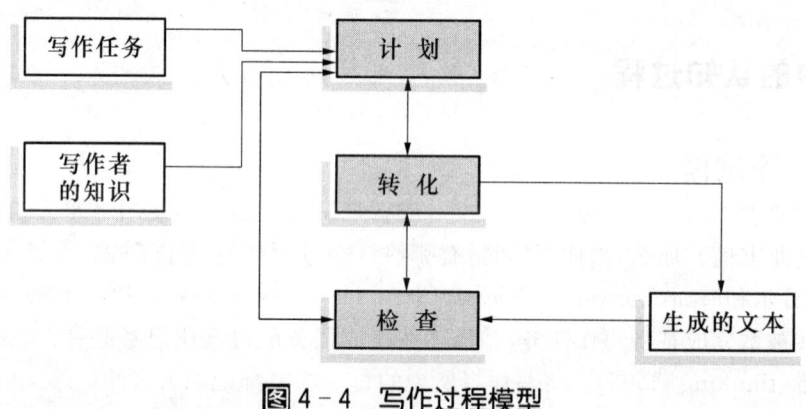

图4-4 写作过程模型

改编自 Hayes and Flower (1980)

最近，海斯（1996）对模型进行了修订，新模型仍然包括三个基本写作过程，但计划过程被纳入一个更宽泛的**反省**（reflection）过程中，反省即"对内部表征进行加工以生成其他内部表征的活动"（Hayes，1996）；转化过程被纳入更为宽泛的**文本生成**（text production）过程中，文本生成即"利用内部表征产生书面的、口头的或图表的输出结果的过程"（Hayes，1996，p.13）。修订的结果变成了**文本理解**，即：通过语言和图表的输入创造内部的表征。此外，修订后的新模型强调工作记忆在写作中的作用，并将写作中的视觉和空间表征(如曲线、表格和图片)等加入模型中,同时也承认动机和社会因素在写作中的作用。

其他研究者也提出了类似的写作过程模型。例如,诺尔德(Nold,1981)提出三个主要的写作过程,即计划、转录(相当于转化)和检查。布鲁斯等人(Bruce, Collins, Rubin, Gentner, 1982)在他们提出的写作模型中包含了观点生成(相当于计划)、文本生成(相当于转化)以及编辑(相当于检查)等步骤。古尔德(Gould, 1980)提出了由四个过程构成的写作模型,即计划、获得附加信息(相当于计划的一部分)、生成(相当于转化)和检查。在一份评论性文章中,凯洛格(Kellogg, 1994)指出,"写作包括四个在所有思维活动中都起到重要作用的认知操作:收集信息、计划观点、把观点转化成文本……以及检查观点和文本"(p. 16)。前两个过程可以视为海斯等人提出的计划过程的一部分,后两个过程则分别对应于转化和检查。显然,人们对写作过程基本达成了共识,即主要包括计划、转化和检查。所有的研究模型也都认为写作的各个过程之间存在诸多的相互作用,各个过程并非孤立出现的。

考查学生的口语报告

海斯和弗劳尔(1980)对具有代表性的写作者的口语报告进行了分析,以作为支持其写作过程模型的证据。口语报告共14页,包含写作者所进行的458个简单陈述和评论。口语报告大体可以分成三部分:第一部分由前116句陈述组成,写作者似乎集中于信息生成中的计划子过程,也会伴有偶尔的中断,以进行某种检查。这部分口语报告的典型陈述是:"现在我要做的只是记下涌现出的各种想法。"第二部分口语报告由接下来的154句陈述组成,写作者集中于组织信息的计划子过程,但也会偶尔停下来进行检查。这部分的典型陈述是:"我认为现在应该返回去重读材料,对材料进行精心组织。"最后一部分的口语报告包含188句陈述,写作者强调转化过程,偶尔会中断,生成信息,进行检查。典型的陈述有:"我们试着写点东西吧。""哦,不,我们需要再重新组织一下。"

图4-5呈现了口语报告的三个部分中分别涉及生成、组织、转化和检查等不同过程的语句比例。这些材料源于两名写作者的口语报告。从中可以看出,第一部分的口语报告主要涉及生成观点,第二部分主要涉及组织观点,第三部分主要是把写作计划转化成可接受的句子。此外,检查过程(主要是编辑)在口语报告的每一部分中所起的作用都比较小。

教学主题

从前面的论述中可以看出,写作研究尚处于发展的初级阶段。即使如此,写作教学仍可从中有所借鉴。

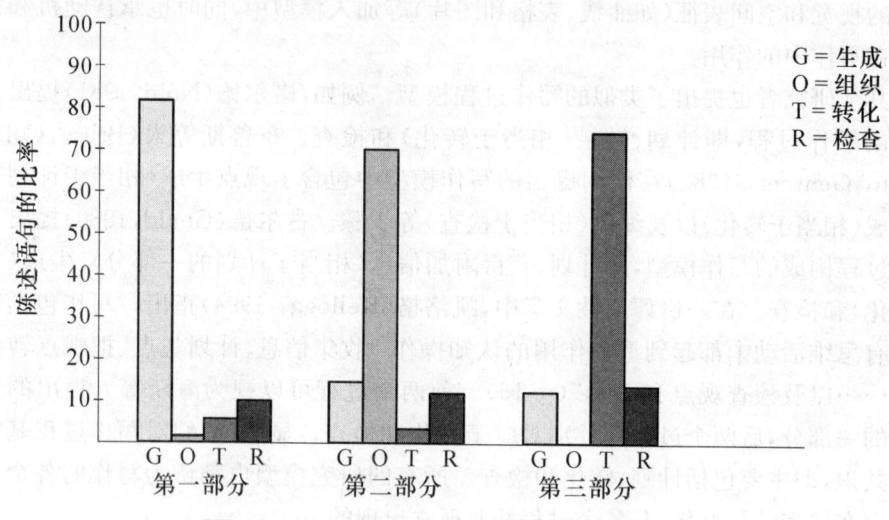

图 4-5 写作者在写作过程中做些什么?

改编自 Hayes & Flower (1980)

过程与结果

写作教学中强调的重点通常是在最终的产品上,如拼写、标点及语法等。对写作的认知过程的研究则强调写作教学应关注写作过程。具体而言,写作的大部分时间和精力都用于计划过程,而非实际写出可以接受的文本。斯腾伯格(Steinberg,1980)对此总结如下:"写作教学大多关注结果,关注学生提交的书面文字材料,而对写作过程以及如何写等问题未能给予充分关注。"(p.156)

问题解决与步骤应用

很多写作教学都讲授如何恰当地生成句子的步骤,如"不要在句子开头用'因为'"或"每段应有一个主题句,一个总结句,大约三个中心句"。除了使用这些步骤外,写作者还必须从事实际的问题解决活动。凯洛格(Kellogg,1996)指出:"在撰写一篇书面文章时,个体从事一种特殊形式的思维活动——生成意义——这极为明确地显示了我们人类最独特的特征之一。"(p.3)写作活动与其他类型的问题解决一样,都需要确定目标,并努力去达成。因此,可把写作教学视为问题解决的教学。弗劳尔和海斯(1981)指出:"写作就是问题解决,可以利用心理学有关问题解决过程的观点来分析写作过程。"

交流与作文

很多写作教学包括学习如何生成符合文体和语法要求的作文。奈斯特兰德

(Nystrand,1982a)指出,人们通常强调"适宜的交谈"和"规范的作文",而不关注其写作是否影响听众或读者。除了教给学生如何写出与"学院派语文"相符合的作文外,还必须让学生树立这样的观念,即写作是一种试图与读者交流的过程。正如弗雷斯(Frase,1982a,p.130)指出的,"有效的写作能够将写作者自身的目标与读者的要求合而为一"。与此相似,奈斯特兰德(1982a)也指出,写作者需要形成一种观念,"读者就是作者希望施以影响的人"。(p.2)

知识转化和知识讲述

贝雷特和斯卡答马列(Bereiter & Scardamalia,1987)对知识转化与知识讲述进行了区分。知识转化就是写作者对观点加以选择,并组织成一篇连贯的段落。知识讲述即写作者按照自己的思维顺序来表达出某些观点。在知识转化中,写作者调整其所获得的知识,以便与读者进行交流;而在知识讲述中,写作者的目的是向读者呈现信息。二者的主要差别就在于计划在其中的作用有所不同。知识转化比知识讲述需要更多的计划。为此,写作教学的一个主要目标就是帮助学生从知识讲述取向转为知识转化取向。

在本章后面部分,我们将对写作中的三个主要过程——计划、转化和检查——进行探讨,并分析其对教学的启示意义。

计划

什么是计划

如前所述,计划是写作活动中的一个主要过程。计划过程主要包括三个子过程:从记忆中生成信息,评价与写作标准有关的信息和把信息组织成一个写作方案。海斯和弗劳尔(1980)将这三个子过程分别称为"生成"、"目标设置"以及"组织"。

对计划过程的有关研究

学生口述时进行多少计划?

假设让你口述一页商务信函,口述的潜在速度为每分钟200字(即人们讲话的适中速度通常是每分钟200字)。不过,古尔德(1980)的研究表明,正常的口述速度大约是每分钟23个词。同样,假设要求你写一页商务信函,书写的潜在速度通常是每分钟40个词,但古德发现,商务信函的写作速度通常为每分钟13个词。

这些结果表明，人们生成文本的速度比说话、书写的常规速度慢许多。为什么呢？根据古尔德(1980)的研究，口述或写作的速度之所以比较慢，是因为要花相当的时间进行计划。例如，古尔德(1978a，1978b，1980)通过详细记录、分析口述或写作中的停顿，发现停顿时间大约占全部作文时间的三分之二。其结果见图4-6。

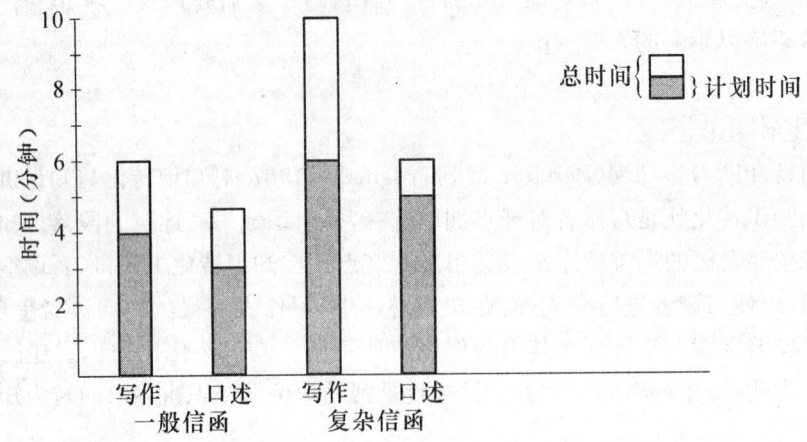

图4-6 写作或口述一封信函时用多少时间进行计划？

改编自 Gould (1980)

写作过程中何时进行计划？

古尔德的研究发现了一个有趣的现象，用于计划活动的停顿通常发生在写作过程中（即局部计划）而非写作之前（即总体计划），这表明写作者很少在写作之前作计划。在一项更具体的研究中，马特苏哈士(Matsuhashi，1982，1987)仔细考查了高中生写作短文时的停顿现象。与古尔德的研究结果类似，马特苏哈士发现，计划时间约占全部写作时间的1/2到2/3。另一个发现是，停顿主要发生在观点转换之间（如句末）。图4-7显示了高中生在写作短文时所花的时间。每个单词后面的数字表示写作者在转向下一个单词之前的停顿长度（以秒为单位）。从中可以看到，较长的停顿分别在第4行（在一个新从句前停顿9.7秒）、第5行（句子之后停顿16.6秒）、第8行（新段落前停顿13.3秒）以及第11行（句子之后停顿12.8秒）。观察发现，在较长的停顿中，写作者可能会暂时终止写作，改变一下坐姿等。马特苏哈士指出，停顿使得写作者能够对信息进行组织，并将信息置于适当的上下文背景中。

> 1. Truly$^{0.6}$ successful$^{1.1}$ person$^{0.5}$-to$^{0.8}$-person$^{2.3}$ communi-
> 2. $^{1.8}$cation$^{3.5}$ is$^{1.9}$ difficult$^{1.3}$ because$^{6.9}$ people$^{0.6}$ in$^{0.9}$ general$^{1.1}$ are$^{0.9}$ poor
> 3. $^{1.0}$ listeners.$^{7.0}$ They$^{1.0}$ would$^{0.7}$ rather$^{1.4}$ listen$^{0.5}$ to$^{0.9}$ themselves$^{1.9}$ speaking
> 4. $^{2.1}$ than$^{0.4}$ someone$^{0.7}$ else$^{0.5}$.$^{4.7}$ It$^{0.9}$ is$^{0.7}$ my$^{0.7}$ feeling$^{1.9}$ that$^{9.7}$ this$^{0.8}$ occurs
> 5. $^{1.6}$ because$^{1.1}$ of$^{1.2}$ a$^{0.8}$ basic$^{2.7}$ self-centeredness$^{16.6}$.$^{5.5}$ people$^{4.8}$ tend$^{1.2}$ to
> 6. $^{1.9}$ be$^{0.6}$ more$^{0.5}$ interested$^{0.7}$ in$^{0.7}$ their$^{0.9}$ own$^{0.6}$ lives$^{1.5}$ to$^{1.2}$ bother$^{1.0}$ exposing
> 7. $^{1.3}$ themselves$^{0.7}$ to$^{0.5}$ how$^{0.7}$ others$^{0.8}$ live.
> 8. $^{13.3}$ Communication$^{1.2}$ is$^{0.7}$ successful$^{0.8}$ only$^{0.9}$ when$^{2.9}$ there
> 9. $^{2.2}$ is$^{2.4}$ "$^{0.5}$ give$^{0.6}$ and$^{0.8}$ take"$^{1.1}$ between$^{3.7}$ the$^{0.7}$ parties$^{1.1}$.$^{3.7}$ Each$^{0.7}$ one
> 10. $^{1.9}$ should$^{0.9}$ contribute$^{1.2}$ equally$^{2.1}$,$^{1.0}$ as$^{0.8}$ well$^{0.7}$ as$^{2.0}$ accepting$^{0.7}$ the
> 11. $^{2.2}$ contributions$^{5.3}$ of$^{0.6}$ the$^{0.7}$ others.$^{12.8}$ The$^{0.6}$ situation$^{0.7}$ I$^{1.0}$ have
> 12. $^{1.8}$ described$^{6.6}$ above$^{3.2}$ leads$^{0.6}$ to$^{0.6}$ poor$^{0.8}$ communication$^{1.7}$,$^{1.0}$ since
> 13. $^{1.9}$ everyone$^{0.8}$ wants$^{0.9}$ to$^{0.6}$ "give"$^{1.2}$ and$^{0.8}$ no$^{1.0}$ one$^{0.6}$ wants$^{0.9}$ to
> 14. $^{1.2}$ "take."
>
> （单词后的数字表示停顿时间，单位：秒）

图 4-7　短文写作中的停顿

摘自 Matsuhashi（1982）

学生能计划多少？

斯卡答马列等（Scardamalia，Bereiter，Goelman，1982）的研究提供了有关计划过程的其他证据。在一项研究中，他们要求小学生写一篇短文。在写作过程中，教师不时地打断学生的写作活动，问他（她）后面将要写什么。一般而言，通常学生能想到后面要写内容中的 5-6 个词，并且在完成从句之前也会进行思考。年幼儿童（小学低年级）倾向于自言自语，写作时经常说出每一个单词。与此不同的是，年长儿童（四年级以上）写作时很少出声，但在停顿时会进行出声思考。显然，年幼儿童依靠外显记忆（即自我讲述）以便将后面要用到的单词保持在其短时记忆中，而年长儿童似乎不需要依靠外显记忆也可以有效地保持。

有经验与无经验的写作者在计划方面有区别吗？

有经验者比无经验者在写作前更有可能进行生成、评价和组织观念等一系列活动，也就是说，有经验的写作者更倾向于进行较全面的计划。皮安可（Pianko，1979）发现，即使在高中和大学阶段，也没有几个学生能够在写作之前进行必要的计划。与此相反,职业作家无一例外地都在写作之前先进行计划,列出写作提纲(Stotsky,1990)。当要求在2.5分钟至20分钟不等的时间内写出一篇短故事时,五年级和十年级学生一般是立即着手写作,而成年人更倾向于先进行计划活动,如列出写作提纲(Zbrodoff,1985)。当规定的写作时间延长时,成年人通常花费更长的时间来进行计划活动,并生成更详细的提纲(Zbrodoff,1985)。这些结果都表明,有经验的写作者的一个特点就是进行总体的计划。

贝雷特和斯卡答马列(1987)分析了不同年龄段的学生所生成的观点,同时也识别出了计划活动的三个不同发展阶段。第一,对初入学的年幼儿童而言,即使在生成观念这个最基本的计划子过程上他们也存在困难。第二,小学儿童(大约12岁以下)能够进行知识讲述的活动,即表述所生成的观点,但不加评价或组织。这个阶段的儿童似乎能够进行生成观点这个计划过程的子活动,但尚不能从事计划过程中的其他子活动,如不能对观点进行评价和组织。第三,年龄较大的写作者可以从事知识转化的活动,即在表达自己的观点前,能够进行生成、评价和组织观点等活动,以便和读者交流。这一研究表明,仅有生成观点的能力还是不够的,学生还需要学会如何评价和组织已生成的观点。

教学启示:计划

这部分简要地列举有关写作计划的几个重要发现,其中包括:计划过程占用整个写作过程的大部分时间;局部计划主要表现于句子和从句转换处;写作者进行局部计划时通常一次只能关注一个从句或一个句子;无经验的写作者通常不能进行总体计划。

虽然生成、评价和组织观点的能力是写作过程的核心,但常规的写作教学并未教授学生如何进行计划。上述关于计划的研究表明,在如何生成观点、组织信息以及如何评价哪些信息适宜组织成文等方面,学生都需要接受教学和训练。

有关写作计划的一个主要研究发现学生经常不能进行总体计划,也就是说,他们不能生成、评价与写作目标相一致的观点,不能在写作前组织有关的观点。如果写作者在写作前不进行这些活动,他们就必须在转化阶段进行。如果试图同时做两件事情,即计划和转化,那么这两个过程都有可能受到干扰,致使写作质量低下。这就需要进行必要的教学干预,即鼓励学生在着手写作前进行生成、评价和组织等写作计划的子活动。

例如,凯洛格(1994)假设:如果要求学生在写作前进行计划,那么其作文水平将有所改善,并为此进行了实验。他让大学生根据下面的指导语,写一篇关于职业人士对加入"反贪欲"俱乐部的利弊的文章。

假定你是一个成功的职业人士,你所居住的小区成立了一个"反贪欲"俱乐部。像你一样,该俱乐部的所有成员都是职业人士(如律师、医生、经理等),年薪5万美元以上。每名成员要保证向社区的贫困家庭捐助5万美元以上部分的年收入。受助者及其可能收到的赠款额都是通过抽签方式随机决定的。你所在的社交俱乐部的几个成员正在考虑是否加入"反贪欲"俱乐部,并请你帮助作出客观、理性的决策。写一篇文章来描述你对此事利弊得失的分析。请客观评估此事的利弊。(Kellogg,1987,p.262)

对一组学生,不要求他们从事任何写作前的活动(无预写组),其目的是不激活写作前的计划过程。对另一组学生则要求其写下尽可能多的观点,而不去评价或组织这些观点(生成组),其目的是只激活生成这个子过程。要求第三组学生将生成的观点列出一个系列表(列表组),其目的是激活生成和评价这两个子过程。要求第四组学生按照层次结构写出包含相关观点的提纲(提纲组),其目的是激活生成、评价(或目标设置)和组织等计划活动的子过程。

写作前的计划活动是如何影响所写内容的?用10点量表对每篇文章进行等级评定。从图4-8中可以看出,无预写组和生成组的文章水平较低,提纲组水平最高。根据凯洛格(1994)的观点,无预写组和生成组的学生必须同时从事计划和转化两种活动。由于工作记忆的加工容量有限,因此写作活动受到影响,其写作质量难以保证。与此相反,当学生在写作前从事有目的的计划活动时,如提纲组所做,则记忆资源主要用于写作中的转化过程,由此也就保证了文章质量。凯洛格(1988)的研究也发

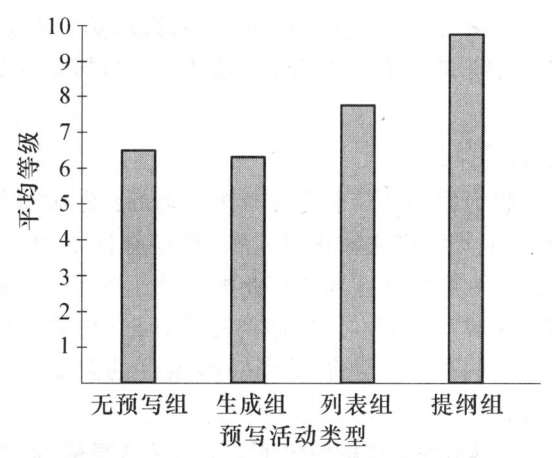

图4-8 从事四种不同预写活动后所写作文的成绩

改编自 Kellogg (1994)

现,当要求学生在写一封商务信函之前用10分钟的时间先列出写作提纲时,其效果要比无此种要求的组好得多。这一研究结论无疑令人振奋,很显然,完全有可能教授学生在开始写作前进行有效的计划。

若要使学生形成写作的计划技能,则可以帮助他们学习如何生成、评价和组织观点。第一,训练学生如何提取信息,这是计划过程中的一个重要方面。学生需要练习如何寻找所需信息,这包括如何从各种资料中摘要出有关内容(并且加以使用)。许多

写作研究都发现了这样一个重要规律：学生所具有的具体领域的知识是决定写作质量的关键因素。例如，卡克米斯（Caccamise,1987）发现，相对于不熟悉的主题而言，学生对自己熟悉的主题能够生成出更多的想法。简言之，应该让学生写自己熟悉或曾经探讨过的主题。第二，学生需要练习确立目标，评价他人所生成的观点是否与目标相符。这包括能够针对具体的对象和具体的目的而写作。第三，学会将观点组织成一个连贯的结构，这也是计划过程中的一个重要方面，通常包括列出提纲和根据具体情况修改提纲。

转化

什么是转化？

写作活动的下一个过程是海斯和弗劳尔（1980）称作**转化**（translating）的过程。这个过程将写作计划付诸实施，实际生成某个写作文本。根据海斯和弗劳尔的观点，转化与计划二者相互作用。换言之，写作者首先生成一个计划，并将其中的一小部分加以转化，之后检查计划中的下一部分，然后再加以转化。其余部分依此类推。从上述有关研究中可得知，人们一次大概可以转化一个词组（或简单句）。

转化的条件

假定你是这样来进行写作活动的：先对写作计划中的第一个主要观点进行检查，然后设法把它转化成句子；再检查计划中的第二个主要观点，并设法转化成句子。计划中的后续部分依此类推。通过逐个检查计划中的每一部分，一句一句地将其转化成写作文本。当你把写作计划（想表述的观点）变成一份实际的文本（实际写出的句子）时，可能受到一些条件的限制，奈斯特兰德（1982）列出了几类限制条件：

● **格式类**：写出的句子必须是读者易懂的；必须使用读者熟悉的规范书写方式、版面设计、空格、段首缩进以及拼写等。

● **句法类**：写出的句子必须符合书面语言的规则，语法、标点和句子的组织必须易于读者理解。

● **语义类**：写出的句子必须能够向读者准确地表达你的意图；准确预期读者阅读时可能具有的相关的先前经验。

● **文本类**：写出的句子必须适合于组成前后连贯的段落和篇章。

● **语境类**：写出的句子必须考虑到文体的特点或全文的写作风格（如讽刺挪揄或轻描淡写）。

上述每种类型的限制条件都意味着要确保你所写的内容与读者的理解一致。表

4-9所举例子反映了写作者因未能满足上述几个条件,致使写作者与读者之间难以达到有效沟通。奈斯特兰德(1982b)将这种现象称为**错误限制**(misconstraints)(即读者要么被误导,要么误解写作者所表达的信息)。

> **格式类错误**
> 将"nowhere"写成"now here"
> **句法类错误**
> "Your still going to get where your going with a seatbelt on."
> **语义类错误**
> "The law against drinking is for your own safety."(Written to adults whereas the law against drinking applies only to minors.)
> **文本类错误**
> "I think that the snowmobilers will get used to these new laws, and people will see the laws the government put out are for our protection."(The previous sentences have discussed only automobile seatbelts, so the reader has not been prepared to consider snowmobiles.)
> **语境类错误**
> Asking high school students to read the state laws on drunk driving.

图4-9 写作者与读者沟通的5种错误举例

改编自 Nystrand (1982b)

关于转化的研究

去除对转化的限制条件

转化过程需要年幼的习作者投入大部分注意力,因为对他们而言,有许多转化过程尚未达到自动化。面对这种情况,年幼者所采取的一种应对方法就是忽视写作中的正常要求。从下面一个6岁孩子的习作中即可得到证明:

> WONS A LITOL GIRL WOS WOKIG IN HR GARDIN INTIL SE GOT KOT BIY A ROBR AND TIN SE SKREMD AND TIN HR MON AND DAD KAM OUT AND HLPT HR OWT OV THE ROBRS HANDS AND TIN TAY KOLD THE POLES AND TIN THE POLES TOK KAR OV THE ROBR AN POT HIM IN THE GAOL (Read, 1981, p. 106-107)

第四章 写 作

正如所见，这位年幼的习作者并未十分注意一些基本的拼写规则、标点、语法等要求。只有把自己从乏味的写作要求中解脱出来，才能投入更多的注意力于故事本身。

里德(Read, 1981)指出,"教师和父母应该像看待儿童的艺术作品一样，把他们早期的写作视为一种表达快乐的创作活动方式，而不能期待他们像成人那样写作"(p. 114)。里德的研究表明，写作中使用不规范的拼写对阅读不会产生消极影响，例如，写这个故事的小姑娘能够即兴读出"girl"，即使她写成"GROL"。

在学校的大部分写作教学中，教师对文字和句法(以及其他方面等)都有所要求。如果学生在拼写、语法或书写规则等方面尚未达到自动化，那么就意味着学生的全部注意力必须集中在如何写出正确的文句，而无法关注如何有组织地进行写作计划。斯卡答马列等(1982)提出，因为年幼习作者的信息加工容量是有限的，加之写作过程中的书写和句法等方面尚未自动化，所以，此时若强调正确地写出规范的语句，就很容易导致整体写作质量较差。写作的低层次方面(如正确拼写、标点及书写)与高层次的计划过程是相互干扰的。

为了验证这一观点，贝雷特和斯卡答马列(1987)要求四年级和六年级的学生以正常速度或稍慢一点的速度来口述一篇散文。之所以使用口述的方式，是因为它们可能使年幼的习作者不受转化过程中的书写以及句法等方面的限制。正如所预期的，口述散文的字数比实际写出散文的字数多2倍，在写作质量上也略胜一筹。不过，古尔德(1980)发现，口述并不能提高成人生成文章的质量。显然，书写、正确的拼写、标点等过程在年幼习作者身上还未达到自动化水平，但是，对成年人而言，这些简单的活动已经达到了自动化水平。因此，把观点转变成文字的活动事实上打断了年幼作者的思维流。

润饰和未经润饰的初稿

一些确凿的证据表明，如果成人的注意必须集中在诸如拼写、语法等过程上时，其写作质量也同样会受到影响。假如你现在必须写一封正式的信函，以说服老师利用下次课堂上的时间来放映与课程有关的影片，或让学生自己去图书馆阅读有关资料。首先，你可以用10分钟来拟初稿，然后休息5分钟，再用10分钟去定稿。

假设你的目标是写出高质量的信函，其中含有许多以通顺的语句表达出的说服性观点，那么，你是在写初稿时就进行润饰呢(包括恰当的语句、标点和拼写等)，还是在初稿中只注意表述观点，在终稿中再进行拼写、句子的组织等润饰活动？哪种方式更好呢？

格林等(Glynn, Britton, Muth, Dogan, 1982)对这一问题进行了实验研究。他们先让学生完成下面描述的写作任务。要求其中的一部分学生写一篇有所润饰的初稿：

> 在这篇初稿中，你需要注意内容（即提出说服性观点）、顺序（即这些观点的逻辑顺序）、句子构成（即如何将这些观点转化为连贯的句子）以及技术性细节（即标点符号和拼写规则）。充分地表达出你的观点，以说服我从各种可能中作出某种抉择。在每个句子中都可以表达多种说服性的观点。(p. 558)

要求另一部分学生写一篇无需润饰的初稿：

> 在这篇初稿中，你需要注意内容（即提出说服性观点）。充分地表达出你的观点，以说服我从各种可能中作出某种抉择。只用3-4个词来概括每种观点，并且按顺序写下来。在这篇初稿中，先不必关注顺序（即说服性观点的逻辑顺序）、句子构成（即如何将观点转化为连贯的句子）或技术性细节（即标点符号和拼写规则），待下一次再进行这些活动。(p. 558-559)

最后，要求所有学生"尽其所能写出最佳的信函"，其中包括对内容、顺序、句子构成以及技术细节等诸多方面的考虑、润饰。

表4-1简要对比了两组学生所写的终稿的差异。与对初稿进行润饰的学生相比，那些对初稿不加润饰的学生，其最后的定稿中有更多说服性观点，每句中包含更多的论点，而且技术性错误较少。后续以不同言语能力者为被试所做的实验证实了这种结果。与言语能力低的学生相比，中等言语能力的学生更容易受到是否润饰的影响。这些结果表明，当强求优秀的写作者以完整的句子来写作初稿时，其文章质量最终将会受影响。显然，随着注意容量的负担加重，写作者提取与组织信息的能力也将受到限制。若在时机尚未成熟时强迫写作者将观点转化为润饰过的句子，同时又未给予充分的计划时间，那么就可能会导致文章的内容缺乏整合。

表4-1 润饰初稿组与未润饰初稿组在终稿上的差异

	论点总数	每句中的论点	每句中的技术性错误
润饰初稿组	2.9	0.38	0.43
未润饰初稿组	8.0	0.85	0.23

改编自 Glynn, Britton, Muth & Dogan (1982)

第四章　写　作

转化中的个别差异

对转化过程进行研究的另一种方式就是将年幼写作者和年长写作者进行对比，或将较熟练的写作者与不太熟练的写作者进行对比。在一项研究中（Scardamalia et al.，1982），要求四年级学生和六年级学生针对如下主题写一篇文章："独生子女好还是有兄弟姐妹好？""男孩和女孩是否应该在一起进行体育活动？"或"是否允许儿童自主选择在学校中所学的科目？"当学生完成其文章后，给出评语，鼓励他们继续努力，如"做得不错，我知道这有点难，但我相信你能写出更多的内容"。

结果表明，这种激励性的评语使得四年级和六年级学生又增加了50%的写作内容。不过，只有四年级学生的写作质量因此而得以提高。显然，年幼的写作者在未真正完成写作前就停笔了，而年龄稍大些的六年级学生直至写出令自己满意的文章才停笔。由此我们可以推断，年幼写作者可能因循着口头语言的习惯方式（如，需要别人告诉他们继续写下去），而年龄较大的写作者可以自我告知继续写下去。

当要求年幼的写作者口述文章而非书写文章时，前一种方式所生成的文章字数要多于后一种方式。虽然鼓励儿童写出更长的文章确实能够奏效，但也只是在字数上有所增加，文章的质量并未因此而提高。显然，年幼的写作者总是过早地结束写作活动，但若鼓励他们继续写作或允许他们口述作文时，他们能生成更为完整、有条理的文章。

有明显的证据表明，随着年龄的增长，儿童写作的质量与数量均有提高。例如，一项全国范围内的儿童发展研究表明，年长儿童比年幼儿童能够写出更长、更复杂的句子（Richardson, Calnan, Essen & Lambert, 1975）。在一个有代表性的研究中，巴特利特和斯克里布纳（Bartlett & Scribner, 1981）要求三至六年级儿童根据下面的信息来写一个故事："一个男人离开他的房子。次日早上发现了他的尸体。"正如所预期的，六年级儿童能比三年级儿童写出更长的故事（平均字数分别为227和103）。此外，与三年级儿童相比，六年级儿童能写出更复杂的指代性陈述语句（如使用代词）。斯卡答马列等（Scardamalia, Bereiter & Goelman, 1982）也进行了一项研究，要求四、六年级学生撰写文章。实验者对最长的"连贯字符"的长度进行了测量。所谓最长的连贯字符，即最长的一串单词组成的句子，其中没有那些不起实质作用的词汇或词组（如口头语"你知道吧"或"就是说"），也没有不连贯之处。四年级学生的最长连贯字符平均为4.1个单词，六年级学生平均为6.3个单词，这意味着年龄较大的写作者能够生成更长的连贯句子。

斯卡答马列（1981）对比了学生所写句子的不同技巧水平。例如，使用低水平技巧的写作者，只是陈述简单的事实，没有加以任何整合。如下所示：

密西根州的气候凉爽。密西根州出产的水果是苹果。加利福尼亚州气候温暖。加利福尼亚州出产的水果是橘子。

与此相反，使用高水平技巧的写作者把全部信息整合在一个连贯的句子中，如下所示：

> 在密西根州凉爽的气候下，人们收获着苹果；而加利福尼亚州温暖的气候最适宜橘子生长。

斯卡答马列(1981)发现，在"学生是否应自己选择在学校学什么"这个问题的写作中，学生也表现出了类似的技巧水平方面的差异。下面是低水平技巧的文章：

> 是的，我认为我们应该。因为有些科目比较难，像数学。而且因为老师一天给一页。我认为我们应该上的科目是阅读。因为那是最容易的科目。我认为我们不应上数学课、科学课和社会课。因为在社会课和科学课中，我们必须记笔记和做实验。我认为数学是最让人讨厌的科目。而且我也讨厌拼写。因为在拼写中要写许多字，而且它们都很难写。而且它们浪费我很多时间。我认为学校不应该到3:45放学。我认为应该2:00放学。我认为在学校上学的时间太长了。

从上面所写的文章中可以看出，写作者简单地表达了依次出现在头脑中的每个观念。贝雷特(1980)称这类写作为**联想性写作**(associative writing)，弗劳尔(1979)则称之为**写作者本位的写作**(writer-based prose)。

在斯卡答马列(1981)的研究中，也有写作者在句子生成中使用了高水平的技巧，举例如下：

> 选择是一件重要但很棘手的事情。我觉得学校科目的选择需要予以慎重考虑。如果让年幼的孩子去选择，他们缺乏远见，可能会选择最容易的科目。但是在稍后的几年，给他们选择的机会就很重要了。为了培养其领导才能，为了充分满足和发展其兴趣和个性。因此，我的结论是：大约在15岁以前，不应让儿童自行选择科目。对你知之甚少的东西，不应妄加褒贬。应给儿童提供全面、综合的课程，直至他们到了可选择的年龄。这并非由学校董事会来决定你的生活，即使等你到了能够自主决定的年龄，也不一定由你作主。

这位写作者能够将有冲突的观点表达出来，并提出条理清晰的解决方案。这类写作要求写作者头脑中要同时拥有许多观点，并且明晰其间的关系。如果写作者的注意力只集中在写作的技术性方面，则头脑中就不可能表征出这些关系。

这项研究意味着高质量的写作要求写作者不应把太多的注意集中在句子生成的技术性方面。成功的写作要求书写、拼读、标点和语法等技术性方面都必须达到自动化，因此，优秀的写作者不仅需要有好的观点，还需要掌握大量的有关语言方面的知识。

教学启示：转化

上面有关转化的研究强调三个要点：第一，写作者受到许多因素的影响，其中包括语法的正确运用、拼读和书写等技术性成分；第二，对写作过程的技术性要求有可能加重写作者的注意负荷，进而干扰了高水平的计划和组织活动；第三，写作过程具有发展特征，年龄较大的写作者可能在写作的技术性方面已经达到自动化，能够写出较复杂的句子，能够对信息加以整合，并且能坚持写作直到真正完成为止。

写作教学中对拼写、标点、语法、书写以及其他技术性过程的过分强调，有可能降低学生的计划能力，甚至阻碍该能力的形成。这种教学所导致的结果可能是：学生所写的文章在拼写等技术性方面很正确，但条理不清，缺乏连贯性。相反，若去除或减少对学生写作的技术性方面的限制（即允许学生所写的初稿在技术性方面不一定达到正确无误），学生的文章会好得多。润饰初稿与非润饰初稿的对比研究显示，如果不强迫学生在写初稿时进行润饰，那么他们的终稿质量会更好。此外，进行口语表达的练习（该方式无需拼读和书写）也可以作为转化过程中的一种练习方式。降低对写作的技术性方面的要求，这对年幼的写作者尤其重要，因为他们在写作的许多技术性方面尚未达到自动化。

最后，学生需要在书写（或打字）、拼读、语法和标点等写作的技术性方面达到自动化，使之成为自动化的技能，这样可以节省注意资源，以便把更多的注意力集中在作文中各种观念之间的关系建构上。

使用文字处理器

有可能降低转化过程难度的一种教学干预措施是学习使用文字处理器。转化过程涉及将文字书写到纸上，这显然就涉及一个问题：在键盘上敲击文字或者手写文字是否会对转化过程产生不同的影响？根据工作记忆的认知理论，注意资源是有限的，如果使用某种输出手段——如文字处理器——将更有可能增加工作记忆负担，写作质量也由此受到影响。比如，若学生不熟悉文字处理器的使用，则需要花费更多的注意资源于敲击键盘等技术性活动上，而对所写内容无法给予充分关注。为验证这一假设，凯洛格等（Kellogg & Mueller, 1993）比较了三组学生的写作活动：手写作文组、使用文字处理器写作但处理技能不熟练组，以及使用文字处理器写作且处理技能娴熟组。图

4-10呈现了三组学生的写作成绩(以10点等级表示)。从图中可以看出,手写组与熟练文字处理器组的作文成绩几乎相等,但不熟练文字处理器组的作文成绩显著低于手写组。

同理,如果年幼儿童在手写方面有困难,若允许他们使用文字处理器,则有可能使其将更多的注意力集中在所写的内容上。当然,这种教学干预措施能够奏效的前提条件是学生能够熟练地使用文字处理器。班格特·德劳斯(Bangert-Drowns,1993)分析了大量手写作文与机器作文的有关研究,发现两种情形下的写作质量没有显著差异。但总体来看,使用文字处理器者其作文成绩略好一

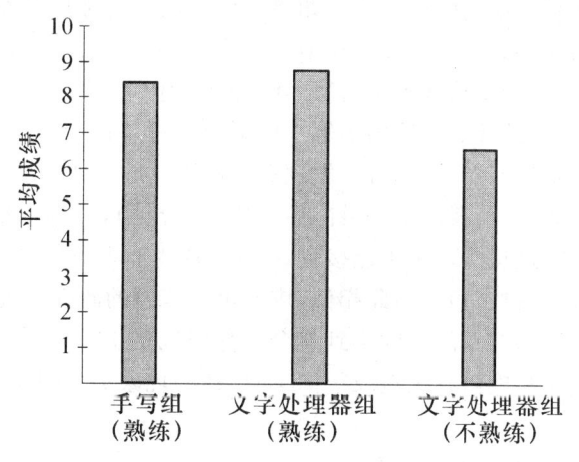

图4-10 手写组与使用文字处理器组的作文成绩

改编自 Kellogg & Mueller (1993)

些,这种优势在小学儿童组比在大学生组表现得更为明显,尤其当小学儿童写作技能不熟练,但文字处理技能娴熟时,这种效应更为明显。这一结果与工作记忆假设是吻合的。

上述研究结果表明,如果写作者能够熟练地手写或使用文字处理器,那么两种方式在写作的转化过程中所起的作用是等同的。凯洛格(1994)进行分析后得出结论:"文字处理器和手写是同等有效的输出手段。"(p.147)但若写作者不能熟练使用文字处理器或进行书写,则由于需要关注如何正确地使用输出手段,致使写作质量受到影响。简言之,当转化过程中需要关注如何写出或敲出文字时,用于写作内容的注意资源必然减少。

检查

什么是检查?

写作模式中的第三个重要过程就是检查。正如巴特利特(1982)指出的,检查过程包括发现文章中的错误和修改错误两部分。

有关检查的研究

学生做多少修改?

古尔德(1980)的研究证据表明,当成人在写作或口述诸如一页商务信函之类的简

第四章 写 作

单作业时,他们几乎不进行修改。有经验的口述者只用不到10%的口述时间去检查并修正他们所说的话。如果写作者在写信时并不进行检查活动,那么当写作者的检查活动受到限制时,应该不会对其写作产生严重影响。为了验证这个设想,古尔德(1978b)要求成人进行"看不见的写作"活动。所谓看不见的写作指在两张白纸中间夹放复写纸,然后用木笔在白纸上书写,写作者看不到他写的文字。通过对八封商务信函的写作进行分析,发现那些看不见的写作者所用的写作时间与正常条件下的写作者相近(前者用10分钟,后者用11分钟),写作水平也大致相同(前者为3.0,后者为3.2,这里1表示不能接受,5表示优秀),而且需要校对的数量也大致相同(两组几乎都没有校对)。与此相似,皮安可(1979)的研究发现,大学一年级学生用于阅读或修改其所写文章的时间不到整个写作时间的9%。显然,成人常常不去检查所写的东西,当所写的内容很短或很简单时,这种现象更为明显。

学生作何种修改?

费兹格莱德(Fitzgerald,1987)对有关修改的各种研究进行分析后发现,学生主要进行表面的和技术性方面的修改,这表明他们通常所进行的修改就是校对。此外,费兹格莱德还发现,虽然教师很少要求学生修改他们所写的文章,但当要求学生进行有深度的修改时,其作品通常都会有所改善。

巴特利特(1982)对三到八年级学生如何修改文章进行了一系列的研究。例如,要求四、五年级的学生修改他们自己的文章以及老师提供的文章。两种文章都有句法错误(如主谓不一致或动词时态不一致)以及指代错误(如使用不准确或模棱两可的代词等)。表4-2表明,学生更容易发现他人文章中的错误之处,而不太容易发现自己文章中的错误;而且,学生觉察出句法错误要比觉察出指代错误更容易些,这在修改自己的文章时表现得更为明显。

表4-2 觉察出的错误百分比

	指 代 错 误	句 法 错 误
自己的文章	17%	53%
他人的文章	73%	88%

改编自 Bartlett (1982)

儿童不仅难以觉察指代方面的错误,而且也难以作出适当的修改。例如,图4-11列出了学生的原初文本和修改过的文本。从中可以看出,他们所用的修改策略是无效的。巴特利特(1982)发现,修改指代错误时,最常用的有效策略就是使用代词(如"一天,一个男人向海滩走去。那天很热,他要游泳来凉快一下")以及使用重复(如"圣诞节后不久,一位年轻的妇女搬进了那栋房子。这位年轻妇女没多少家具,她很快就安顿好了")。不过,图 4-11 的例子中所使用的策略则是不太恰当的。

原文
One day a man left his house. Another man was standing outside. The man took out a letter and gave it to him. They talked for a while and they got into a car. They were both policemen. They were going to catch a thief.

试图重复(占无效修改的 60%)
The man took out a letter and gave it to the other man ...

试图对不同人物作区分(占无效修改的 25%)
The man that was outside took a letter and gave it to the other man outside ...

引入不加区分的新信息(占无效修改的 15%)
Joe left his house. Another Joe was standing outside. Joe took out a letter and gave it to the other Joe ...

图 4-11 无效的修改策略

改编自 Bartlett (1982)

检查过程的个别差异

巴特利特(1982)在另一个实验中让儿童修改 8 段文章。每段文章都含有一个不常见的指代错误,该错误不能用最常见的代词策略或重复策略来修改。例如,有一段包含巴特利特称为"指代含糊"的错误:

One day two girls set out for the park.
She had a bike ...

图 4-12 给出了五-七年级高于平均水平和低于平均水平的写作者的修改成绩。正如所预期的,高于平均水平的写作者修改错误的数量比低于平均水平的写作者大约多 2 倍;年龄较大的写作者修改错误的数量比年幼的写作者大约多 2 倍。不过,即使是年龄最大的和能力最强的学生,也只能成功地修改 36% 的指代错误。

巴特利特(1982)还发现,不同写作水平的五-七年级学生在使用的修改策略上也有区别。图 4-13 列出了 5 种修改策略,每一种策略后都附有例子。表 4-3 给出了高于平均水平和低于平均水平的写作者进行修改时所使用的各种策略的比例。很明显,高于平均水平的写作者主要采用对两个指代物都加入描述性信息的方法,或者给

第四章 写作

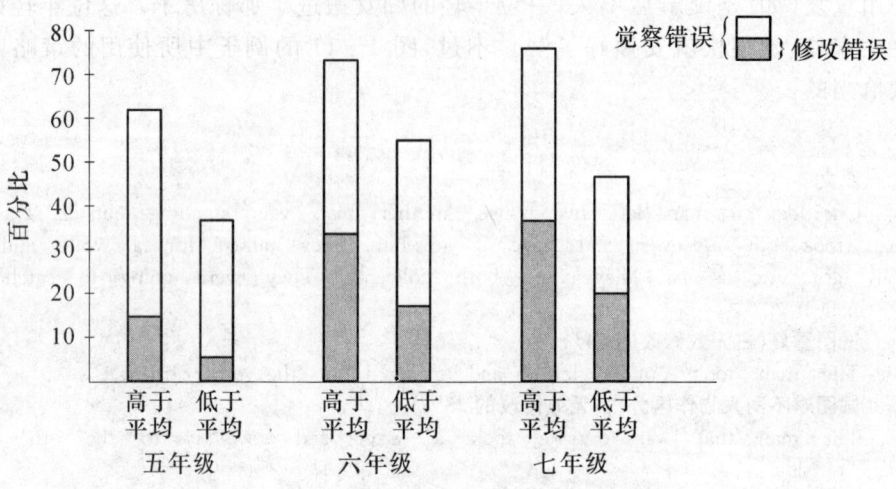

图 4-12 指代错误的觉察与正确修改

改编自 Bartlett (1982)

人物起名字；与此相反，低于平均水平的写作者主要采用不确定的指代方法，或只对一个指代物加入描述性信息。在一项追踪研究中，巴特利特（1982）发现，成人的成绩与五、六、七年级高于平均水平的学生成绩很接近。显然，优秀的和较差的写作者在文章修改的数量和质量上都有差异。

> 原文
> One day two girls set out for the park. She had a bike …
> 加入关于两种指代的描述信息
> One day two girls set out for the park. One was very athletic, and the other hated sports. The athletic one had a bike …
> 加入一种指代的描述信息
> One day two girls set out for the park. One of the girls was athletic, and she had a bike …
> 给人物起名
> One day two girls named Sandy and Karen went to the park, Sandy had a bike …
> 用复数名词确定指代
> One day two girls went to the park. They had a bike …
> 用单数名词确定指代
> One day two girls went to the park. One had a bike …

图 4-13 指代错误的有效修改策略

改编自 Bartlett (1982)

表4-3 优秀和较差的写作者使用修改策略的差异

使用的策略	使用策略的百分比	
	高于平均水平的作者	低于平均水平的作者
加入关于两种指代的描述信息	33%	9%
加入关于一种指代的描述信息	10%	41%
给人物起名	29%	5%
用复数名词确定指代	23%	27%
用单数名词确定指代	6%	18%

改编自 Bartlett（1982）

巴特利特的研究主要关注儿童如何修改含有指代错误的文本，其中主要探讨了熟练和不熟练写作者在修改方面的差异。斯托拉德（Stallard,1974）利用同样的方法，比较了十二年级熟练的写作者和随机选择的十二年级控制组学生的写作活动。正如所预期的，熟练的写作者比控制组学生用更多的时间进行写作（前者用41分钟，后者用23分钟），而且写出更多的文字（前者为343个单词，后者为309个单词）。研究者还注意到，熟练组的修改次数是控制组的3倍之多（前者共修改184次，后者共修改64次）。事实上，不足一半的控制组学生曾检查所写的内容，但是大多数熟练组的写作者都能够进行检查。熟练的写作者和不熟练的写作者在写作过程方面也存在类似的差异，据此，海斯和弗劳尔（1986）得出结论："写作者越熟练，用于写作修改上的时间就越多。"（p.110）

有关修改过程的其他信息，可在美国教育进步评价协会（National Assessment of Educational Progress）提供的写作分析中得到。正如诺尔德（Nold,1981）所报告的，研究中要求9岁和13岁的儿童写一篇关于月亮的科学报告，要求学生用铅笔在15分钟内完成，再给13分钟用钢笔作修改。令人吃惊的是，40%的9岁儿童和22%的13岁儿童在13分钟的修改时间内没有作任何修改。事实上正如诺德（1981）指出的，许多修改是在最初15分钟的写作过程中进行的。

表4-4列出了修改的主要类型以及每个组中使用各类修改的学生百分比。正如所见，两组学生都把大部分注意力放在书面表达的常规方面（如修饰的、技术的和语法的修改）。不过，年龄较大的学生更关注如何使作品更贴近读者（如文体、转化和组织方面的修改）。这一结果与斯卡答马列（1982）的发现是一致的，即年幼的写作者在根据不同读者需要而作修改方面有一定困难，而14岁儿童在此方面就表现得较为得心应手。

表4-4 两个年龄组学生所作的修改类型及其人数比率

修改类型	作出修改的学生百分比	
	9岁	13岁
修饰性	12%	12%
技术性	28%	49%
语法性	22%	37%
连贯性	20%	22%
信息性	25%	48%
风格性	26%	53%
过渡性	6%	24%
组织性	7%	18%

改编自 Nold (1981)

教学启示：检查

综上所述可以得出以下几点结论：第一，写作者常常不去检查他们所写的内容。第二，当鼓励写作者进行检查时，他们常常不能发现大部分错误（尤其是指代类错误），即使分析错误，也不能恰当地去改正。第三，年龄较大和较熟练的写作者比年幼的或不熟练的写作者能检查出更多的错误，并加以改正，且能够使用更复杂的检查策略。

上述研究结果表明，教学中需要鼓励学生去检查他们所写的文章。我们还需要教授具体的如何觉察和修改错误的策略。尽管检查过程最终会达到内化，但使用核查表或问题等方式来指导学生进行检查也是有必要的。文字处理器的使用可使检查和修改过程变得相对容易些，因为学生无需手写每篇初稿。优秀的写作者和较差的写作者之间的区别通常并不在初稿的质量上，而在初稿的数量上。学生需要了解如何将一篇蹩脚的文章修改为优秀的作品。在下面两个教学方案的讨论中，我们会对这些观点进行更为全面的阐述。这两个教学方案分别是修改训练和写作者工作台，其主要目的是改善检查过程。

修改训练

能否训练学生，使之成为更有效的检查者？根据菲茨杰拉德和马克曼（Fitzgerald &

Markman,1987)的研究,答案是肯定的。在他们的研究中,一部分六年级学生(修改训练组)上了 13 次关于如何修改作文的课程,每次 45 分钟;另一部分六年级学生(对照组)用同样的时间阅读优秀的文学作品。修改训练的教学由 4 个单元(每个单元 3 次课)组成,内容包括如何添加、删除、替代和重新调整等。在每个单元的第一次课上,教师都要对拟训练的过程(如添加)进行界定,并对该过程进行示范,然后给学生提供样例,让他们练习进行修改。第二次课上,学生根据教师提供的学习材料中的详细步骤,两两配对,一起对某篇文章的个别部分进行修改。第三次课上,学生独立地修改教师提供的文章以及他们自己写的文章。四个单元的教学后,教师在第 13 次课上进行整合性的总结。

在最终的测验上,要求学生写一篇文章的初稿(阶段 1),在初稿上标记出要修改的地方(阶段 2),对初稿进行修改(阶段 3),最后整理并重新抄写出终稿(阶段 4)。平均而言,修改训练组在 4 个阶段中修改了 23%,而对照组只修改了 16%。修改训练组比对照组多进行了 61% 的添加,69% 的删除,27% 的替换以及 42% 的重新调整。更为重要的是,从阶段 1 到阶段 4,修改训练组的写作水平不断提高,而对照组则没有明显改善。菲茨杰拉德和马克曼得出结论,"我们的发现证实了在课堂上直接进行写作的修改训练的有效性"(p. 18)。

用电脑作为写作者的工作台

另一种关于修改文章的教学方式就是利用智能型电脑作为编辑器。在诸多方案中,第一个、同时也是进行了最多研究的方案就是写作者工作台(Macdonald, Frase, Gingrich & Keenan,1982)。像许多商用编辑器一样,写作者工作台也是一种计算机程序的集成,用于分析所写的文章,提出修改建议。贝尔实验室曾对 1 000 余人使用写作者工作台的情况作过现场测验。当用户使用标准化的文字处理系统把文章输入计算机时,他(她)可以要求写作者工作台程序对文章提出修改建议。

写作者工作台由三个主要部分组成:校对器、格式分析器以及即时英语查询指南。校对器由以下程序组成:

拼写:列出所有可能拼错的单词,并允许用户把各种新词汇(如术语或首字母缩写而组成的词汇)添加到词汇表上。

标点:标出可能需要使用标点的地方或误用标点的地方。

重复:列出所有重复写出单词的地方。

措辞不当:列出用词不太恰当的词组或句子。

分裂不定式:列出所有的分裂不定式。

图 4-14 给出了使用校对程序的例子。从中可以发现,该程序指出了有关的错误,并提出了改正错误的建议。

第四章 写 作

输入文本： Our report, "The Basic Fundamentals of Computatonal Complexity", is enclosed. Please send any recommended changes at your earliest convenience. thanks.

校对器：
──────────────── 拼写 ────────────────
输出结果： 输入文本中可能的拼写错误：
Computatonal   recomended
如果上述所有单词的拼写都是正确的，那么在键盘上敲出
拼写添加(spelladd)单词1、单词2……单词 n
然后把这些单词添加在拼写词典文件中。

──────────────── 标点 ────────────────
该程序首先描述输入文本中的标点使用情况：
2个双引号，0个单引号
0个省略号
0个左括号和0个右括号
程序接着指出标点有问题的句子，并进行修改。
第一行：
原文：Our report, "The Basic Fundamentals of Computatonal Complexity",
修改后：Our report, "The Basic Fundamentals of Computational Complexity",
第三行：
原文：earliest convenience. thanks.
修改后：earliest convenience. Thanks.
有关标点规则的更多信息，请点击：
标点规则(punctrules)

──────────────── 重复用词 ────────────────
对于输入文本：
没找到重复用词。

──────────────── 词汇选择 ────────────────
对可能用错的或冗长的词组加以标示，并提出修改建议。
从输入文本的第一行开始
Our report, "The *[Basic Fundamentals]* of Computational Complexity",
从输入文本的第二行开始
Please send any recommended changes *[at your earliest convenience]*.
输入文本汇总：行数为3，发现需修改的词组为2

──────────────── 替换表 ────────────────
词组替换
at your earliest convenience：建议用"soon"替代"at your earliest convenience"
basic fundamentals：建议用"fundamentals"替代"basic fundamentals"

──────────────── 分裂不定式 ────────────────
对于输入文本：
未发现分裂不定式。

图4-14 写作者工作台的校对程序的输入文本和输出结果

摘自 Macdonald, Frase, Gingrich & Keenan (1982)

写作者工作台的格式分析器包括下列程序：
- **格式**：提供一些可读性的考查指标，如，平均字长和平均句长，被动语态中动词的百分比，名词化的名词百分比，以虚词开头的句子百分比以及其他信息。
- **文体**：将上面所列统计量与标准量数作比较。如果文章的度量指标不符合标准，程序就给出文章不易阅读的原因解释，并提出改进建议。
- **发现**：找出含有被动语态的句子，虚词、名词化的动词，"to be"形式的动词形式以及其他可能的问题。

写作者工作台的即时查询指南程序包括300个常被误用的单词和词组的正确使用信息、电子词典以及其他一般性的辅助工具。附加的程序还可以对文本中单词的抽象性和具体性进行评价，对段落的条理性进行评定，发现可能存在性别歧视的语句。

写作者工作台能够帮助写作者发现错误，改善其写作吗？答案似乎喜忧参半。例如，哈特利（Hartley, 1984）发现，虽然写作者工作台在发现拼写、标点、句法错误等方面比人略胜一筹，但在模糊性、事实性错误及自相矛盾的观点方面，人类更具有优势。更为重要的是，一些研究者发现，使用写作者工作台的学生，其写作质量并未因此而优于未使用者（Kiefer & Smith, 1983; Pedersen, 1989; Sterkel, Johnson & Sjorgren, 1986）。凯洛格（1994）通过对各种有关电脑编辑器的研究结果进行分析，得出结论：成功的电脑编辑器需要"具有像教师和学生间的一对一的交互作用那样的功能，即教师检查学生的作业，标记出存在的问题，解释为什么是错误的，并提出解决方案"（p.177）。最近，斯卡答马列等（Scardamalia & Bereiter, 1994, 1996）设计了一个以计算机为基础的学习环境，他们称之为CSILE。在这种学习环境中，所有的学生都可以参与有关主题的公用数据库的建设，并对别人的每一件作品进行评论。

构建有效的写作方案

写作教学方案的方法和内容

本章考查了写作的三个重要子过程以及改进每一过程的教学技巧。你如何把这些信息整合成一个有效的写作教学方案？为了回答这个问题，希洛克斯（Hillocks, 1984）仔细分析了有关写作的实验研究，以试图确定如何教以及教什么。

希洛克斯（1984）通过分析如何教授写作的有关研究，从中识别出三种基本的写作教学方法：
- **自然过程模式**：学生自主支配写作活动，表现在学生自发地进行大部分的写作活动，自定步调，必要时从其他同学或老师那里获得反馈。这种模式中教师的指导很

第四章 写 作

少,与纯粹的发现教学法相似。

● **讲演模式**:教师起主导作用,表现在教师以传统的方式来讲授如何写作,决定写作的主题,对学生的文章作出大量的修改。这种方式包含大量的教师指导,与掌控教学法相似。

● **环境模式**:学生和教师相互合作,讨论文章写作的目标、内容和过程。与讲授方式不同,教师与各个小组一起来研讨具体的写作主题,帮助学生以证据来支持自己的观点,预言或反驳相反的观点,利用现有的资料进行合理的推论,等等。开始时学生不是单独地进行自由写作,而是在教师的督导下,在小组内进行具体的写作活动。这种方法包含教师的适度指导,与指导发现教学法相似。

哪一种教学方法最有效?希洛克斯(1984)发现,平均来看,环境模式对写作的改善效果比自然过程模式高3倍,比传统的讲演模式高4倍。环境模式提供了充分的指导,以保证学生在写作中所需的具体技能得到必要的训练,同时又给学生充分的自由,使其主动参与到学习过程中。

希洛克斯(1984)对"教什么"的研究进行了分析,发现各种写作教学方案在其训练内容上有所不同,主要包括以下几个方面:

● **语法**:教师集中教授写作的技术性细节,包括将演讲内容分成几个部分,如何措辞、断句等。通常教师把学生文章中的每个错误都标记出来。

● **范文**:要求学生将优秀的作品作为范文来研习。

● **自由写作**:要求学生自由选择各种题材来写作。

● **句子组合**:要求学生将简单的句子建构成较复杂的句子。

● **量表**:给学生一系列问题或一个核查表,用来评定自己或他人的文章。最终他们应能够将检查过程加以内化。

● **探究**:要求学生讨论自己的写作过程,改进写作策略。例如,要求学生寻找各种细节以生动地描述个人经历。

哪一种内容的教学最有助于写作水平的提高?研究发现,侧重于句子组合、量表和探究的教学是最有效的,这可能是因为这些内容的教学帮助学生获得了与文章写作有关的具体技能。而侧重于范文和自由写作的教学,其效果较差,这可能是因为教学目标不明确所致。侧重于语法的教学,其效果最差,这可能是因为对语法的强调使得学生将注意力从实际的写作过程中转移过来。希洛克斯对有关研究的分析表明,在某些情况下,写作时过分强调语法将降低写作的质量。这一发现与本章前面介绍的转化研究的结论是一致的,即技术性方面的要求会干扰学生专注于条理清晰的作文。希洛克斯建议,不要单独地把语法作为写作教学的主要内容,而应在实际的写作活动中来教授语法。

希洛克斯(1984)报告了一个令人叹息的事实,即最常用的写作教学方案恰恰忽略了有关写作的教育研究成果。许多写作教学方案都假定最有效的教学方法就是自然过程模式,最有效的教学内容就是自由写作,而事实上,研究结论与此恰恰相反。

> 十多年来,该领域的权威人士一直热衷于"作为过程的写作"模式。该模式要求先进行探索性的交谈,然后自由写作,听同伴阅读或给同伴阅读,由同伴作评价和修改。教师的作用只是促进这一过程——而不是安排特定的作业,不是帮助学生学习评判写作的标准,不是根据具体的目标来建构课堂活动,不是提供句法运用的练习,不是设计活动使学生对写作进行检查。总之,该模式……有意回避本研究报告所证明的有效的写作教学方法。
> (Hillocks,1984,p.162)

希洛克斯所描述的这些方法似乎对实际教学很少具有指导作用,只能是对上述教学方案的一种反对意见,而这些教学方案在过去却为实际教学提供了太多的指导意见。从本质上讲,希洛克斯建议要借鉴指导发现法,教师使用指导发现法进行写作教学,为学生的基本写作活动提供一些支架。

写作的认知策略教学

写作的认知策略教学(Cognitive Strategy Instruction in Writing,简写为 CSIW)是一个写作教学方案,它似乎吸纳了希洛克斯的建议:该方案包括教师的一些指导以及写作的基本过程的有关内容(Englert, Raphael, Anderson, Anthony & Stevens, 1991)。在本章中,我们已经了解到写作中的计划、转化和检查等认知过程是如何作为独立的成分而被教授的。不过,为了写出高质量的文章,写作者需要在三个过程之间进行协调。CSIW 是一个包含上述三个过程的综合性教学方案。

CSIW 的主要任务就是写出一篇文章。例如,要求你写一篇文章来描述如何玩某种游戏,当然,你知道如何玩该游戏,但读者并不知道。另一种情形,让你写一篇文章来比较你所了解的人物、地方或事物的异同。这是恩格勒特等研究者(Englert, et al., 1991)给四、五年级学生布置的写作任务。显然,第一种要求是写一篇说明性的文章,而第二种要求是写一篇对比性的文章。不过,在布置这些作业前,研究者想利用常规的课堂写作时间来帮助学生提高写作技能。基于你所了解的写作的认知过程,若想让学生出色地完成说明性文章和对比性文章,你会给出什么建议呢?

本章探讨了写作认知模型,揭示了所有写作方案中应该包含的几种认知技能。学生需要在计划、转化、检查这三种技能上进行练习,同时还需要在实际的写作活动中来协调这些技能。因为学生常常不能进行合理的计划(包括生成和组织观点)和检查活动(包括发现和修改错误),因此让学生获得完成这些活动的具体经验就显得尤为重要。

　　CSIW 这种写作教学方案主要用于教授学生如何使用和协调五种写作策略:设计、组织、书写、编辑和修改(Englert, et al. , 1991)。设计和组织属于计划认知过程,书写对应于转化认知过程,而编辑和修改则属于检查认知过程。CSIW 方案主要完成下列工作:

　　1. 促进自我监控,使写作者学会"就文本及其内容、写作过程和文本结构等进行内部对话"。(Englert, et al. , 1991, p. 338)

　　2. 提供支架式教学,"改进……设计、组织、打草稿、编辑和修改等策略的使用"。(Englert, et al. , 1991, p. 340)

　　3. 通过"参加写作共同体",把写作活动转化成一种合作性的活动。

　　4. 结合具体的文本结构类型(如说明文或对比文)来练习各种写作技能。

　　该方案综合了写作过程的各个方面,教师将其运用到常规的课堂活动中,同时也要对学生的不同需要提供必要的个别化教学。

　　CSIW 要求学生在写说明性文章或对比性文章时,学习使用一系列"思考单"。思考单旨在促使学生进行一些重要的认知活动,而这些活动往往被学生省略掉。思考单主要包括下列几种:

　　● **设计思考单**:其目的是帮助学生设立标准,生成观点。例如,促使学生回答如下问题:"我要写给谁?""我为什么要写这篇文章?""我知道什么?"(列出 8 行,并分别标有 1-8 的数字),"我如何分类观点?"(有 4 个框图)以及"我如何组织观点?"(有 4 类:对比、解释、问题及解决或其他)。图 4-15 给出了一个例子。

　　● **组织思考单**:其目的是帮助学生把观点组织成一个提纲。例如,如果学生在设计思考单上选择了说明文,则在组织思考单上就会提醒他们,需要将说明的主题加以详细描述,列出需要的材料、场景及具体的说明步骤。

　　● **书写思考单**:其目的是帮助学生写初稿。在书写思考单上,鼓励学生重新阅读他们的设计思考单和组织思考单,用事例来充实其观点,提供有说服力的解释和结论,给读者呈现出清晰的文章组织结构。

　　● **编辑/编辑者思考单**:编辑思考单旨在通过自我编辑来指导学生,编辑者思考单则旨在通过同伴编辑来指导学生。两个思考单都要求学生以星号来标注自己喜欢的文章部分,以问号来标注困惑之处,并根据几项标准给文章评定等级。该阶段还包括写作者和同伴编辑者之间面对面的会谈,以便通过合作来完善其写作活动。

　　● **修改思考单**:其目的是鼓励学生反省其编辑计划。学生列出所有的修改建议,决定要完成哪些部分。完成修改活动后,学生写出终稿,并装订成册,提交给老师。而所有学生的作文将被汇编为班级文集。

计　划

姓名 _____　　　日期 _____

　　主题 _____

谁：我写给谁？
_____
_____

为什么：为什么要写这篇文章？
_____
_____

是什么：我知道什么？（头脑风暴）
1. _____
2. _____
3. _____
4. _____
5. _____
6. _____
7. _____
8. _____

怎样做：我如何分类观点？

我将如何组织观点？
_____ 对比　　　　　　　　　_____ 问题及解决
_____ 解释　　　　　　　　　_____ 其他

图 4-15　帮助学生构思作文的设计思考单

改编自 Englert, Raphael & Anderson (1989)

CSIW 能帮助学生成为更有效的写作者吗？为了回答这个问题,恩格勒特等人(Englert,1991)对比了上年度 10 月到下年度 5 月期间参与 CSIW 方案的四、五年级学生(实验组)与参加学校常规写作方案的学生(对照组)成绩。学生在开学初所写文章作为前测,学年末所写文章作为后测。图 4-16 表明,实验组的文章的总体质量(以三点量表表示)从前测到后测有很大改进,而对照组则没有明显改善。同样,实验组的写作者对读者的敏感程度、对文章的组织、生成的观点数量等都有很大改进,而对照组则无明显改进。重要的是,实验组和对照组学生前后测之间的差异也同样表现在学习困难学生、学习成绩较差的学生以及学习成绩优秀的学生身上。总之,这些结果表明,运用和协调写作的认知过程能为学生的写作提供充分的指导。

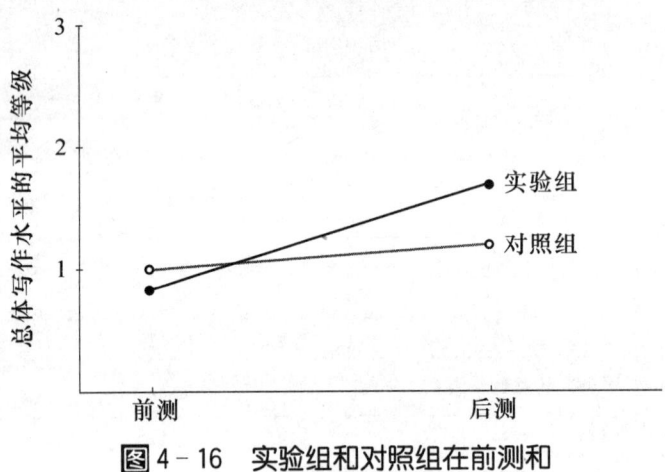

图 4-16 实验组和对照组在前测和后测中的文章质量

改编自 Englert et al. (1991)

总结

虽然对写作过程的探讨尚处于起始阶段,但是,从本章所呈现的有关研究来看,仍能对实际的教学产生重要的启示意义。

首先,计划是写作过程中的一个主要成分,包括组织、生成内容等。学生需要在文章、段落、句子的组织技巧等方面进行明确、具体的训练。同样,学生还需要在如何生成和记录文章所需信息方面进行训练和练习。

其次,转化是写作的一个主要成分,主要指把观点转化成文字。转化过程依赖于书写、拼读、标点、合乎语法的句子结构等技术性技能。学生需要从这些技术性技能的限制中解放出来,以便把更多的注意力集中在如何计划一篇连贯的文章上。对于年龄较大或较熟练的写作者来说,技术性的技能已达到自动化,而对年幼的或不太熟练的写作者而言,写作初稿时不应过分强调技术性方面的技能。

第三，检查是写作的一个主要成分，包括发现错误和修改错误。初稿并不能代表真实的写作水平，而终稿才是写作能力的真实写照。学生需要在如何修改方面接受明确、详尽的教学训练，以达到检查过程内化的最终目标。

最后，本章考查了有效的写作教学方案的特点。较成功的写作方案通常要使用那些能够促进写作的认知过程的教学方法。

推荐读物

Berieter C. & Scardamalia M. (1987) *The psychology of written composition*. Hillsdale, NJ: Erlbaum.

Kellogg R. T. (1994) *The psychology of writing*. NY: Oxford University Press.

Levy C. M. & Ransdell S. (Eds.) (1996) *The science of writing*. Mahwah, NH: Erlbaum.

第五章 数 学

本章提要

- 解决数学问题需要知道什么？
- 问题转译
- 问题整合
- 解题方案的计划与监控
- 解题方案的执行
- 总结

本章提出这样的问题："学生需要了解什么才能解决数学问题？"答案包括四个方面：需要语言性和事实性知识将问题中的每个句子转译为内在表征；需要图式性知识将信息整合成连贯一致的表征；需要策略性知识以提出并监控解题方案；需要程序性知识以执行解题方案中所需的运算。

解决数学问题需要知道什么？

假定要求你解决下列问题：

> 商店出售的正方形地砖的每边边长为 30 厘米。如果每块瓷砖的价格为 0.72 美元，那么要铺满一个 7.2 米长、5.4 米宽的长方形房间总共需要多少美元？

你需要掌握哪些技能才能解决这一问题？首先，你应能够将问题中的每句话转译成内在表征。这种转译过程需要理解句子的意义（即需要语言性知识）。比如，应该知道该问题包括下列事实：每块地砖为 30 cm×30 cm 的正方形，房间是 7.2 m×5.4 m 的长方形，每块地砖的价格为 72 美分。未知数是用地砖铺满整个房间需要花费多少。这种转译过程还需要了解某些事实，即需要事实性知识。比如，应该知道正方形的所有四个边都一样长，1 米等于 100 厘米。图 5-1 的第一部分给出了一些数学作业例题，其重点在于问题转译。请试着练习一下问题转译(problem translation)技能。

其次，你应能够将问题中的每个陈述句整合成连贯一致的问题表征。这种问题整合(problem intergation)过程需要识别问题类型(即需要有图式性知识)。比如,应能够识别出该问题是一个长方形面积问题,需要运用公式"面积=长×宽"。问题整合还包括能够区分与问题解决有关的信息及无关的信息。图5-1的第二部分给出了一些数学作业例题,其重点在于问题整合。请试着解决这些问题,以考查你的问题整合技能。

再次,你应能够提出并监控解题方案。拟定解题方案需要启发式知识(即策略性知识)。比如,能将问题分解为几个子目标,如确定房间面积,所需地砖的数量,购买这些地砖的费用等。同时还应该能够监控自己正在做的事情,比如知道 7.2×5.4 是在计算房间的面积。图5-1的第三部分给出了一些数学作业例题,其重点在于解题方案的计划与监控(solution planing / monitoring)。试着去解决这些问题。

最后,解答上述地砖问题的第四个主要成分就是能够运用运算法则,比如,能够算出 $7.2 \times 5.4 = $ _____ 或 $0.72 \times 432 = $ _____。准确而自动化的算术及代数运算是以程序性知识为基础的。表5-1中的第四部分是一些数学作业的例子,其重点在于解题方案的执行(solution execution)。试试看,然后选出你的答案。

问题转译

重述问题的已知条件

1. 商店出售的正方形地砖的每边边长为30厘米。如果每块瓷砖的价格为0.72美元,那么要铺满一个7.2米长、5.4米宽的长方形房间总共需要多少美元?

下面哪句话是错误的?

(a) 房间是7.2米×5.4米的长方形
(b) 每块瓷砖的价格是30美分
(c) 瓷砖是30厘米×30厘米的正方形
(d) 房间的长是7.2米

重述问题的解题目标

2. 商店出售的正方形地砖的每边边长为30厘米。如果每块瓷砖的价格为0.72美元,那么要铺满一个7.2米长、5.4米宽的长方形房间总共需要多少美元?

本问题是求什么的?

(a) 房间的长与宽
(b) 每块瓷砖的价格
(c) 铺满房间所需的价钱
(d) 每块瓷砖的大小

问题整合

识别问题类型

3. 甜瓜1美元3个,请问拉里用4美元可以买几个甜瓜?

下面哪一个问题可以用于解决上述问题相同的方法来解答?

(a) 每4名同学有3本书,如有20名同学,共有多少本书?
(b) 一辆车以每小时25英里的速度行驶了4个小时,请问它行驶了多少英里?
(c) 约翰有25颗弹珠,苏珊有20颗弹珠,请问约翰比苏珊多几颗弹珠?

(d) 假设每个气球10美分,每支铅笔5美分。请问买3个气球及2支铅笔需要多少钱?

识别有关和无关信息

4. 商家以3 578美元购进100架照相机,再以6 024美元将照相机卖出。请问他们获利多少?

解决该问题需要用到哪些数字?

(a) 100, 6 024, 3 578　　(b) 100, 6 024　　(c) 100, 3 578　　(d) 3 578, 6 024

确定解题所需的信息

5. 请问密西西比河比扬子江长多少?

解决此问题需要哪些信息?

(a) 密西西比河的长度以及扬子江的长度

(b) 密西西比河所在的地理位置、长度以及扬子江所在的地理位置、长度

(c) 密西西比河的平均降雨量和扬子江的平均降雨量

(d) 扬子江的长度

用图表来表征问题

6. 玛丽·杰克逊每周赚215美元,其中的30%用于支付房租。请问她每周的房租是多少?下面的哪个图最能表示这个问题?

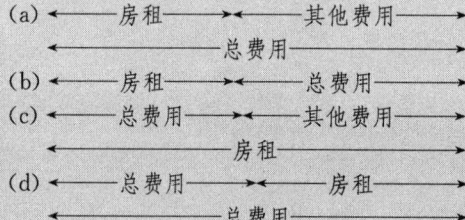

解题方案的计划与监控

以数学表达式、方程式或必要的运算步骤来表征问题

7. 一位代理保险商拜访了585位顾客,卖出了76份寿险、97份火险及208份车险,请问他总共卖了多少份保险?

下面哪个数学表达式等同于这个问题?

(a) 76+97+208=

(b) 585−76−97−208=

(c) 585+76+97+208=

(d) 208−97−76=

建立子目标

8. 商店出售的正方形地砖的每边边长为30厘米。如果每块瓷砖的价格为0.72美元,那么要铺满一个7.2米长、5.4米宽的长方形房间总共需要多少美元?

为了解答此问题,你应该确定:

(a) 需要多少块瓷砖

(b) 这个房间的一边比另一边长多少

(c) 100块瓷砖需要多少钱

(d) 会剩下多少钱

续 图

得出结论

9. 玛丽·居里学校的130名学生要去郊游,而校车每辆只能容纳50人。请问需要多少辆校车?罗斯进行了如下运算

$$\begin{array}{r}2\\50{\overline{\smash{\big)}\,130}}\\\underline{100}\\30\end{array}$$

请再看一下题目中的问题。答案是什么?

(a) 2

(b) 2,余数为30

(c) $2\frac{3}{5}$

(d) 3

解题方案的执行

进行单步运算

10. $7.2 \times 5.4 = $ _____

正确答案是:

(a) 38.88

(b) 432

(c) 311.04

(d) 28

进行多步运算

11. $\{(7.2 \times 5.4)/(0.3 \times 0.3)\} \times 0.72 = $ _____

正确答案是:

(a) 38.88　　(b) 432　　(c) 311.04　　(d) 28

图 5-1 解决数学问题的有关技能

从上述例子中可以看到:解决某个问题并非只是意味着得出最终答案。对上述地砖问题的分析显示:数学问题的解决至少包括四个主要成分,表 5-1 对这四种成分进行了简要描述。本章中,我们将深入探讨数学解题过程中的每一成分:(1)对问题的每一个陈述句加以转译;(2)将信息整合成连贯一致的问题表征;(3)提出并监控解题方案;(4)准确而有效地执行解题方案。(顺便提一下,上述地砖问题的正确答案是:311.04 美元。图 5-1 中各个题目的正确答案分别是:1. b; 2. c; 3. a; 4. d; 5. a; 6. a; 7. a; 8. a; 9. d; 10. a; 11. c)

表5-1 数学问题解决的四个成分

成　分	知识类型	地砖问题的例子
问题转译	语言性知识	7.2米长、5.4米宽的长方形房间
	事实性知识	1米等于100厘米
问题整合	图式性知识	面积＝长×宽
解题方案的计划及监控	策略性知识	用7.2×5.4得出房间面积，以0.3×0.3得出每块地砖的面积，用房间面积除以每块地砖的面积得出所需的地砖数，然后用地砖数×0.72美元求出所需的总价格。
解题方案的执行	程序性知识	7.2×5.4＝38.88 0.3×0.3＝0.09 38.88/0.09＝432 432×0.72＝311.04(美元)

问题转译

什么是问题转译？

解答上述地砖问题的第一步是将每一个陈述句转译为内在表征。比如，地砖问题中主要的句子是：正方形地砖的每边边长为30厘米；每块瓷砖的价格是72美分；房间为7.2米×5.4米的长方形；铺满房间所需的地砖总价是未知数。如要转译地砖问题中的句子，解题者需要掌握该种语言（即语言性知识），还要具有该领域的一些知识（即事实性知识）。例如，需要具有语言性知识才可以确定"地砖"及"瓷砖"是指同一件东西。同样，需要具有事实性知识才能够知道正方形的边长是相等的，才能够知道100厘米等于1米。

问题转译的研究

理解关系陈述句

近年来的研究指出，对学生而言，转译过程可能十分困难，尤其当题目中包含关系陈述句（即表示数量之间关系的陈述句）时。洛夫特斯和萨普斯（Loftus & Suppes, 1972）对影响题目难度的因素进行分析发现，含有关系陈述句的题目通常是最难的。比如："玛丽两年前的年龄是贝蒂的两倍，玛丽现在40岁，问贝蒂现在的年龄是多少。"

在另一项研究中(Riley, Greeno & Heller, 1982; Greeno, 1980),要求儿童先听,然后复述题目中的句子。假定呈现下列题目:"乔有 3 个弹珠,汤姆比乔多 5 个,问汤姆有几个弹珠。"儿童常犯的一种错误是忽略关系陈述句,例如,他们对上述题目的复述是:"乔有 3 个弹珠,汤姆有 5 个弹珠,问汤姆有几个弹珠。"

成人在转译关系陈述句时似乎也存在着困难。在一项研究中(Soloway, Lochhead & Clement, 1982),给大学生呈现陈述语句,要求他们将其转译成方程式。假定这个陈述句是"该校的学生人数是教授人数的 6 倍",大约三分之一的学生所列的方程式是错误的,如:6S=P(其中 S 代表学生,P 代表教授)。

图 5-2 中简要列举了两名学生对"学生与教授"问题的解答:一名学生采用静态转译方式,以 P 代表一名教授,S 代表与该教授相应的学生们;相反,另一名学生则采用程序转译方式,认为若要确定"学生人数",必须根据"教授人数"来进行运算。索洛韦等研究者(Soloway, 1982)认为,学生转译中出现的错误在于将关系陈述句视为静态的描述,而不是如何把一个变量转换为另一个变量的程序性说明。

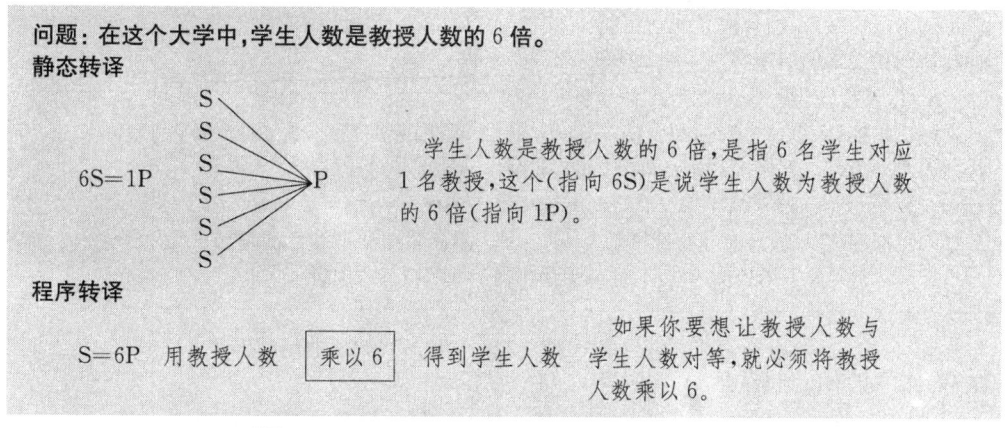

图 5-2 学生及教授问题的两种处理方法

在另一项有关的研究中,迈耶(Mayer, 1982a)要求大学生阅读 8 道代数应用题,然后进行回忆。结果表明,学生回忆关系陈述句所犯错误量(29%)是回忆指定陈述句所犯错误量(9%)的 3 倍。仔细分析学生所犯错误后发现,学生将关系陈述句转换为指定陈述句时出现 20 例错误,而将指定陈述句转换为关系陈述句时只有 1 例错误。比如,某学生将关系陈述句"汽船驾驶员在静止水域中的行驶速度比水流速度每小时快 12 英里"转换为指定陈述句"汽船以每小时 12 英里的速度在静止水域行驶"。上述结果表明,某些学生缺乏适当的能在记忆中表征关系陈述句的语言学知识。

表征关系陈述句的困难是否会影响其问题解决的成绩?赫加蒂、迈耶和蒙克

第五章 数　　学

(Hegarty, Mayer & Monk, 1995)进行了一项研究,要求学生解决 12 道应用题,然后对其中含有关系陈述句的 4 道题目进行再认测验。比如,其中一道题目是:"在阿可加油站,每加仑汽油的价格是 1.13 美元,比谢福荣加油站便宜 5 美分。如果你在谢福荣加油站购买 5 加仑汽油,将需要多少美元?"表 5-2 列出了学生在再认测验中对该问题的四种答案:在正确答案中,学生逐字逐句地复述出关系陈述句;在语言错误答案中,学生能表达出关系陈述句的意思,但将其中的关键词"便宜"变成了"贵"。在两种语义错误中,学生曲解了关系陈述句的意思。较差的问题解决者在再认测验中所犯的语言错误是优秀的问题解决者的 4 倍之多(前者错误率为 39%,后者为 9%),这说明成功的问题解决者比不成功者更善于运用其语言学知识来确定关系陈述句的意义。

表 5-2　你是哪种答案?

不 同 答 案	评定等级
在阿可加油站,每加仑汽油的价格是 1.13 美元,比谢福荣加油站便宜 5 美分。如果你在谢福荣加油站购买 5 加仑汽油,将需要多少美元?	正　确
在阿可加油站,每加仑汽油的价格是 1.13 美元。谢福荣加油站的汽油每加仑比阿可贵 5 美分。如果你购买 5 加仑汽油,在谢福荣加油站将需要多少美元?	语言错误
在阿可加油站,每加仑汽油的价格是 1.13 美元。谢福荣加油站的汽油每加仑比阿可便宜 5 美分。如果你购买 5 加仑汽油,在谢福荣加油站将需要多少美元?	语义错误
在阿可加油站,每加仑汽油的价格是 1.13 美元。这比谢福荣加油站的汽油贵 5 美分。如果购买 5 加仑汽油,你在谢福荣加油站将需要多少美元?	语义错误

改编自 Hegarty, Mayer & Monk(1995)

使用事实性知识

在问题转译过程中,事实性知识是另一个关键要素。洛夫特斯和萨普斯(1972)发现,需要进行单位换算的题目比无需单位换算的题目更难些。进行单位换算需要事实性知识,如:若将 30 厘米换算为 0.3 米,则需要知道 100 厘米等于 1 米这种知识。博布罗(Bobrow,1968)设计了一个可解决代数应用题的计算机程序,该程序包含两个主要内容:将陈述句转译为方程式以及解方程。该程序若要能够进行转译,则需要存储大量的语言性知识和事实性知识。例如,该程序需要具有诸如"Pounds 是 Pound 的复数"等语言学知识,需要具有诸如"16 盎司等于 1 磅"等事实性知识。

教学启示：教授问题转译技能

成功的问题解决者具有哪些不成功者所缺乏的东西？研究表明，成功的问题解决者比不成功者更清楚如何理解应用题中的句子，尤其是如何理解包含两个变量间关系的陈述语句。显然，不成功的问题解决者不知道如何理解诸如此类的陈述句："艾可米楼比本递克斯楼高27英尺"或"埃琳娜比安德里亚矮8厘米"。简言之，不成功的问题解决者缺乏问题转译技能。

问题转译技能能否被教授？刘易斯（Lewis,1989）设计了一个两阶段的教学方案，由教师教授学生如何表征应用题中的句子。在第一阶段，教师示范如何将9道应用题中的每句话分别归为指定类、关系类或问题类，然后给学生18道应用题，让其练习如何将句子归类。在第二阶段，教师选取4道应用题，给学生示范如何应用图5-3

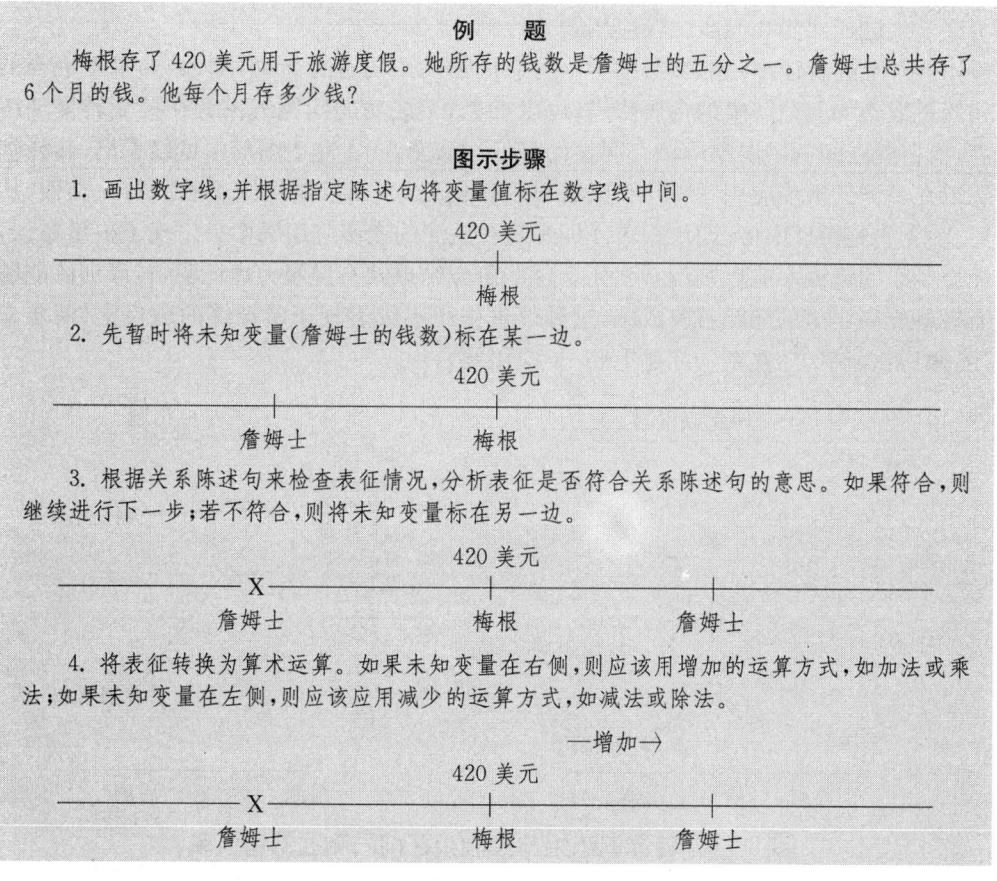

图5-3 学习如何将句子转换为图示的练习

改编自 Lewis（1989）

中所示的简单的数字线方法来表征问题。比如,第一步先将梅根(Megan)所存的钱数标在数字线上,第二步确定将詹姆士所存的钱数标在美根左侧还是右侧,第三步在数字线上标出詹姆士所存钱数,第四步确定使用何种运算方式。在此示范之后,给学生8道应用题,练习如何使用数字线表征问题。这些问题中都包含着关系陈述句,以便让学生练习如何识别关系陈述句,如何用数字线表征这些陈述句。

转译训练有助于学生解决应用题吗?为了回答这个问题,刘易斯(1989)先对大学生进行前测,题目包括两步比较应用题(如表5-2中的汽油问题)和三步比较应用题。大约有三分之一的大学生在两步应用题上出现错误,故研究者将其归为不成功的问题解决者。研究者试图降低不成功的问题解决者的错误率,故将这些学生留下继续进行实验。要求其中一部分学生(转译训练组)接受约60分钟的训练,包括学习如何应用数字线来识别、图示两步应用题中的关系陈述句。要求另一部分学生(控制组)用同样的时间解决同样的问题,但不进行教学训练,只是要求他们判断题目的难度。之后,对两组学生进行两步和三步比较应用题的后测。

假设上述转译训练能够帮助学生对应用题的语句进行转译,那么,如果不恰当的转译是成功的问题解决的主要障碍,可以推论,不成功的问题解决者在接受转译训练后,前后测之间的错误率应该有明显的降低。从图5-4左边图形中可以看出,转译训练组在后测的两步应用题中几乎没有出现任何错误,而控制组则不然。与此类似,从图5-4右侧图形中可以看出,转译训练组在后测的三步应用题中只出现了少量错误,而控制组的错误率前后则没有变化。这些研究结果颇有说服力地证明,转译训练能够有效地提高学生的问题解决成绩,这种促进作用不仅表现于所训练的题目上(两步应用题),也表现于较复杂的问题上(三步应用题)。

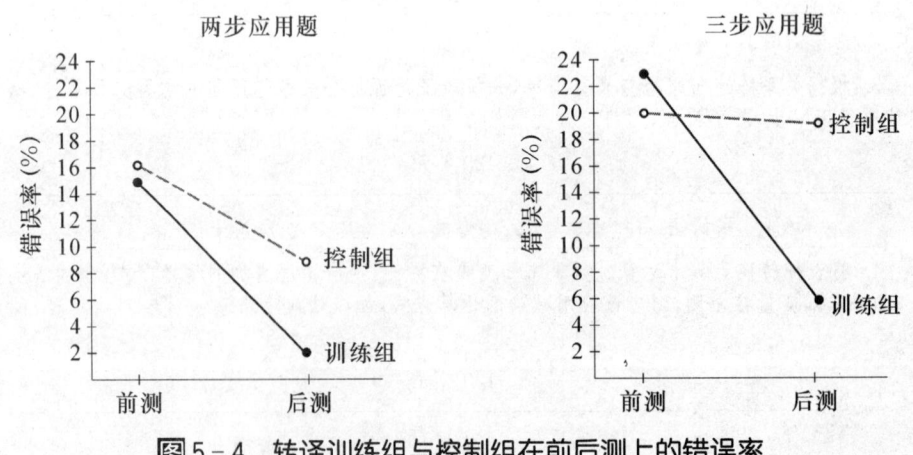

图 5-4 转译训练组与控制组在前后测上的错误率

基于上述研究,刘易斯(1989)认为"旨在矫正学生对关系陈述句的错误理解过程的教学训练是有效的,且能够促进迁移的发生"(p.530)。转译训练能够帮助学生在解决数学问题时,用多种不同方式来表征同一问题,如使用文字、图表或方程式等来表征某一问题(Grouws,1992;National Council of Teachers of Mathematics,1989;Wagner & Kieran,1989)。布伦纳等(Brenner et al.,1997)设计了一个用于中学生准代数学习的 20 日教程,该教程强调日常经验在关系陈述句、图表和方程式等转译过程中的作用。与接受传统教学的学生相比,接受该教程的学生在理解和解决应用题的能力上有极为显著的改善。这一研究结果表明,缺乏问题转译技能在很大程度上制约了问题的成功解决。尽管数学课程通常并不强调问题转译技能,但越来越多的证据表明,转译技能非常有用。

从上述所介绍的代表性研究中可以看出,问题转译是数学问题解决的主要难点。显然,许多学生在解决数学问题时,往往缺乏必要的语言性知识和事实性知识,因此,这类研究对教学的启示意义是:学生需要练习如何进行问题转译,比如,怎样对问题中的句子加以解释或说明。

让我们再回到前述的地砖问题上。研究表明:许多学生难以理解应用题中的每一个主要陈述句,如"商店出售的正方形地砖的每边边长为 30 厘米"。就地砖之类的问题而言,你将怎样进行转译训练?有些活动有可能促进转译技能的发展,如,要求学生用自己的语言重述问题的已知条件或解题目标等。在某些情形下,可以要求学生以图表方式来表示问题中的语句,如用图表来表示地砖问题中的第一句。同样的,图 5-1 中的第一部分也给出了建议,使用多项选择题让学生练习识别问题的已知条件及解题目标。当然,这些建议仍有待实验研究的证实。

问题整合

什么是问题整合?

对应用题的准确表征通常并非只是一句句地转译。比如,佩奇和西蒙(Paige & Simon,1966)要求学生去解不可能问题,如:"某人拥有的 25 分硬币数是其拥有的 1 角硬币数的 7 倍。1 角硬币的总值比 25 分硬币的总值多 2.5 美元。请问:此人拥有两种硬币各多少枚?"(p.84)使用事实性知识及语言性知识,我们可以将陈述句转译成方程式,如下:

$$Q = 7D$$
$$D(0.10) = 2.50 + Q(0.25)$$

式中 Q 表示 25 分硬币,D 表示 1 角硬币。如果你试图将这两个句子整合成连贯一致的问题,你可能就会发现其不一致之处:第一句的 25 分硬币数多于 1 角硬币数与第二句的 1 角硬币值多于 25 分硬币值是自相矛盾的。研究者发现了学生所采取的两种方式:分别转译每个陈述句;或者试图理解两个陈述句之间是如何关联的。

第五章 数　　学

上述例子说明，理解应用题所不可缺少的另一重要成分是将所有的陈述句整合成连贯一致的表征，这一表征被称为**情境模式**（situation model）(Kintsch & Greeno, 1985; Mayer & Hegarty, 1996; Nathan, Kintsch & Young, 1992)。为了整合问题中的有关信息，问题解决者需要具有问题类型的有关知识（即图式性知识）。例如，在地砖问题中，需要知道这是一个长方形问题，需使用"面积＝长×宽"的公式。这种知识将有助于了解问题中的各个陈述句是如何整合在一起的。例如，问题所描述的情形是：用正方形的地砖铺满长方形的地面。

问题整合的研究

学生有关应用题的图式

根据表5-1中对数学问题解决的认知分析，成功的问题解决者应该拥有问题类别的知识（或图式）。欣斯利等研究者(Hinsley, Hayes & Simon, 1977)曾经考查了学生所具有的应用题图式。他们要求熟悉代数问题的学生对一系列的代数应用题进行分类。学生出色地完成了这些任务，而且达到了高水平的一致程度（表5-3列出了学生回答的18种问题类型）。显然，这些学生在解决应用题时，具有问题类型的有关知识。

表5-3　18种问题类型举例

问 题 类 型	问 题 举 例
1. 三角形	贾里顺着空旷的广场向东走了一个街区，再向北走了两个街区，然后到了朋友家。菲尔从相同的起点出发，穿过广场对角线，与贾里会合。假如贾里向东走了217英尺，向北走了400英尺，那么菲尔走了多长路程？
2. 距离-速度-时间(DRT)	赛车比赛中，美洲豹在上午9:00出发，平均时速为75英里。马拉蒂4分钟后出发，平均时速为85英里。假如赛道的一圈为15英里，问第几圈时美洲豹会被赶上？
3. 平均	一架飞机从一个城市飞往东边的另一个城市，时速380英里。其回程速度为420英里。问全程平均速度为多少？
4. 单位换算	有两种温度计量单位：R型和S型。用R型温度计量，则水在－15°时结冰，405°时沸腾；而用S型计量，则水会在5°时结冰，在70°沸腾。若R和S间的关系为线性的，试以S的温度来表达R的温度。
5. 比率	罐装番茄酱有大小两种型号，小型号罐头的半径是大型号罐头的2/3。试计算两种罐头的容积比率。

续 表

问题类型	问 题 举 例
6. 利息	某储蓄银行半年期的利息为 3％。将 2 500 美元存 20 年后,其本息共有多少钱?
7. 面积	从一个大厚纸板的正方形的四角各剪下一个 5 英寸的小正方形,向上卷起即可得到体积为 180 立方英寸的盒子。请问大正方形厚纸板的面积为多少?
8. 最大-最小	某房地产开发商以 $p=-2s^2+88s$ 来估算每月的获利情况,其中 s 表示建造的楼层高度,p 表示赢利。那么建造楼层高度为多少的房子可以获利最大?
9. 混合	第一种蔬菜油含 6％的饱和脂肪,第二种含 26％的饱和脂肪。现在要做色拉调和油,那么,在 10 盎司的第一种油中加入多少第二种油,才不至于使色拉油中的饱和脂肪含量超过 16％?
10. 水流	用相同的时间,汽艇顺流每小时可行驶 36 英里,逆流每小时可行驶 24 英里。在静止的水面上,汽艇行驶速度比水流速度快 12 英里。问水流速度是多少?
11. 概率	在一个超感知实验中,蒙住被试的眼睛,在其眼前摆放两排积木,每排各有 10 块积木,分别标有 1 到 10 的号码,并随机排列。被试先将一只手放在某排积木上,然后再将另一只手放在另一排积木上。假如被试全然没有超感知的能力,那么左右手第一次即可触及相同数码积木的概率是多大?
12. 数字	某数的个位数字是其十位数字的三倍多 1;若把个位和十位的数字对换,则新数是该数的个位数字加十位数字的总和的 8 倍。该数是多少?
13. 工程	卢梭和劳埃德分别打包时,前者比后者少用 3 分钟。有一天,卢梭刚打包 6 分钟就被老板叫走了,劳埃德又用 4 分钟的时间来完成打包工作。如果由卢梭一个人单独工作,则打一个包要多长时间?
14. 航行	飞行员驾机离开航空母舰,以每小时 360 英里的速度向南飞行,航空母舰则以每小时 30 英里的速度向北偏西 30°(N30W)的方向继续航行。如果飞行员的燃料可供飞行 4 小时,那么在飞行员返回航空母舰之前,最远可以往南飞行多远?
15. 级数	杰克和吉尔从相距 363 英里的两个城市同时出发,以期会面。假定吉尔第一天走 1 英里,第二天走 3 英里,第三天走 5 英里,如此类推。而杰克第一天走 2 英里,第二天走 6 英里,第三天走 10 英里,如此类推。他们何时可以相见?
16. 级数-2	求前 25 个奇数正整数之和。

续表

问题类型	问 题 举 例
17. 物理	自由落体从静止开始下落,其下落速度与时间成正比。假如某物体下落4.5秒后的速度是每秒144英尺,那么下落3.75秒后的速度是多少?
18. 指数	婚庆蛋糕的每一层的直径都是下面一层的2/3。如果五层蛋糕的第一层直径是15英寸,那么所有五层的圆周长度共是多少?

改编自 Hinsley, Hayes and Simon(1997)

欣斯利等人(1977)也发现:学生几乎能够立即对问题进行分类。例如,只要学生一读到题目的前几个字,如"一幅矩形图未加框时的面积……",学生就有可能说出"这是图-框问题中的一种"。后续的追踪研究(Hinsley, Waterman & Robinson, 1977; Robinson & Hayes, 1978)发现,熟悉代数问题的学生能够运用他们的图式来准确判断什么信息与问题解决有关,什么信息与问题解决无关。

当人们使用错误的图式来决定需要何种信息时,很容易使问题整合出现错误。比如,欣斯利等研究者(1977)所使用的下列问题既可以被视为距离-速度-时间类的问题,也可以被视为三角形的问题。

小镇居民的生活一向很安宁,但新年前夕发生了一场令人恐惧的车祸,当地的一位居民因此而死亡,此事令小镇居民烦忧不安。事情是这样的:史密斯和琼斯都是1月1日出生的,两人都打算在生日时拜访对方,以给对方一个惊喜。史密斯驱车前往琼斯家;而2分钟后,琼斯也经210号公路往东出发,驱车驶向史密斯家。史密斯经140号公路直接向南行驶。尽管两家相距只有5英里,但琼斯的时速为30英里,比史密斯快。他们的车在两条高速公路交界的拐弯处相撞。弗兰克林警官对事故现场进行勘察后断定,相撞时琼斯的车速是史密斯车速的一半。两车相撞时史密斯才驾驶了4分钟。车祸发生的地点距离死者家较近。问死者是谁。

某些学生将此问题视为三角形问题。例如,他们画三角形,并试着决定两条直角边及斜边的边长。有一位学生甚至将4分钟(minutes)误看成4英里(miles),并认为它是三角形的一个边。还有一位学生将相距5英里视为斜边的边长。例如,一位学生说:"看起来像是距离问题,史密斯往西行驶2分钟后,琼斯才开始往东行驶,所以应该是追赶问题。"那些把该问题看成距离-速度-时间类问题的被试一开始就假定一个人向东行驶,另一个人向西行驶。显然,学生要么应用三角形图式,要么应用速度-距离-

时间图式,以此作为理解问题的基本框架。研究者发现学生所使用的问题图式约有18种,这些图式影响着学生如何解读问题。

在后续的研究中,迈耶(1981b)对具有代表性的中学代数教科书中的应用题进行分析,发现约有100种不同的问题类型,其中包括欣斯利等(1977)发现的各种类型在内。例如,距离-速度-时间类(或移动)问题至少有12种变式,其中包括追赶(如,某辆车先启动行驶,另一辆车随后沿相同路线以较快速度行驶)、对开(两辆车从不同点出发并对开)、往返(某辆车从A点出发至B点,然后返回)、速度变化(某辆车在整个行程的前一段以某一速度行驶,在后一段以另一速度行驶)、反向(两辆车从同一点出发,但行驶方向相反)。教科书中某些问题类型较多(其出现频率高于25/1 000),而另一些类型则较少(其出现频率低于4/1 000)。表5-4列出了一些常见的问题类型,某些相似的类型被归到了同一族类中。括号中的数字表示教科书中此类问题所占的百分比。

表5-4 代数教科书中的某些问题类型

族　　类	具体类型(百分比)
单位时间量	移动(13%) 水流(5%) 工程(11%)
单　　价	单价(4%) 钱币(7%) 干混合(6%)
总量分配	利率/投资(12%) 利润/折扣(2%)
单位量的数量	正变分(16%) 逆变分(3%) 湿混合(6%)
数字应用题	等分(4%) 年龄(3%) 连续利息(1%)
几　　何	矩形/框图(3%) 圆(1%) 三角形(1%)

改编自 Mayer(1981b)

第五章　数　学

在另一项研究中，要求学生阅读并回忆8道应用题。研究结果显示，学生对出现频率较高的问题的回忆成绩显著优于那些出现频率较低的问题。图5-5表明了问题出现频率（即在代表性的数学教科书中，每1 000道题中该类问题出现的次数）与正确回忆率之间的关系。从图中可以看出，学生正确回忆率与问题出现频率显著相关。此外，对学生回忆中所出现的错误进行分析后发现，学生倾向于把低频率问题回忆成与之相近的高频率问题。相反，很少有高频率问题被变成低频率问题的情形出现。显然，学生具有某些典型的问题类型的相应图式。当学生头脑中不具有某一问题的适当图式时，对该问题的表征就会遇到障碍。

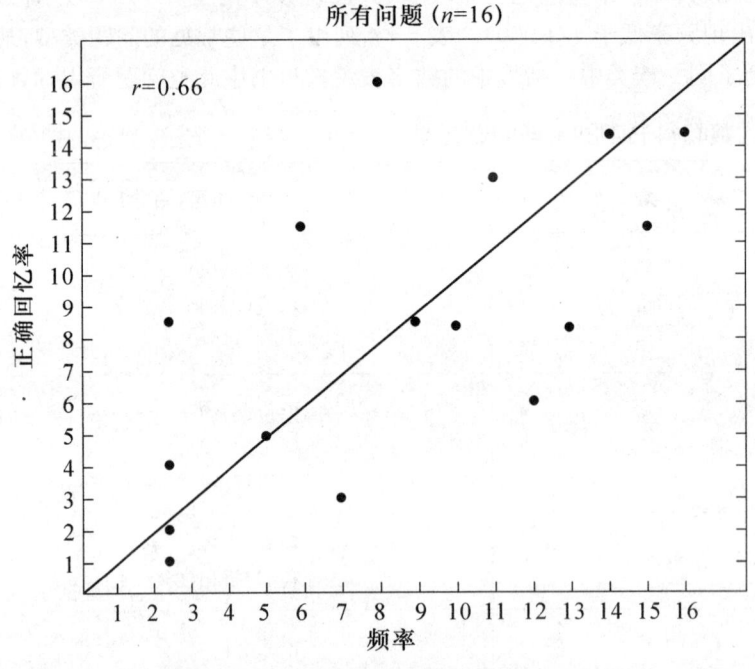

图5-5　常见问题类型更易于回忆

摘自 Mayer(1982b)

专家/新手的图式差异

熟练与不熟练的问题解决者在对应用题进行分类时存在着差异：熟练者倾向于根据问题的结构特征进行分类，如根据题目中所涉及的基本原则或关系进行分类；而不熟练者倾向于关注表面特征，如根据题目中描述的具体事物进行分类。

比如，奎利西和迈耶（Quilici & Mayer, 1996）要求学生依据相似性对12道统计应用题进行分类，这里的相似性指可以用相同的方式来解决问题。图5-6给出了研究中所使用的12道问题中的3道题目。如果学生基于表面特征进行归类，如题目中所描述的事件,则所有的打字员问题将被归于同一类别,所有的降雨问题被归于另一类别,等等。那些对统计不熟悉的大学生(即新手)倾向于根据表面特征来归类问题,比如,把题目1和题目2归于一类,因为它们都与打字员有关。相反,如果学生基于结构特征进行归类,如涉及多少组(即一个或两个)以及所考查的因变量的性质(即类别的或数量的),则将需要进行t检验的问题归于一类,将需要进行相关统计的问题归于另一类,等等。具有丰富的统计经验的研究生倾向于根据问题的结构特征进行分类,比如,将题目2和题目3归于一类,因为它们都属于相关统计的问题。但在学习了统计导论课程后,学生们都会从表面特征分类转为结构特征分类,尽管是部分地依据结构特征进行分类。显然,数学学习与练习有助于学生改变如何对问题类型的图式性知识进行组织的方式。

> 1. 人事部门试图了解有经验的打字员的打字速度是否比无经验的打字员快,因此对20名有经验者(5年以上工作经验)和20名无经验者(工作不到5年)进行打字测验,并记录下每分钟打字的平均数。
> 2. 人事部门试图了解打字经验是否与打字速度有关。要求40名打字员报告其打字工作年限,然后对他们进行打字测验,考查其每分钟打字的平均数。
> 3. 气象专家对过去50年的气象资料进行分析后认为,年降雨量随平均气温而变化。她记录了50年中每年的降雨量及平均气温。

图5-6 三类统计应用题

改编自 Quilici & Mayer(1996)

与上述研究类似,西尔弗(Silver,1981)要求七年级学生对16道应用题进行归类。那些解应用题成绩差的学生倾向于根据问题内容情节进行分类,如将所有"金钱"问题归于一类。而那些解应用题的成绩优秀者倾向于根据问题所蕴含的基本结构特性进行分类。显而易见,能否成功地解决应用题,这与是否建立了有用的问题类型图式密切相关。

图式的年龄差异

学生的图式性知识的完善程度与他们先前所具有的解决应用题的经验有关。格林诺及其同事(Greeno,1982;Riley et al.,1982)提出三种类型的算术应用题:

1. 原因/改变问题:乔有2颗弹珠,汤姆给乔4颗,乔有多少颗弹珠?
2. 结合问题:乔有2颗弹珠,汤姆有4颗,他们一共有几颗弹珠?
3. 比较问题:乔有2颗弹珠,汤姆比乔多4颗,汤姆有多少颗弹珠?

上述三个问题都包含着相同的基本运算(2+4=_____)。然而,研究者发现,这些问题的难度有很大差异。幼儿园到小学三年级的学生能够顺利地解决原因/改变问题;在结合问题及比较问题上,幼儿园及一年级学生的成绩很差,二、三年级的学生成绩较好。对该结果的一种解释是:年幼儿童只有一种应用题图式(即原因/改变图式),他们试图以其仅有的图式来解决所有的应用题。相对而言,年长的学生建立了针对不同问题类型的不同图式(即增加了结合问题及比较问题的图式)。所以,在比较问题上所产生的错误乃是因为学生缺乏适当的图式所致,而非因为缺乏适当的运算技能。

审视成功与不成功的问题解决者的问题整合过程

刘易斯和迈耶(1987)指出,学生在问题解决中出现的许多错误主要源于表层的或表面化的整合过程,即学生根据问题中的几个关键词来决定采用何种运算方式。以图5-7中关于黄油问题的两种陈述为例。第一个问题陈述属于一致版本,因为关键词("便宜")启动了正确的数学运算(减法);第二个问题陈述属于不一致版本,因为关键词("便宜")启动了不正确的数学运算(减法,而非 65+2 的加法)。对学生出现的问题进行仔细分析后发现,学生在不一致版本上出现了许多错误,他们对关键词的关注导致了错误的答案;但在一致问题版本上,学生几乎没有出现任何错误,他们对关键词的关注引发了正确的答案(Lewis & Mayer,1987;Verschaffel, De Corte & Pauwels,1992)。出错的学生易受关键词引导来进行运算,如黄油问题中,用 65 减 2,然后乘 4。这一结果表明,有缺陷的问题整合过程是导致问题解决出现错误的主要症结所在。

> **一致版本**
> 在拉凯店,每小块黄油价格为 65 美分。
> 在旺斯店,每小块黄油价格比拉凯店便宜 2 美分。
> 如果你要在旺斯店买 4 小块黄油,
> 需要多少钱?
>
> **不一致版本**
> 在拉凯店,每小块黄油价格为 65 美分。
> 这比旺斯店的价格便宜 2 美分。
> 如果你要在旺斯店买 4 小块黄油,
> 需要多少钱?

图 5-7 黄油问题的一致版本和不一致版本

改编自 Hegarty, Mayer & Monk(1995)

成功与不成功的问题解决者在表征诸如图 5-7 中两种版本的黄油问题时,可能运用了不同的心理加工过程(Hegarty et al.,1995;Mayer & Hegarty,1996;Mayer & Lewis,1987)。不成功者在解决应用题时,更倾向于采用直接转译的方式,他们从题目中挑出数字,然后根据题目中的关键词来决定采用什么运算方法。采用直接转译方式的学生很可能将"65 美分"、"2 美分"以及"4 小块"等数字挑出来,而关键词"便宜"启动了减法运算。所以,第一步就是从65中减去2。关键词"需要多少"启动了乘法运算,所以,第二步就是用4乘第一步所得结果。相反,成功者在解决应用题时,更倾向于采用问题模型的方式,他们根据题目的描述来建构该问题的心理模型。这类学生知道第二个版本中的"这"是指拉凯店中的黄油,由此对题目中的描述语句进行整合。

赫加蒂等研究者(1995)为了更为深入地考查成功与不成功的问题解决者在表征应用题方面的差异,监控了8名成功者和8名不成功者对计算机屏幕上的应用题的阅读过程以及解题方案的形成过程中的眼动。对眼动结果进行分析发现,所有学生都仔细地阅读了问题,然后回过头来重读题目中的某些部分,但不成功者比成功者更倾向于回视数字和关键词,而成功者更倾向于先回视变量名字(如"旺斯"或"拉凯")或其他文字,然后再回视数字。这些结果都证明,不成功的问题解决者更倾向于采用直接转译的方式进行问题整合,而成功的问题解决者更倾向于采用问题模型的方式。

教学启示

解决问题时,学生必须确定哪些信息是解决问题所需的,之后在题目中找到有关信息。如果问题中包含着无关信息,学生必须予以忽略。如果题目中缺乏关键的必要信息,学生必须意识到该问题无法解决。

请看图5-8中的三道题目,并确定每道题目中是否存在以下情况:(1) 信息充分(即解决问题所需的足够信息);(2) 有无关信息(即与问题解决毫无关系的信息);(3) 信息缺失(即解决问题所需信息不充分)。正确答案是:题目1的信息充分,题目2有无关信息,题目3缺失信息。洛和奥弗(Low & Over, 1989, 1990, 1993; Low, 1989)的研究发现,大部分的高中生在多半问题上出现错误,比如,未能识别出题目中的无关信息或者尚需其他的有关信息。

请针对下面的每道题来考虑
 a. 是否包含解决问题所需的足够信息
 b. 是否包含与解决问题无关的信息(如果有,请标示出来)
 c. 是否缺乏解决问题所需的充分信息(如果缺乏,请具体陈述所需的额外信息)

题目
 1. 一块长方形草坪12米长,5米宽。环绕草坪四周有一条宽1.75米的走道。计算该走道的面积。
 2. 某长方形场地的长比宽多6米。环绕场地四周的走道为3米宽。如果场地的面积为432平方米,求场地的长和宽各为多少。
 3. 黑板的宽与长的比率为2∶3。求黑板的周长(米)。

图5-8 题目是否包含着充分信息、无关信息或缺失某些信息?

改编自Low & Over(1993)

图5-8所示题目类型要求学生判断题中所给的信息是否与解决问题所需的信息相一致,该题型主要考查了学生的图式性知识。若要判断是否具有相关信息,学生必须建构该问题的一个整合表征。洛和奥弗(1989,1990,1993;Low,1989)发现,高中生通常难以应用诸如三角形、利率或距离等常见问题类型的图式性知识。

学生的问题解决水平与他们判断出题目中是否包含充分信息、无关信息或缺失某些信息的能力有关吗?在洛和奥弗(1989)的研究中,要求学生对某些问题进行判断:题目中是否缺失某些信息,或者哪些信息是不必要的。同时也要求学生去解决另一些问题(这些问题包含着充分信息或者无关信息)。正如我们所预期的,学生判断题目中是否缺失信息或有多余信息的成绩与他们解题的成绩之间具有高相关($r=0.9$):解题成绩优秀的学生也能够准确判断题目中是否缺失信息,或是否有多余信息;解题成绩差的学生,其信息判断的成绩也差。这些研究结果一致表明,问题整合技能是数学问题解决中的一个重要成分。

如果信息判断能力与数学问题解决之间具有高相关,而许多高中生的信息判断能力都比较差,那么,教授学生如何进行判断将有助于提高问题解决成绩。这也是洛(1989)的教学研究中的一个前提假设。让训练组的高中生接受80分钟的教学:识别应用题中是否包含充分信息、无关信息或缺失某些必要信息,并具体说明无关或缺失的信息是什么。学生对27道题目进行了判断、归类,之后教师就如何进行判断、归类等进行反馈和说明。比如,教师在示范如何对缺失某些信息的问题进行判断时,可能这样陈述:"这是一个计算长方形面积的问题。既然面积等于长乘宽,而题中只给出长是多少,那么题中所给信息就是不充分的。"常规组的高中生接受80分钟的常规教学,即解决与训练组学生相似的,但信息充分的问题,并接受教师关于如何对问题进行运算的反馈。控制组的高中生不接受任何教学训练。

判断训练是否影响学生解决问题的能力?为了回答这一问题,研究者对学生进行了前测和后测,要求学生解决含有充分信息或无关信息的问题。在前测中,每组中的低水平学生只能解决1/4的题目。而在后测中,常规教学组和控制组的学生有一定进步,成绩提高了10个百分点;训练组的学生有明显进步,成绩提高25个百分点。从这一结果中可以看出,教学中训练学生对问题信息进行判断要比训练学生产生解法更有助于提高解题成绩。该结果也证明了这种观点:学生能够掌握问题整合技能,并由此显著提高问题解决成绩。

这一部分给出了实证研究的证据:当学生缺乏某种图式或应用错误图式来组织问题时,就会出现解题错误。如何提供必要的图式训练?一些教科书将习题进行整理,以便所有的同类问题都呈现于同一页中,并能使用相同的解题步骤,但这种同质性的组织方式无法训练学生识别不同的问题类型,因此,应尽量将各种不同类型的问题混合呈现。

让我们再回到地砖问题上。帮助学生了解问题类型的一些方式包括:要求学生画出问题的整合图,要求学生将问题分类,或者要求学生找出无关信息。图 5-1 中的第二部分所提供的多项选择题旨在促进学生掌握这些方式。当然,这些方式的有效性有待进一步证实。

图式训练与训练学生如何识别关键词是不同的。例如,有些学生学习如何根据表面的关键词来对问题分类时认为,"如果题目中有'比……多'的字眼,就将数字相加",或者"如果有'比……少',就用第一个数字减去第二个数字"。由于这种方式无益于学生理解和表征问题,所以,它是无效的。这种方式还有可能导致错误的产生,图 5-7 中黄油问题的不一致版本即是例证。学生应该意识到,关键词方法并非总能奏效。不宜让学生过分依赖关键词,而应鼓励他们以自己的语言来表征问题。

总之,学生在表征问题时,必须进行问题的转译和整合。前面两部分所提供的例证说明,若学生不具有事实性知识、语言性知识或者图式性知识,则难以成功地解决问题。应该将那些帮助学生获得这些知识的教学活动视作数学教学中的关键环节。近来,在标准化数学测验中已出现了考查学生数学问题表征能力的题目,这无疑是令人欣慰的。

解题方案的计划与监控

什么是解题方案的计划与监控?

解答数学应用题的另一个成分是设计出解题计划并进行监控。例如在本章开头所介绍的地砖问题中,解题方案可能包括将问题分解为几个小问题:首先,以房间长×房间宽,计算出房间面积;其次,以地砖长×地砖宽,计算出地砖面积;第三,用房间面积除地砖面积,算出所需地砖的数目;第四,用地砖的数目乘以每块地砖的价格,算出总费用。我们从中可以看出,该解题方案包括四部分。而在解题过程中,你必须监控自己,知道自己正在进行哪一部分的活动。此外,必要时你还必须进行单位换算,比如,将米换算为厘米,或者将美元换算成美分等等。

设计出解题方案

当你面对一个以前从未见过的问题时,你是如何产生解题方案的?波利亚(Polya,1945)在其经典著作《如何解决它》(*How to solve it*)中给出了以下建议:"如果你无法解决眼前的问题,则试着先去解决与之有关的其他问题。你能否想出有关的问题?"(p. xvii)一旦学生找到了有关的某个问题,且该问题是以前曾解决过的,则继续进行以下思考活动:"能否用那种方法来解决该问题? 能否用其结果? 能否用其方法? 能否借助某些辅助手段来使用那种方法?"(p. xvii)最后,波利亚(1945)总结道:"以如下的提问作为开端通常是比较恰当的:你是否了解与之有关的问题?"(p.9)波利亚认为,"解决问题的主要标志就是构思出解决方案"。(p.8)设计解题方案的过程应该从"是否了解与之有关的问题"(p.9)的思考开始。

请考虑如何解决图5-9中的四棱台问题。已知正四棱台的底部(b)、顶部(a)以及高度(h)的值,求该四棱台的体积。假如你像波利亚几何课程班上的大部分学生一样,以前从未见过此类问题,你是否知道该如何解决这个问题? 几何课程班上的大部分学生知道如何应用下面的公式来计算正四棱台的体积:体积等于底部面积乘高之

要解决的问题
  求底部为正方形的正四棱台的体积F。已知四棱台的高为h,顶部正方形的边长为a,底部正方形的边长为b。

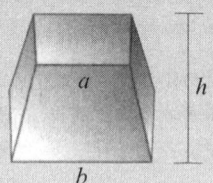

帮助你设计出解题方案的线索
  如果你不能解决四棱台问题,可试图发现是否有与此相关的问题。比如,是否知道如何求棱锥的体积? 如果你知道,则可得出:锥体体积等于底部面积乘高,然后除以3。

受有关问题启发而产生的顿悟
  用大锥体的体积减去小锥体的体积,得出四棱台的体积。

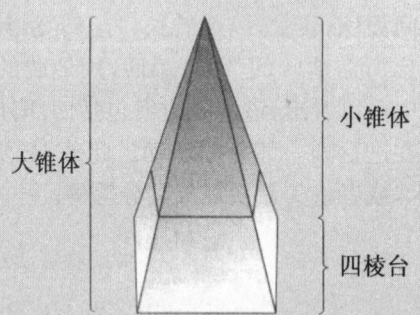

根据有关问题的解决步骤来形成眼前问题的解决方案
  大锥体的体积是$b^2(h+x)/3$,小锥体的体积是$a^2(x)/3$,其中b为大锥体底部的边长,a为小锥体的底部边长,x为小锥体的高度,$(h+x)$为大锥体的高度。

图5-9 四棱台问题

改编自 Polya(1945,1965)

后所得结果的三分之一。你能否应用这一相关问题来解决四棱台问题？假定将四棱台改换成图 5-9 中下面的形状。既然你知道如何应用公式来计算大四棱台（a 为其底部）以及小四棱台（b 为其底部）的体积，那么你就可以用大棱锥的体积减去小棱锥的体积而求得四棱台的体积。现在你的解题方案已经成型：求出大棱锥的体积；求出小棱锥的体积；用大棱锥的体积减去小棱锥的体积，得出四棱台的体积。

尽管波利亚的观点极具影响力，你或许仍心存疑虑：有无证据表明用于问题解决方案形成的启发式方法可通过教学而被学生掌握？舍恩菲尔德（Schoenfeld, 1979, 1985）的研究对此给予了回答。实验中训练学生应用问题解决的启发式方法，如寻找有关问题，重新陈述问题，将问题分解为子目标等。进行此类练习的学生，其正确率从前测的 20% 上升到后测的 65%，而没有接受启发式训练的控制组学生的前后测成绩没有差异，正确率均为 25%。尽管此研究的被试样本量比较小，但从其结果中仍能得到一些启示，即帮助人们改善其问题解决的设计方案是有可能的。

应用样例

波利亚基于自己的数学教学实践经验所给出的教学建议与当前类比迁移的认知理论是相吻合的。当学生面对从未见过的数学问题时，如何着手呢？创造性的解决方案从何而来？根据类比迁移理论，学生先回忆出另一个曾经解决过的问题（称为基问题），抽象出基问题的解法，再将该方法匹配到要解决的新问题（称为靶问题）上，由此解决靶问题。类比迁移过程包括三个阶段：

- **再认**（recognition）——学生识别出可解决的有关问题（基问题）
- **抽象**（abstraction）——学生从基问题中抽象出解法或原则
- **匹配**（mapping）——学生将该方法或原则用于靶问题的解决

就帮助学生获得基问题中的有用成分而言，数学教科书中常用的方式是提供样例（Mayer, Sims & Tajika, 1995）。以图 5-10 中上面部分的距离-速度-时间的样例问题为例，你认为学习该样例是否有助于学生解决与之对等的测验问题，如图 5-10 中下面部分的问题？

针对这一问题，里德等研究者（Reed, Dempster & Ettinger, 1985）进行了研究，他们要求学生在学完有关的样例问题或无关的样例问题后，去解决某些应用题。学习对等的有关样例问题的学生，在测验问题上的成绩很差（正确率为 25%），即使解决该测验问题可以运用他们刚学过的样例问题的解决方法。而且，学习无关样例问题的学生，其成绩也比较差（正确率为 18%）。

第五章 数　学

> **样例问题(要点)**
>
> 问题：
>   某辆车于上午 10:00 从某地出发,行驶速度为每小时 30 英里。另一辆车于上午 11:30 从同一地点出发,沿相同路线行驶,其速度为每小时 40 英里。几小时后第二辆车将追赶上第一辆车?
>
> 答案：
>   这属于距离-速度-时间类的问题,即距离(D)＝速度(R)×时间(T)。
>   由于两辆车行驶距离相同,则第一辆车的行驶距离(D_1)等于第二辆车的行驶距离(D_2)。因此,$D_1 = D_2$,或者 $R_1 \times T_1 = R_2 \times T_2$,其中 $R_1 = 30$ 英里/小时,$R_2 = 40$ 英里/小时,$T_1 = T_2 + 3/2$ 小时。可以用下述方式表达:
>
> $$30 \times (T_2 + 3/2) = 40 \times T_2$$
> $$30T_2 + 45 = 40T_2$$
> $$T_2 = 4.5 \text{ 小时}$$
>
> **你能否解决下面的问题?**
>   某辆车以每小时 30 英里的速度向南行驶。2 小时后,第二辆车从同一地点出发,沿相同路线行驶,其速度为每小时 45 英里。几小时后第二辆车将追赶上第一辆车?

图 5-11　样例问题(要点)及对等的测验问题

改编自 Reed, Dempster & Ettinger (1985)

为何学习对等样例的学生通常不能将其样例学习的经验迁移到新的对等问题上呢？障碍主要有两个：一是学生不能从样例问题中抽象出解法。为此,里德等(1985)对样例问题进行了扩展,增加了对每一解决步骤的言语解释。另一障碍是学生未能注意到样例问题与要解决的测验问题之间的关联性。为此,里德等研究者(1985)针对每一测验问题给出对等的样例问题,以便学生在解决测验问题时能够予以参照。接受这种训练的学生,其问题解决的成绩有显著提高(正确率为 69%),而没有接受该训练的学生成绩不佳(正确率为 17%)。

学生通常不知道如何在具体的样例问题(基问题)与新的测验问题(靶问题)之间建立联系。比如,你如何着手解决下述问题?

> 某食品商将每磅 1.65 美元的花生与每磅 2.10 美元的杏仁混合,每类果仁各需多少磅才能得到每磅 1.83 美元的混合果仁?

以里德(1987)的实验为例,大部分学生都不能解决该问题。现在请看图 5-11 中的护士问题的样例解法。你能否发现护士问题与食品商问题之间的联系？为了帮助你建立两个问题间的对应关系,请先在表 5-5 中填空。如果你与里德(1987)研究中的学生类似,那么,你将在学完护士问题的样例解法后,顺利解决食品商的问题。

某护士将6%的硼酸溶液与12%的硼酸溶液加以混合。若要得到浓度为8%、容量为4.5品脱的硼酸溶液,则两种溶液各需多少?

该问题为混合类型的问题,即把两个量的东西混合起来,以得到第三个量。前两个量分别为6%和12%浓度的溶液。

混合后的溶液总量必须等于各个成分合并后的总量。用硼酸浓度的百分数乘溶液总量,可得硼酸总量。如果我们要将 p 品脱的6%的硼酸与 $(4.5-p)$ 品脱(因总量为4.5品脱)的12%的硼酸相混合,则6%的溶液所需量应该是 $0.06 \times p$ 品脱,12%的溶液所需量应该是 $0.12 \times (4.5-p)$ 品脱。表中的前两行描述了这些信息。

溶液类型	溶液量(品脱)	硼酸浓度	硼酸量(品脱)
6%硼酸	p	6%	$0.06 \times p$
12%硼酸	$4.5-p$	12%	$0.12 \times (4.5-p)$
8%硼酸	4.5	8%	0.08×4.5

表中最后一行所表示的是:混合后的溶液量为4.5品脱、硼酸浓度为8%,或硼酸量为 0.08×4.5 品脱。既然混合后的硼酸总量等于各个成分合并后的硼酸总量,则可进行如下运算:

$$0.06 \times p + 0.12 \times (4.5-p) = 0.08 \times 4.5$$
$$0.06p + 0.54 - 0.12p = 0.36$$
$$0.06p = 0.18$$
$$p = 3$$

即需要3品脱的6%的硼酸,1.5品脱(4.5-3)的12%的硼酸。

图5-11 护士问题的样例解法

改编自 Reed(1987)

表5-5 你能否将护士问题与食品商问题匹配起来?

匹配测验:填写对应值及其表述	
护士问题	食品商问题
1. 6%硼酸	1. _____
2. 12%硼酸	2. _____
3. 8%硼酸	3. _____
4. (4.5-p)品脱	4. _____
5. 4.5品脱	5. _____
6. 4.5品脱×8%硼酸	6. _____

续表

匹配测验的正确答案	
护士问题	食品商问题
1. 6%的硼酸	1. 1.65美元
2. 12%的硼酸	2. 2.10美元
3. 8%的硼酸	3. 1.83美元
4. $(4.5-p)$品脱	4. $30-A$
5. 4.5品脱	5. 30
6. 4.5品脱×8%	6. 30×1.83美元

注：食品商问题的方程是：1.65美元×A+2.10美元×$(30-A)$=1.83美元×30，（A=花生重量）

改编自 Reed(1987)

为了更为深入地探讨成功与不成功的问题解决者是如何学习和使用教科书中样例问题的，奇及其同事(Chi, Bassok, Lewis, Reimann & Glaser, 1989)要求学生以出声思维的方式来学习物理课本中的三道样例题，然后考查学生如何解决相似的问题。样例问题包括如何计算由两根弹簧悬挂着的某物体重量。表5-6的上面部分是对测验成绩优秀的学生（即成功的问题解决者）的考查。在学习样例问题时，优秀者比那些测验成绩差者（即不成功的问题解决者）倾向于作出更多的陈述，比如进行自我说明，"嗯，这样可能是合理的，既然它们是由没有变形的弹簧连接着的"，监控其陈述，"我可以发现它们是如何起作用的"，或者进行解释，"好了，三个力作用于两根弹簧上"。表5-6的下面部分所示为成功者与不成功者解决测验问题时在使用样例方面的差异。不成功者倾向于重新阅读样例问题，似乎在寻找某种一般性的指导或帮助，而成功者倾向于探寻样例问题中的具体信息，比如，"我在看这个公式，想搞明白如何计算有一定角度的作用力"。这些研究发现都表明，当学生试图抽象出某种基本的规律或原则时，样例问题极为有用。

总之，对样例问题的研究所得结论一致表明，问题解决的迁移困难重重(Salomon & Perkins, 1989)。尤其值得关注的是，应该帮助学生学习如何从样例中抽象出解法，如何建立样例问题与新问题之间的联系。

表 5-6 成功的与不成功的问题解决者在研究和使用样例时的差别

学习样例时所做陈述的平均数		
	问题解决者的类型	
陈述类型	成功者	不成功者
解 释	15	3
监 控	20	7
重 述	16	7

解决问题时应用样例的平均数		
	问题解决者的类型	
应用类型	成功者	不成功者
复 读	0.6	4.2
探 询	1.0	0.3

改编自 Chi, Bassok, Lewis, Reimann & Glaser (1989)

对数学问题解决的态度

学生对问题解决的态度也可能影响其问题解决方案的形成。学生通常认为，解决数学问题就是应用机械的解题程序，这种观念对于解题方案的形成过程十分不利。舍恩菲尔德(1992)对此进行了描述："一般而言，学生都不指望着能理解数学，他们只是想记住公式，然后再去应用死记硬背学来的但并未理解的东西。"(p. 359)莱斯特等研究者(Lester, Garofalo & Kroll, 1989)发现，许多小学三年级的学生认为，所有的应用题都可以用题目中的关键词所隐含的运算方式来加以解决(比如，"总共"意味着使用加法，"余下"意味着减法，"平均"意味着除法)(p. 84)。由于具有这种观念，学生"不去用心监控自己的解题活动，不去评估答案的合理性，因为他们认为没必要这样做"。(Lester et al., p. 84)莱斯特等人(1989)认为，学生头脑中的这种观念之所以根深蒂固，是因为"学生所见到的大部分应用题都可以使用关键词方法来解决，屡试不爽"，而在许多情形中，"教师教授学生如何发现关键词"(p. 84)。

妨碍学生解题方案形成过程的另一种普遍的观念是"那些理解所学数学内容的学生将能够在 5 分钟甚至更短的时间内快速解题"(Schoenfeld, 1992, p. 359)。这种观点所导致的结果是：如果学生在几分钟内未能解决数学问题，则马上放弃。比如，舍恩菲尔德(1988)曾问及高中生解决某道常规的题目通常应该花多少时间，回答是约 2 分钟左右，当问及彻底放弃努力之前可用于解决数学问题的最长时间是多少时，回答为约 12 分钟左右。所有的数学问题都应该被快速解决，这种观念的形成与学生在数

第五章 数　　学

学课上的学习经历有关："在整个12年的数学学习中，学生解决了数不胜数的'问题'——而所有的这些问题都无需花费较长时间来解决。"（Schoenfeld, 1988, p. 159-160）就问题解决过程的监控而言，学生遇到困难时很容易终止解题活动，即使再坚持一下就有可能成功解决。

教学启示：教授如何形成解题方案

当学生面对一道新的应用题时，有时不知道如何着手去解决，尽管他们或许知道如何进行数学运算。请看下面的问题：

克里斯廷从互助信贷公司贷款850美元，贷款期为一年。如果贷款利率为12%，则她最后需要还款的总额为多少？

这是一道多步应用题，解决该题目需要两步：先用850美元乘0.12，得所需支付的利息额，然后再加上850美元，得到所需还款总额。尽管许多美国高中生受到多年的解题训练，但仍未能解决此类多步应用题（Dossey, Mullis, Lindquist & Chambers, 1988）。而这些学生几乎都可以解决基本的数学运算问题，如604－207＝_____。

学生不清楚如何去做，这实际上是策略性知识缺乏的一种反映，也说明了学生不能形成解题方案。全国数学成就测验表明，常规的应用题解题教学并未教给学生形成解题方案的技能（Dossey et al., 1988）。

如何帮助学生掌握适当的解题方案形成技能？范德比尔特大学的认知与技术小组开发了一套音像教程，以帮助学生学习如何形成解决数学问题的解题方案（Bransford et al., 1996; Cognition and Technology Group at Vanderbilt, 1992; Van Haneghan et al., 1992）。该套材料包括一系列的《贾斯帕·伍德巴里探险记》（*The Adventures of Jasper Woodbury*）音像片段，每一片段约15至20分钟。在每一片段中，主人公都需要解决一道数学难题，如，怎样规划旅程，怎样根据统计资料作出投资规划，如何有效地利用几何学等等。学生在课堂中先以小组方式合作解决问题，然后观看另一段影片，了解主人公是如何解决该问题的。

比如，在"布恩牧场营救"片段中，贾斯帕的朋友拉里教艾米丽如何驾驶超轻型飞机，让其了解有关信息，如飞机的有效载荷、燃料容量、耗油率、速度以及着陆性能等。接着，贾斯帕在旅馆中告诉艾米丽和拉里，他打算去布恩牧场，从地图中可以看到，在距离牧场18英里处有一泊车之处，其附近还有一个飞机起落跑道。但从泊车处到牧场只能步行。贾斯帕先行离开旅馆，驱车到达泊车处，然后抵达牧场。之后，艾米丽和拉里休息，而贾斯帕则在牧场发现了一只受伤的秃头鹰，并通过无线电将此消息通知艾米丽。在影片的最后，艾米丽在兽医站了解有关秃头鹰的事情，查看墙上悬挂的地图。从地图中可以看到，没有公路通往牧场。要解决的问题是：如何救助这只秃头鹰？

学生以小组合作的方式来考虑如何解决该问题,他们必须考虑到各种可能性和问题。比如,超轻型飞机到达救助地点所需飞行的距离远超过其正常飞行距离;超长距离飞行需要更多燃料,这将增加飞机的载重,由此又需要改换飞行员。尽管学生通常能够用30分钟左右的时间给出解决方案,但他们仍乐此不疲地探讨更优的解决方案。在解决问题的过程中,他们通常重新观看片子,寻找或获得有关信息。他们也去解决不同类型的问题。总之,对每一个片段,学生们大约要用一周的时间。

应用贾斯帕系列教程对学生形成解决方案的技能有帮助吗?为此,研究者进行了调查。10个班的五年级和六年级学生(贾斯帕训练组)用3到4周的时间学习3或4个贾斯帕探险片段,而另外10个匹配班(控制组)接受常规的应用题教学。为了测查学生的解决技能,所有学生在教学前后都接受了解决方案形成测验,图5-12是其中的一道题目。测验问题包括如何形成应用题的解题方案(问题1),如何将问题分解为子目标(问题2)。尽管两组学生在前测成绩上无差异(两组正确率约为20%),但贾斯帕训练组在后测成绩上远优于控制组(训练组正确率为40%,控制组为25%)。这一结果表明,使用贾斯帕教程明显改善了学生的解题方案形成技能,而常规教学则无助于该技能的形成。

吉尔的旅行问题

吉尔住在卡森市,她想驱车前往住在默里迭恩的朋友家。从下图中可以看出,吉尔可以从卡森市上路,到达约翰斯敦市,然后从约翰斯敦市到默里迭恩。她的车加满了汽油,准备上路。在卡森市、希摩市和默里迭恩市都有加油站,但在约翰斯敦没有加油站。吉尔打算上午8:00出发。

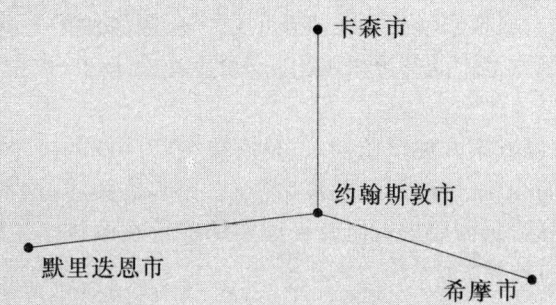

问题1:吉尔需要考虑哪些问题以便确定此行程需要多长时间?

问题2:请根据吉尔的行驶速度(每小时60英里),将从卡森市到默里迭恩市的行程分段。为什么这样分?

图5-12 你能否形成该问题的解决方案?

改编自 Cognition and Technology Group at Vanderbilt(1992)

为什么贾斯帕系列教程具有如此功效？该教程所依据的三条基本原则使其有别于常规的数学教程：

● **生成性学习**（generative learning）：当学生主动建构自己的知识而非被动接受教师给予的信息时，学习效果较好。

● **支架式教学**（anchored instruction）：当学习材料在有趣生动的情境中呈现出来而非孤立呈现问题时，学习效果较好。

● **合作性学习**（cooperative learning）：当学生在小组中交流如何解决问题而非独自学习时，学习效果较好。

贾斯帕教程的有效性取决于其所具有的多种特征，而非单一特征。该教程将生成性、支架式以及合作性的学习或教学方法集于一体。总之，正如一位评论者所指出的，贾斯帕系列教程"以视听计算机技术为手段，改变了教学结构，从传授式转变为真实情境中的主动问题解决"(Lehrer,1992,p.287)。尽管仍需要更多的研究来探讨该教程的有效性，但该教程的初期成效引发了其他更多教程的开发，新开发的教程皆以上述教学原则为依据。

该部分探讨了两方面的问题：帮助学生形成解题方案的启发式方法；阻碍学生形成解题方案的症结。启发式方法主要包括应用有关的问题，重述问题，以及将问题分解为子目标。问题症结主要包括难以发现有关问题，依赖于机械的解题步骤，以及不能坚持下去。该怎样提供必要的训练策略呢？对学生而言，重要的是能够意识到：成功地解决问题不只限于一种方法，发现某种解决问题的方法可以看作是一种创造性的活动。学生应该能够描述自己的解题方法，并与他人所用的方法相比较。研究者已经证明了一些用于问题解决的教学策略的有效性，如要求学生写下解题所需的运算步骤（或含有数字的句子），或要求学生列出多步问题中所需解决的一些子问题，或要求学生根据所完成的解题方案中的部分来得出初步的结论。图5-1中的第三部分即是多项选择题的样例。

总之，设计出解题方案并加以监控，这是解决数学问题的决定性因素。学生和教师都应该意识到他们应对过程（即解题策略）予以更多的关注，这不亚于对结果（即最终答案）的关注。当然，仍需要进行研究来证实那些旨在改进学生形成数学解题方案技能的各种建议的有效性。

解题方案的执行

什么是解题方案的执行？

一旦你理解了本章开头提出的地砖问题，并设计出了解题方案，则下一步要进行的就是执行解题方案。就地砖问题而言，你应该能够进行诸如 $7.2 \times 5.4 = \underline{}$ 或 $7.2 \times 432 = \underline{}$ 之类的算术运算。由此可以看出，解题方案的执行需要程序性知识

(即如何进行加减乘除运算的程序知识)。

　　计算步骤的习得是一个从单一程序逐渐递进到较复杂程序、从刻板应用到自动化熟练应用的过程。总之，随着儿童获得经验的增多，其计算程序变得越来越复杂和自动化，学生逐渐建立起计算程序的集合体，以用于各种不同计算问题的解决。

解题方案执行的有关研究

简单加法的知识专长发展

　　我们以儿童解决个位数加法问题所需的程序作为计算方面的知识专长发展的一个例子。个位数加法问题的形式是：

$$m+n=\underline{\quad}$$

m 及 n 都是个位数，而且 $m+n$ 的和是小于 10 的正整数。

　　富森(Fuson, 1982, 1992)认为计算方面的知识专长的发展需要经过四个主要阶段：全部计数，相接计数，导出事实以及已知事实。

● 全部计数(counting-all)是把计数的基点设定为 0，先逐个增加 m 次，再增加 n 次。以 $2+4=\underline{\quad}$ 为例，儿童可能先伸出一根手指，并说"1"；伸出另一根手指，说"2"；暂停片刻后，再伸出第三根手指，说"3"；伸出第四根手指，说"4"；伸出第五根手指，说"5"；伸出第六根手指，说"6"。

● 相接计数(counting-on)则是把计数基点设定为 m(或 n)，逐一增加至 n(或 m)次。仍以 $2+4=\underline{\quad}$ 这道题为例，儿童可能先伸出两根手指，然后再逐一伸出其他四根手指，并说"3，4，5，6"。相接计数的另一种方式是格朗和帕克曼(Groen & Parkman, 1972)称之为的"迷你模式"。这个模式的程序是把 m 或 n 中的较大数设定为计数基点，然后逐一增加较小数的次数。仍以 $2+4=\underline{\quad}$ 为例，儿童可能先伸出四根手指，然后加一根手指，说"5"，再加一根手指，说"6"。

● 导出事实(derived facts)是指利用所知的数的事实知识来找出有关问题的答案。例如，儿童首先学到的数的事实知识通常是成对数，如 $1+1, 2+2, 3+3$ 等。解答 $2+4=\underline{\quad}$ 这个问题时，学生可能会说："我从 4 中拿掉 1，给 2，变成 $3+3$，所以答案是 6。"在这个例子中，儿童知道 3 加 3 的和是 6，但是不能直接得出 $2+4$ 的答案。

● 已知事实(known facts)则是对每个数字事实都有现成的答案，因此有时也称之为提取。例如，教师利用抽认卡让学生反复操练，以使他们能对基本的数字作出快速的运算。当呈现 $2+4=\underline{\quad}$ 这个问题时，儿童会不假思索地回答"6"。

　　从上述渐进发展的进程中可以看出，儿童早期个位数加法程序的形成是以计数为基础的。儿童能够进行加法运算，这就好像是把他们已知的计数知识加以扩展而已。随着经验的不断增多，计数程序变得越来越有效率，比如，使用相接计数来代替全部计数。经验越多，某些事实性知识就越容易达到自动化，直至最后所有的事实性知识都达到自动化。

第五章 数 学

有什么证据可以证明儿童计算方面的知识专长发展分为四个阶段？研究儿童解题程序的一种方法就是仔细观察儿童在解加法问题时做些什么，尤其是听听他们说些什么，观察其手指的动作。另一种方法是测量他们解决加法问题所用的时间。图5-13对全部计数和相接计数（迷你模式）进行了简要概括，其中方格表示执行动作，菱

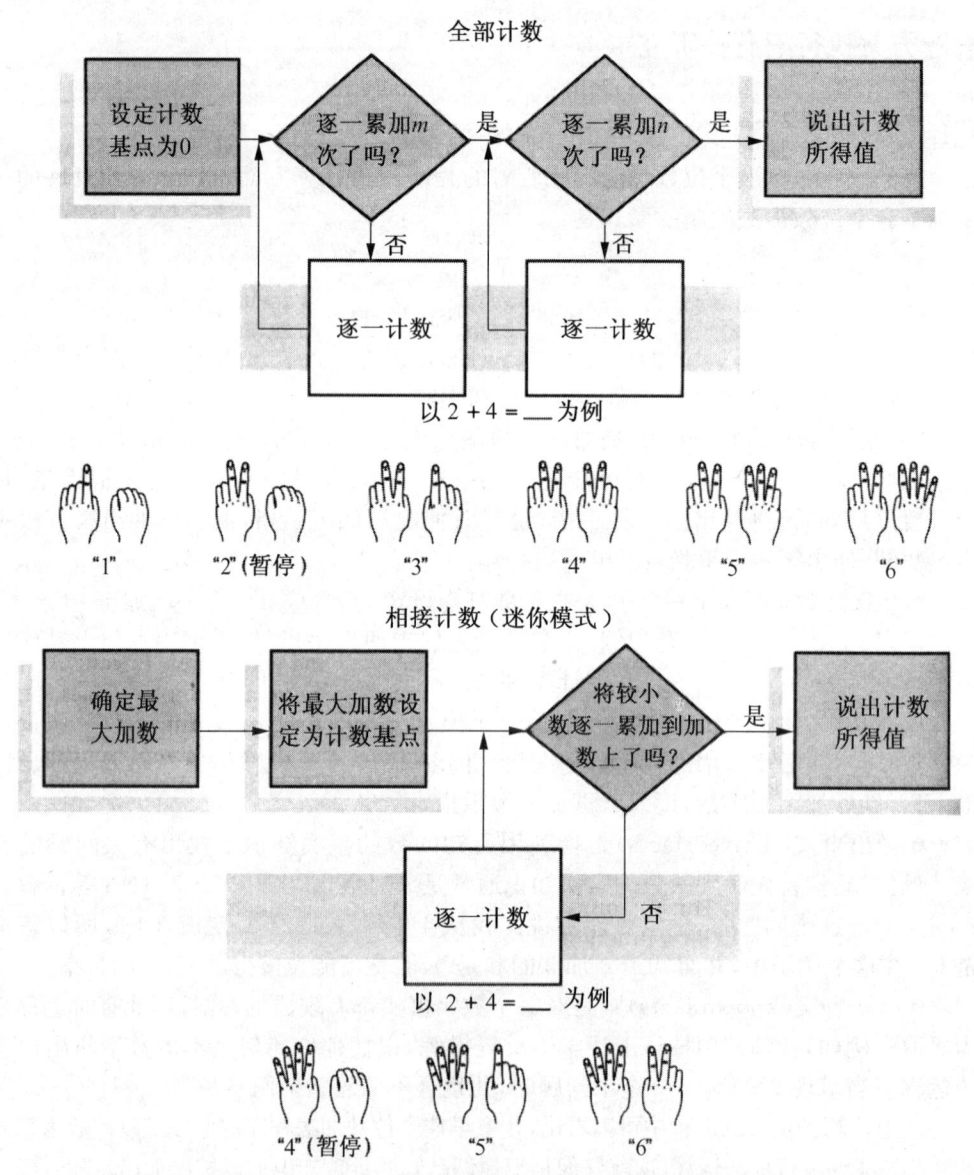

图5-13 简单加法的全部计数和相接计数程序

改编自 Mayer(1992)

形表示决策。就每一程序的反应时而言,我们可以作出如下预测:对于全部计数程序,反应时应该是 $m+n$ 之和的函数。以 $2+4=$____ 或 $4+2=$____ 为例,儿童必须逐一计数 6 次。对于相接计数程序的迷你模式而言,反应时应该是较小数(n 或 m)的函数。如 $4+2=$____,儿童需要依次相加 2 遍。对导出事实程序而言,对熟知问题的反应时应该是最快的,因此,当学生记住成对数字(如 $2+2=$____ 或 $3+3=$____)的答案时,就会产生最快的反应。对已知事实程序而言,对所有已知问题的反应时都是一样的,因为儿童只是从记忆库中"查询"答案而已。

为了考查儿童在开始接受正式教学时所用的计数程序,格朗和帕克曼(1972)要求一年级学生回答一系列个位数加法问题。从一年级学生的反应时来看,与相接计数中的迷你模式相符。图 5-14 给出了学生在不同问题上的反应时,以迷你模式来看,其增量(或被加数)分别是 0(如 $1+0=$____,$5+0=$____),1(如 $5+1=$____,$6+1=$____),2(如 $5+2=$____,$6+2=$____),3(如 $5+3=$____,$6+3=$____),4(如 $5+4=$____,$4+5=$____)。从图中可以看到,随着较小数的增量值每增加 1,反应时基本上要增加约 1/3 秒。因此,就大部分的问题解决而言,都是先将较大数的值设定为计数基点,然后再加较小数。然而,你也许注意到另一个现象:成对数的运算($0+0,1+1,2+2,3+$

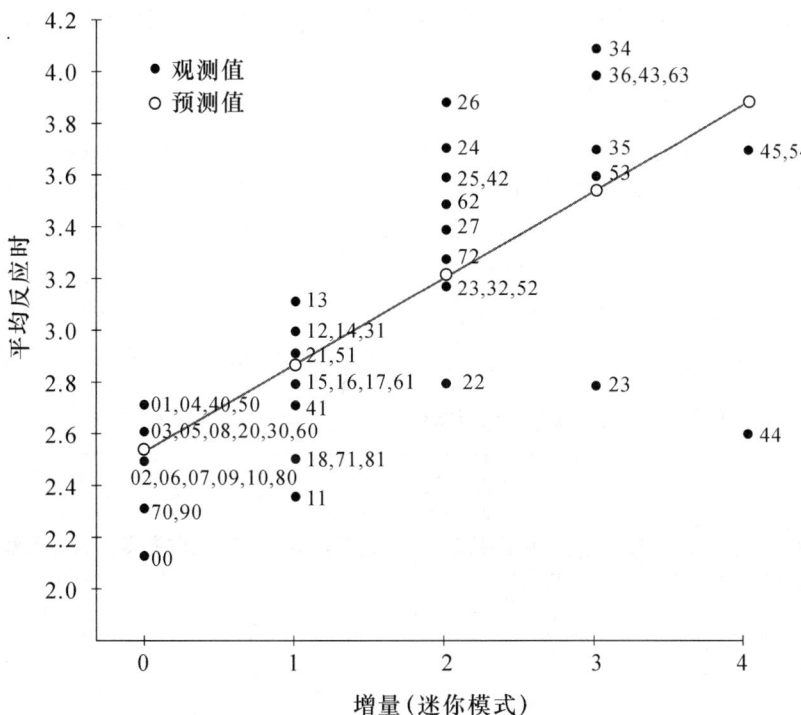

图 5-14 迷你模式中反应时随增量的变化而变化

摘自 Groen & Parkman(1972)

3,4+4)速度很快,不管其增量值为多少,这表明,成对数可能已成为儿童牢固记忆的知识(需要已知事实程序),而其他的问题则需要计数程序的参与。

帕克曼和格朗(Parkman & Groen,1971)也发现,迷你模式最适合解释成人的计数过程。但是,就反应时而言,增量每增加1个单位,成人的反应时就增加1/50秒,而一年级学生则增加1/3秒。既然人们不可能在1秒之内逐一累加50次,研究者对此给出了另一种解释:对几乎所有的此类问题而言,成人可以从记忆库中直接获取答案(即在大部分问题上,成人采用已知事实程序);但在小部分问题上,成人仍需采用计数程序。阿什克拉夫特和斯特兹克(Ashcraft & Stazyk,1981)在解释成人的加法活动时,认为成人必须从复杂的网络中"查询"出相应的答案。因此,成人似乎是使用已知事实的程序,而一年级的小学生似乎使用计数程序。

加法程序的选择

学生通过不断接触到的一系列数学问题,逐步获得更为有效的解决简单算术问题的程序。就儿童所具有的程序性知识而言,这些知识是否替代了早先的知识,或者是从极不成熟到极其成熟的不断增长的程序集合体?为了回答这个问题,西格勒(Siegler,1987)要求幼儿园、小学一年级和二年级的儿童解决45道加法题,如"如果你有8个橘子,我再给你7个,你总共有多少个?"或者"8加7是多少?"给出每一问题后,让儿童口头描述如何解决问题。

从儿童的回答来看,他们使用了五种程序:猜测(或不予回答)、全部计数、相接计数(迷你模式)、导出事实以及已知事实。表5-7列出了每一年级水平的儿童使用每一程序时所用时间的百分比。大部分儿童至少使用了三种程序,没有一个年龄段的儿童只使用一种程序。儿童是否准确地描述了他们所使用的程序?西格勒(1987)在研究中发现,当儿童描述所使用的是相接计数程序时,迷你模式能够很好地预测其解题时间;但当儿童描述所使用的是其他程序或策略时,迷你模式则不能够很好地预测。

表5-7 不同年级水平的儿童使用五种不同程序时所用时间的百分比

年级	加法程序				
	猜测	全部计数	相接计数	导出事实	已知事实
幼儿园	30%	22%	30%	2%	16%
一年级	8%	1%	38%	9%	44%
二年级	5%	0%	40%	11%	45%

改编自 Siegler(1987)

西格勒和詹金斯(Siegler & Jenkins,1989)对所得结果进行分析后认为："将这些结果以及其他各种数据汇总起来可以发现，儿童自称使用的策略也就是他们实际使用的策略，他们在解决那些问题时使用了所描述的相应策略。"(p.25)

总之，这些研究结果表明学生建构了一个加法程序库，针对不同的加法问题从中选择不同的程序。有趣的是，儿童使用已知事实程序(即提取程序)来解决简单的问题，而在解决较难的问题时，则借助于西格勒和詹金斯(1989)所说的"备份策略"(如导出事实策略、全部计数策略或相接计数策略)。在确定究竟使用全部计数还是相接计数(迷你模式)时，若相加的两数中有一个较小，如9+2，则学生更有可能使用相接计数(迷你模式)；若相加的两数的值比较接近，如5+6，则不一定使用相接计数。显然，这种决策是合理的，因为当某个加数比较小时，使用相接计数(迷你模式)是比较容易的。西格勒和詹金斯(1989)指出，儿童并不是将某个单一程序用于所有的加法问题，而是"以具有适应性的方式……从不同的……策略中加以选择"。(p.29)

复杂的计算程序

一旦儿童在执行简单程序(例如个位数加法或减法)时达到某种程度的自动化，则这些程序就成为更复杂的计算程序的组成部分。请看下面的三位数减法问题：

$$456-321=\underline{\qquad}$$

若要解决该问题，则需要具备$6-1=\underline{\qquad}$, $5-2=\underline{\qquad}$, $4-3=\underline{\qquad}$等个位数减法的能力。图5-15简要概括了三位数减法的程序，图中的方形表示动作执行过程，菱形表示决策，箭头表示执行方向。假定要解决的问题形式可表示为：TTT-BBB，其中T、B分别表示阿拉伯数字，运算从最右边开始。从图中可以看到，使用这些程序所需的技巧之一就是能够进行个位数减法运算。(如图中的步骤2C)

图5-15呈现了儿童应该具有的运算程序。然而，有些学生所掌握的程序是有缺陷的。比如，在进行三位数减法的运算过程中，学生使用的程序中可能会有些小错误(学生的计算过程中的某一步骤与图5-15所示的相应步骤不同)。尽管学生使用有误的程序(某个程序中有一处或多处错误)也可以答对某些问题，但在其他问题上则会受阻。

请看下面的问题：

564	722	821	954	349
−472	−519	−431	−233	−123
112	217	410	721	226

你可以看到，五道题中学生答对了两道。若要对学生的运算特征进行更为准确的描述，则可以说该学生所用的程序中出现了极为常见的错误，表现在步骤2a、2b、2c上：无论两个数中哪个在上或在下，该学生总是用其中的一个较大数减去较小数。布朗和伯顿(Brown & Burton,1978)指出，将学生解决问题过程中出现的问题罗列出

第五章 数　　学

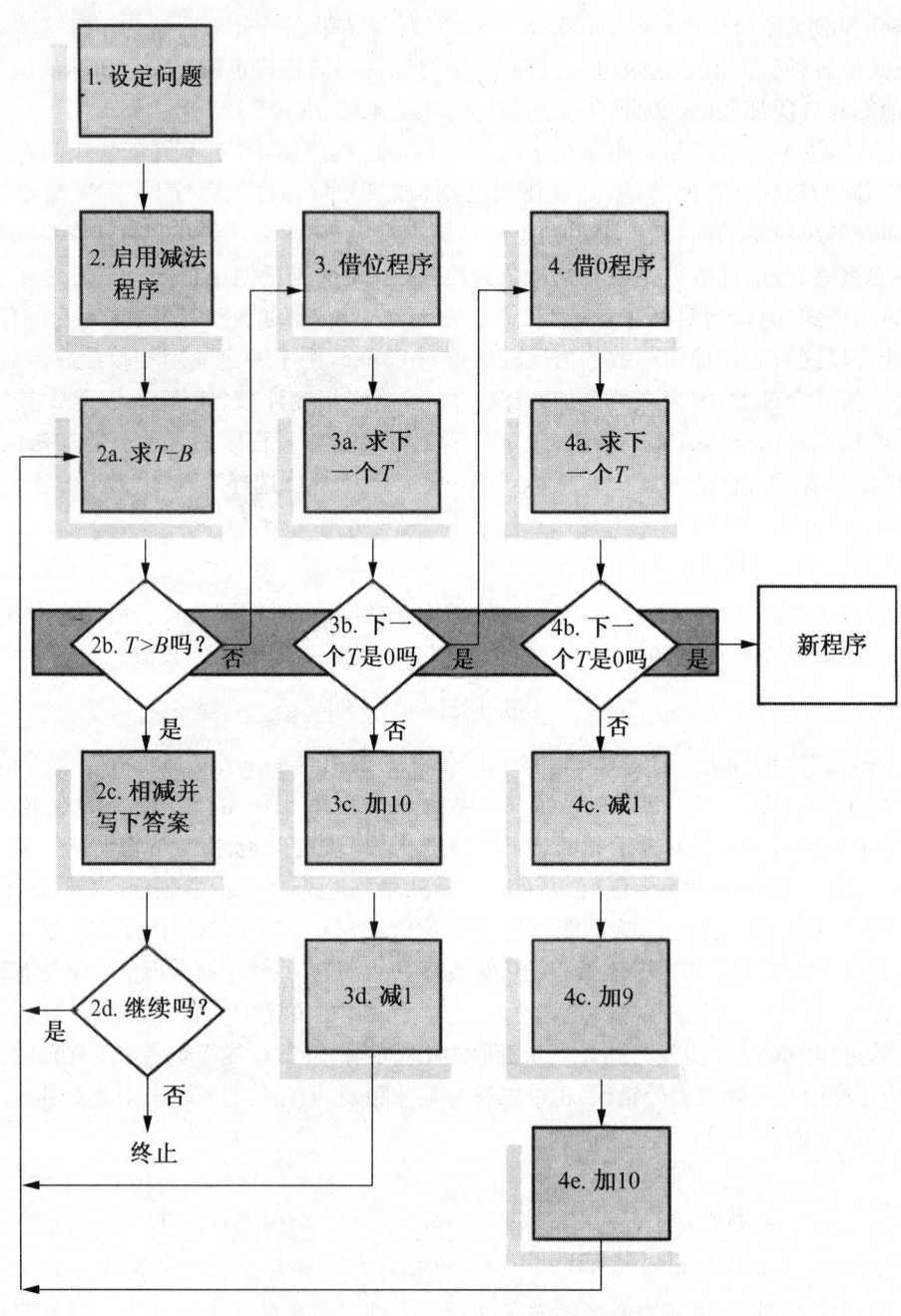

图 5-15　三位数减法程序

摘自 Mayer(1981a)

来,则可以对学生所具有的减法程序的知识加以描述。上述例子是学生常犯的错误,研究者称之为"大数减小数"错误。

布朗和伯顿(1978)认为,在减法运算中出现错误,是因为学生始终使用一个有误的程序,而不是学生不会运用程序。为了证明这一观点,研究者让 1 325 名小学生做 15 道减法题。研究者开发出一套称为"BUGGY"的计算机程序,以分析每个学生所使用的减法程序。如果学生的答案均正确,则 BUGGY 将认为学生使用了正确程序(如图 5-15 所示)。若运算出现错误,则 BUGGY 会试图找出其错误的根源。如果错误不止一处,BUGGY 将会综合考虑多种错误及其所有可能的错误组合,并解释错误的原因。表 5-8 所示为学生常犯的错误形式,例如,1 325 名学生中,有 54 名出现了大数减小数的错误。

表 5-8 减法中的某些错误

		1 325 名学生中	
发生次数	错误	例子	说明
57	借 0	103 − 45 158	从前位借 0 后,学生写下 9,但没有继续向左边的前位借数。
54	大数减小数	253 −118 145	学生只管用较大数减较小数,而不考虑数字的上下关系
10	0−N=N	140 − 21 121	只要该列上面的数字是 0,学生就将下面的数字作为答案。
34	0−N=N 或大于 0	304 − 75 279	只要该列上面的数字是 0,学生就将下面的数字作为答案。当需要从前位为 0 的列借数时,就跳过该列,直接向前一列借数。

改编自 Brown & Burton(1978)

虽然 BUGGY 程序能够找出数百种可能的错误或错误组合,但也只是诊断出了学生所犯减法错误的一半左右。有些学生的错误是随机性的,并非始终都表现出某一类错误。或者测验也是学生学习的一种方式。但总的来说,布朗等人(1978)的研究使得我们能够较为准确地描述学生的程序性知识,即使这些知识是有缺陷的。

第五章 数　　学

教学启示：教授如何执行解题方案

你如何帮助学生建构有效的程序性知识基础？100余年来，操练始终是教授算术运算技能的主导性教学方法。操练的主要形式就是给学生简单的数学问题，然后让学生作出回答，如"2+4是多少？"如果学生回答正确，则可获得积极反馈，如教师说"很好"。如果学生回答错误，则得到负向反馈，如教师说"错误"。使用抽认卡时，卡的一面呈现问题，卡的另一面则是答案，这就是操练；坐在计算机前，屏幕上呈现有关问题及其对回答的相应反馈，这也是操练；当你回答教科书中的一系列问题，然后核对答案时，这也是一种操练式的学习。

尽管操练法在教授程序性知识方面是一种有效的方法，但不是惟一可用的方法。该方法可能具有的一个问题是：学习如何加、减等方面的程序性知识有可能脱离了概念性知识的学习，如某个数的意义是什么，这就使得数学变成了只是机械的运算步骤。

凯斯及其同事（Case & Okamoto, 1996; Griffin, Case & Capodilupo, 1995; Griffin, Case & Siegler, 1994）指出，儿童在学习基本的算术运算程序时，必须紧密结合核心的概念性知识。对于算术运算程序的学习而言，最重要的概念性知识是心理数字线（mental number line）。凯斯及其同事编制了一份测验以考查学生心理数字线方面的知识与能力，比如，对两个数字的大小进行比较、将心理数字线直观化、计数、具体而明确地表述数的值等。研究者对不同的社会经济地位（SES）家庭中的6岁儿童进行测查，发现低SES的家庭中，仅有32％的儿童具有心理数字线的知识，而高SES的家庭中，有67％的儿童具有心理数字线知识。更为重要的是，25％的低SES家庭的儿童和71％的高SES家庭的儿童能够解决简单的加法问题，如2+4=＿＿＿。

为什么有些学生难以解决简单的加法问题？凯斯等研究者认为，其症结在于缺乏心理数字线的表征。若这一观点是正确的，那么，教学的作用就显而易见：在学生学习算术运算程序之前，先教授学生学习如何建构和使用心理数字线。一项称之为"良好开端"的数学预备教程即是如此进行的（Griffin & Case, 1996; Griffin et al., 1994, 1995）。该教程每次进行半小时，共40次。学生在一系列的游戏活动中使用数字线，比如，在一个游戏中，两名学生依次掷骰子，然后必须作出判断，谁掷出骰子的数字比较大。拥有较大数字的学生将标有该数字的筹码置放在游戏板中数字线上的相应位置，依次累计，先到达数字线终点的学生为胜。这一游戏有助于学生掌握某些基本技能，如比较两个数值的大小，利用数字线进行正着数数或倒着数数，计数时将数字与实物进行一一匹配等等。

数字线训练能否帮助学生掌握算术程序？为此研究者（Griffin & Case, 1996; Griffin et al., 1994, 1995）将低SES家庭的小学一年级儿童分成两组：实验组儿童接受良好开端教程的训练，控制组接受常规的数学教学。其研究结果有以下几点：第一，有确凿证据表明，数字线训练有助于学生建立数字线的概念性知识。在数字线知识后测中,实验组中87%的学生表现出解决数字线任务所需的技能,如确定两个数的大小,而控制组中只有25%的学生能够如此。第二,有证据表明,数字线训练有助于学生学习算术程序。在简单加法后测中,实验组中有82%的学生能够正确解答,而控制组中只有33%的学生能够正确解答。第三,在学校的数学学习中,实验组学生比控制组学生表现得更为成功。80%的实验组学生能够掌握一年级的简单加法和减法单元的知识,而控制组只有41%的学生能够如此。格里芬和凯斯(Griffin & Case, 1996)指出,"在来自北美的低收入家庭的儿童中,未能掌握一年级数学学习所需的核心概念性知识的人数比例是如此令人震惊,在本研究中,人数比例至少达到50%",因此,"这类学生最初的加法和减法的学习可能就是一个毫无意义的活动"。(p.102)但研究者也认为,通过使用适当的教学方案来帮助学生完善其概念性知识,这一问题有望得以解决。

布鲁厄(Bruer,1993)在对良好开端教程的效果进行评价时,强调将概念性知识与程序性知识加以联系的重要性:

> 缺乏(对心理数字线的)理解,(学生)所具有的基本数学技能尚停留在纸上谈兵的水平上,而不是真正的推理技能。如果学生不理解数概念与数结构如何证实这些技能的有效性并支持其实施,则他们也只能将数学理解为一套人为的程序或步骤而已。算术为什么能够起作用,这对他们而言简直就是难解之谜……若要使得数学学习成为有意义的活动,在教学中应该将概念性知识和程序性技能联系起来。(p.90)

数字线训练颇有说服力地证明了帮助学生建立算术运算程序与数概念之间联系的重要作用。

在改善计算程序的训练方面,你将如何做呢?这个问题早在教育心理学发展初期,桑代克(1925)就强调反馈练习的重要性,这在图5-1的最后部分也有事例证明。因此,若要获得解决计算问题的技能,学生必须实际练习解决计算问题。此外,学生需要接受有关对错的反馈。这一建议广为教育心理学界所认同,并有大量研究证据的支持。然而,最近越来越多的研究显示:学生通过利用其先前习得的程序以及数概念知识来掌握新的程序,比如,雷斯尼克(Resnick,1982)认为,通过将计算活动具体化这种方式,可将程序性知识与学习者的概念性知识相结合。

总结

让我们最后一次回到本章开头所讨论的地砖问题。若要解决该问题,需要具备几种知识:问题转译所需的语言性知识与事实性知识,问题整合所需的图式性知识,解题方案的计划及监控所需的策略性知识,以及解题方案的执行所需的程序性知识。

对数学教科书与数学成就测验进行分析可以发现,学校课程十分重视程序性知识(Mayer,Sims & Tajika,1995)。例如,学校常要求学生反复操练运算程序。在本章,我们将这类教学归到解题方案的执行部分。但是,系统地教授学生如何转译问题、如何有意义地表征问题以及如何提出解题方案,这些内容在常规教学中却并不多见。

问题转译指将每一个陈述句转化为内在表征,如对句子进行重述,画出图表等。学生在理解简单句子方面有一定困难,尤其当涉及变量之间的关系时,难度更大。学生也常常缺乏问题解决中所需的某种特定知识(例如,正方形的四边相等)。因此,训练学生表征问题中的每一个句子是十分重要的,然而目前的数学教学往往忽略了这一要素。

问题整合是将题目中的各种信息放在一起,使之形成连贯一致的表征。学生在解决不熟悉的问题时通常有一定的困难,这是因为他们缺乏适当的图式。帮助学生辨别不同问题类型之间的差异,这有助于学生掌握图式性知识。

形成解题方案并加以监控,这包括设计出解决问题的方法,并加以评估。学生似乎难以描述他们所使用的解题程序,比如,难以明确解释多步问题中的子问题。此外,学生经常持无益有害的态度,如认为一个问题只有一种正确的解决方法。因此,有必要进行策略训练,以帮助学生既关注问题解决的结果,又关注问题解决的过程。

上述三种训练再加上第四个要素——解法训练,就形成了较为完整的数学教学。若要使学生成为有效的问题解决者,这四个要素缺一不可。

尽管本章仅重点论述一类数学问题,但其中的许多观点同样适用于其他类型的数学问题。之所以选择地砖问题加以讨论,是因为它能够代表数学课程中典型的应用题类型。本章所讨论的主要议题是:学习数学不只是为了得到正确答案而已(即不只是学习数学事实和计算程序)。本章以多种事例说明语言性知识、事实性知识、图式性知识、策略性知识以及程序性知识在数学学习中的重要作用。

推荐读物

Bruer J. T. (1993) *Schools for thought*. Cambridge, MA: MIT Press

Campbell J. I. D. (Ed.)(1992) *The nature and origins of mathematical skills*. Amsterdam: North-Holland.

Grouws D. A. (Ed.) (1992) *Handbook of research on mathematics teaching and learning*. NY: Macmillan.

本章提要

- 直觉物理问题
- 识别异常现象：摒弃错误概念
- 启动概念转变：建构新概念
- 形成科学推理：应用新概念
- 建构科学专长知识：学习建构和使用科学知识
- 总结

依据科学教育中概念转变的研究，科学教育包括帮助学习者改变他们已有的概念，而不只是增加记忆中的信息量。学习一个新的科学原理的认知过程究竟包括哪些？在本章中，我们将探讨科学学习的四个认知过程：识别现有概念不足以解释的现象，形成新的概念以更好地解释所观察到的现象，应用这些新概念来解决新的科学问题，形成科学推理的专长。此外，本章还探讨了促进这些认知过程的教学方法。

直觉物理问题

图6-1展示了一个金属弯管的俯视图。将一个金属球放在箭头所指的弯管一端，然后以高速射出小球，小球将穿过整个金属管，从另一端飞出。请你用铅笔画出小球离开金属管之后的运动路径（你可以忽略空气阻力的作用）。

请观察下面所示的金属弯管。假如将金属球放在箭头所指的一端，然后射出小球，使其以高速穿过金属管。请你画出小球离开金属管之后的运动路径。

图6-1 小球将如何运动？

改编自 McCloskey et al. (1980)

第六章 科 学

麦克洛斯基、卡拉马扎和格林（McCloskey，Caramazza & Green，1980）所做的一项研究中使用了类似的指导语和图表。他们发现大学生对这个问题往往给出两种答案：一些学生画出如图6-2中左图所示的曲线，而另一些学生画出如图6-2中右图所示的直线。你的答案是其中的哪一种呢？

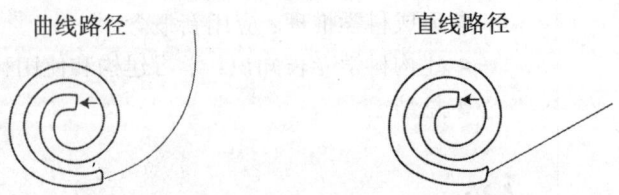

图6-2 这个问题的两种可能的答案

改编自 McCloskey et al. (1980)

现在请考虑图6-3中列出的两种解释。第一种解释认为，小球在穿过金属弯管时，得到一个"力"或者"动量"，这个力会使小球在飞出弯管后的一段时间内仍然保持其曲线路径。相反，第二种解释认为，小球仍然以相同速度进行直线运动，直到有外力作用于小球。请选择与你的运动观最为相近的解释。

如果你画的是曲线，像图6-2中左图所示，那么你的答案与麦克劳斯基等人（1980）的研究中大部分大学生所给的答案一致。如果你选择了图6-3中的第一种解释，那你就和学了一年高中物理和一年大学物理的学生观点一致。但是，这个答案是不正确的，而且它似乎是依据中世纪的运动观，即所谓的"动力理论"——这一理论认为，当物体要进入运动状态时，它需要一个动力或冲力使其运动，至少在这个力消失之前，物体会保持运动。例如，这种观点在14世纪伯里旦（Buridan）的著述中非常普遍（引自 McCloskey，Caramazza & Green，1980）。相反，图6-2中右图所示的直线路径以及图6-3中列出的第二种解释为正确答案，它们是以牛顿说的运动观为基础的。牛顿说的观点是：运动中的物体会一直保持原有的运动状态，直至受到外力作用。

> **学生A**
> "当小球绕着这儿（穿过管内）运动时获得了动量，那么，推动它运动的动力给了它一个角动量，所以当它运动到这儿时（金属管的出口），它仍然具有一部分动量，但是，随着推动力的消失，它也将失去动量。"
>
> **学生B**
> "小球离开这里（金属管的末端）时，仍然沿着直线方向运动。它会一直这样运动下去，直到受到外力的作用。如果没有外力作用于它，它将继续运动下去。"

图6-3 弯管问题的两种可能解释

改编自 McCloskey et al. (1980)

引用这个例子的目的并非要证明人们不懂物理,而是想说明学生在学习和思考物理问题或其他任何科学问题时,都离不开头脑中已经存在的某些概念。这个实例对教育的启示是:教学过程中应该考虑这样一个事实,即学生在学习科学之前,已经具备了有关的直觉认识或者概念。因此,教学并非为学生提供全新的、有关某一主题的知识,而是应该从学习者已有的"直觉物理"(或"直觉科学")出发,设法改变这些概念,或在这些概念的基础上重新建立新的概念。

概念转变理论

有关科学教育的研究使得人们的学习观从传统观点转向了概念-转变观点(Carey,1986;Posner,Strike,Hewson & Gertzog,1982;Strike & Posner,1985,1992)。传统的观点认为,学习包括将越来越多的事实添加到记忆中。相反,概念-转变观点认为,当新的心理模型取代了已有的心理模型(或朴素概念)时,学习就发生了。根据概念-转变理论(conceptual-change theory),学习包括三个步骤:

- **识别异常情况**:注意到你目前的心理模型不足以解释所观察到的事实,也就是说,认识到你具有一些错误概念,必须予以摒弃。
- **建构新模型**:发现一个能够解释所观察事实的更为合理的心理模型,也就是说,用一个新的心理模型来取代旧的心理模型。
- **使用新模型**:当你遇到一个新的问题时,使用新模型来找寻解决方案,也就是说,能够运作新的心理模型。

显而易见,心理模型是概念-转变理论的核心。心理模型是一种认知表征,它表征的是一个系统中的各个关键部分,也表征了某部分的状态变化与另一部分的状态变化之间的因果联系(Gentner & Stevens,1983;Halsford,1993;Mayer,1992)。例如,你正在使用一个心理模型,尽管该模型不足为信:你将力看成是一种可以使物体保持运动的恒定推力。如果你发现这一模型不能正确预测某一问题的答案,那么你就需要寻找一个新的心理模型,如力只能使物体的运动速度发生一定量的变化。

本章将从四个方面来探讨学生如何学习科学:首先,学生必须克服与科学知识相冲突的错误概念,也就是说,他们需要摒弃已有的心理模型。第二,学生必须用新概念取代错误概念;也就是说,他们必须找到新的心理模型。第三,学生必须建立起科学的思维技能;也就是说,他们需要使用新的心理模型。第四,学生必须获得学科内容知识,以便从新手变成专家。

识别异常现象:摒弃错误概念

理论:描述性知识和解释性知识

科学史学家将科学的目标分成两种——描述和解释(Bronowski,1978;Kearney,1971;Westfall,1977)。依据传统的观点,科学的目标就是描述自然界,包括对变量之间关系的描述。变量间的关系被看作是定律,例如力(F) = 质量(m) × 加速度(a)。与之相应,科学教育的目标就是帮助学生学习有关自然界万事万物的事实。为了达到这一目标,科学类的书籍和百科全书的厚度不断增加。

相反,依据概念-转变的观点,科学的目标不仅仅是描述,而且要解释自然界的万物,包括各种规律的内在机制。例如,若要理解牛顿运动定律,人们的运动观必须转变,即物体的本质属性不是静止,而是以恒定的速度进行运动。麦克洛斯基等人(1980)的研究表明,学生会带着某些已有的科学概念(或错误的科学概念)进入学习情境,所以科学教育的第一步应该帮助学生认识到已有概念的不足之处。

波斯纳等研究者(Posner et al.,1982)的概念转变理论认为,发现异常情况是科学学习的第一步。

> 学生必须意识到已有概念的不足。除非学生认识到不进行实质性的改变只会无助于问题的解决,否则他们不可能改变其已有的概念……学习者还必须遇到许多异常的情况,并且对现有概念在解决问题过程中的作用有所质疑。(p. 214)

有意义学习的第一步就是识别出已有的概念不能很好地解释有关的现象。

在这一部分中,我们将遵从科学教育的第二种观点,即强调学习如何解释,而不只是学习如何描述。我们将会重点介绍物理中的错误概念的例子以及从中得出的教育启示。

对学生的物理学错误概念的研究

悬崖问题

假定一个奔跑的卡通人物从悬崖上跌落进山谷里,如图6-4所示。那么请你画出这个卡通人物的跌落路径。图6-5中显示了四种可能的答案:

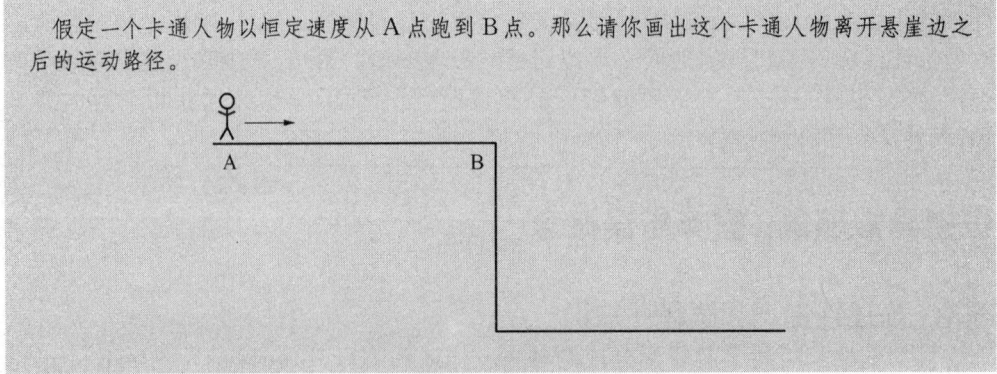

图6-4 运动物体跌落悬崖之后将如何运动?

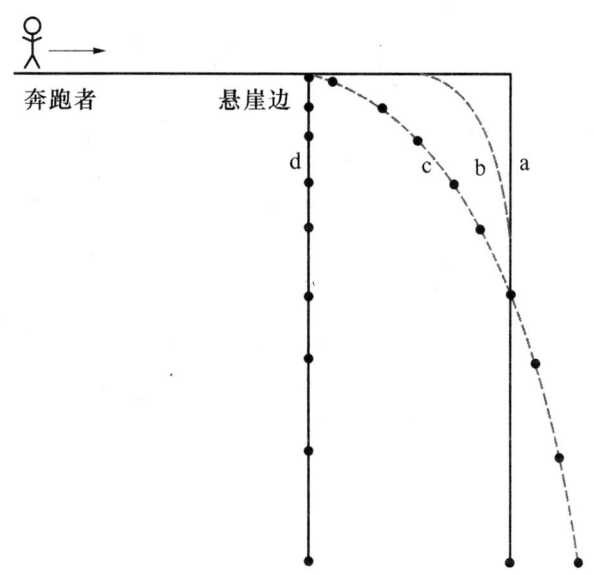

图 6-5 下落物体的四种路径

改编自 McCloskey(1983)

a. 它将会在水平方向继续运动一段距离,然后垂直下落。
b. 它将会在水平方向继续运动一段距离,然后逐渐地弧形下落。
c. 它将会立即弧形下落,其水平速度保持恒定,而向下为加速度。
d. 它一离开悬崖边就马上直线下降。

你的答案与哪一种相同?

当要求高中生和大学生回答类似的问题时,5%的学生选择了第一个答案(他们都是卡通片《必必鸟》的忠实观众),35%选择了第二个答案,28%选择了第三个答案,32%选择了第四个答案(McCloskey,1983)。

正确的答案是第三个——物体在水平方向将会以恒定速度运动,因为没有外力改变它的水平运动速度;而在垂直方向将会有一个加速度,因为物体受到了重力的作用。这个答案是依据现代牛顿运动定律得出的——如果物体没有受到外力作用,那么它将会一直保持原有的运动状态。

答案一和答案二中所隐含的观念与中世纪的观点相似,即运动的物体需要内在的动量或"动力"使之保持运动状态,直至该动量消失。一个学生这样描述说,"作用于物体的力消失之后,一定有什么东西支撑着物体向前,我们可以称之为运动力,正是这个运动力使得卡通人物的身体保持运动"(McCloskey,1983,p.125)。看来这个学生相信运动的物体需要某种推动力使它保持运动。学生们似乎也相信,当动量消失的时候,物体将会降落:"我知道摩擦力和空气阻力与物体运动方向相反,它们会影响到物体的速度,但是我不知道如何影响。它们是否吸收物体内部的力……"(McCloskey, 1983,p.126)。从这些描述中可以看出,学生所持有的观点与中世纪的动力理论相符,即运动的物体依靠其内在的力来保持运动,当内在的力消失时,物体的运动将会受到影响。从直觉来看,这种观点颇为合理,但是它与现代牛顿学说不一致,牛顿定律认为,物体无需任何力来维持其恒定的运动速度(或静止状态)。相反,若要改变物体的运动速度(或静止状态),则需要有外力的作用。

球体问题

学生有关运动学的错误概念的另一实例就是球体问题。请看图6-6中的问题:如果你手持重球以恒定的速度向前跑,并在奔跑的过程中将重球抛落,重球将会落在什么地方?从图6-7中选择重球的运动路径。

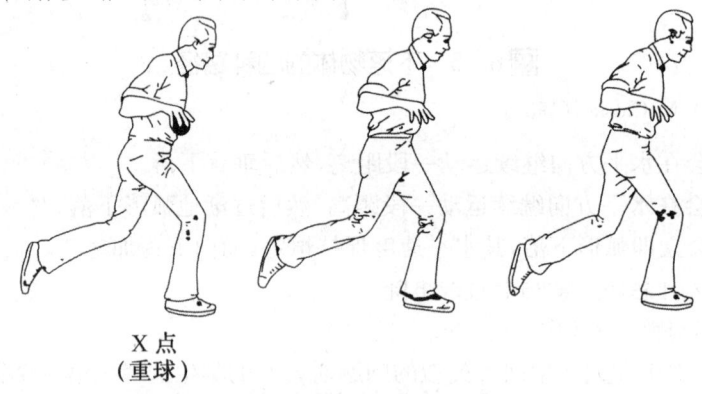

图6-6 重球将落在何处?

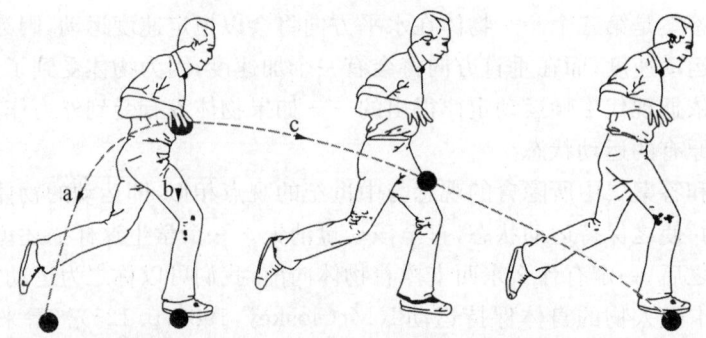

图6-7 下落重球的三种可能路径

改编自 McCloskey(1983)

像前面悬崖问题一样,最普遍的答案与动力理论一致——49%的学生认为重球将会垂直下落。6%的学生认为重球在下降过程中将会向后运动,只有45%的学生的答案符合牛顿运动定律,即重球在下降过程中将会向前运动。实际上,重球会继续向前运动,速度与跑步者一样,同时重球也向下做加速运动。凯泽、普洛菲特和麦克罗斯基(Kaiser, Proffitt & McCloskey, 1985)采用类似的任务进行研究,结果发现小学儿童远比成人更容易出错。

你也许想知道进行物理学的训练能否帮助学习者减少有关运动的错误概念。为了解释这个问题,麦克劳斯基(1983)将重球问题进行了修订,然后呈现给没学过物理的大学生和至少学习过一门物理课程的大学生。在这项研究中,80%未受过训练的学生认为重球将会竖直下落,而只有27%的受过物理训练的学生这样认为;此外,13%的未受过训练的学生认为球体在下降的过程中将会继续向前运动,而73%的受过物理训练的学生都这样回答。从该结果中可以看出,尽管物理训练具有积极作用,但是,仍然有四分之一以上的受过训练的学生持有与牛顿定律相矛盾的运动观。此外,麦克劳斯基(1983)指出,学生所具有的某些观念根深蒂固,不易通过一般的教学加以改变。例如,要使物体运动,就需要有推动力。在接受物理教学之前,93%的学生持有这种观点,而在教学之后,仍然有80%的学生这样认为。

硬币问题

克莱门特(Clement, 1982)给出另一实例来证明学生所具有的先前概念:"运动蕴含着某种力。"例如,给一组大学工科的学生呈现如图6-8所示的硬币问题,这些学生大部分都在高中学过物理课程。

将一枚硬币从A点向上直抛,然后在E点将其接住。请在图的左侧用箭头表示硬币在B点的受力情况。可以用较长的箭头表示较大的力。

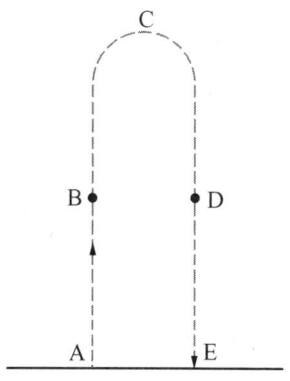

图6-8 硬币问题

第六章 科 学

图 6-9 中的左图表示正确的答案,右图为最为典型的错误答案。绝大多数学生(88%)给出了错误的答案,因为他们认为:如果物体要向上运动,必须有某种力作用于它。学生的一种典型解释如下:

> 有一种力使其向上,还有一种重力推动它向下,并且重力稍微小些。因为硬币仍然是在向上运动,直至到达 C 点(图中 B 点向上的箭头表示"上抛力",向下的较短的箭头表示"重力")。物体越往上,箭头所代表的力越小,因为重力不停地向下拉物体。(Clement,1982,p.68)

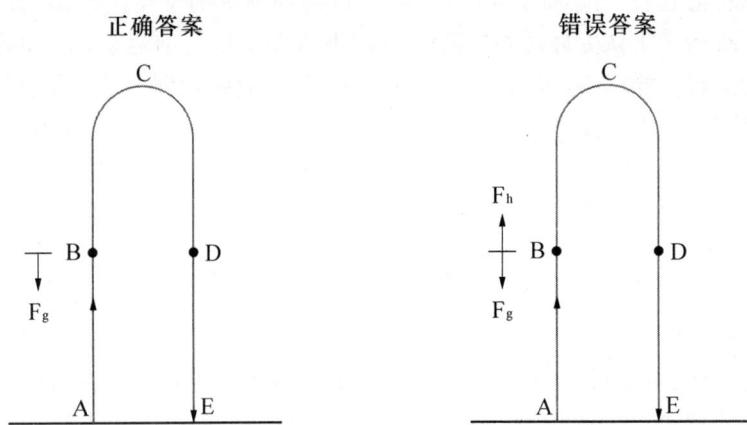

图 6-9 硬币问题的两种答案

改编自 Clement(1982)

火箭问题

克莱门特(1982)研究中所使用的另一个问题如图 6-10 所示。图 6-11 中的左图是依据牛顿定律得出的正确答案;右图是最普遍的错误答案。像硬币问题一样,绝大部分学生的答案是错误的。显然,学生是带着"运动蕴含着某种力"这种已有概念进入大学的,这一错误概念可概括为:如果一个物体正在运动,那么必然有一个力作用于它;运动速度或者方向的改变是因为这个力变大或变小。

大学里的力学课程能否影响学生的运动概念?表 6-1 给出了学生在学习力学课程前后回答硬币问题和火箭问题的正确率。力学课程的学习使得正确回答的人数增加了一倍,但是,错误率仍高达 75% 以上。因此,长期以来形成的已有概念难以通过教学来改变。

火箭从A点向B点进行侧向运动。火箭的发动机在B点开启2秒钟,火箭就运动到C点。画出火箭的运动路径。

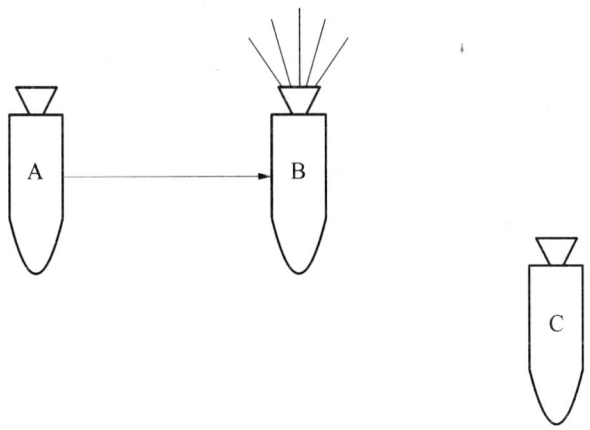

图6-10 火箭会沿着什么样的路径运动?

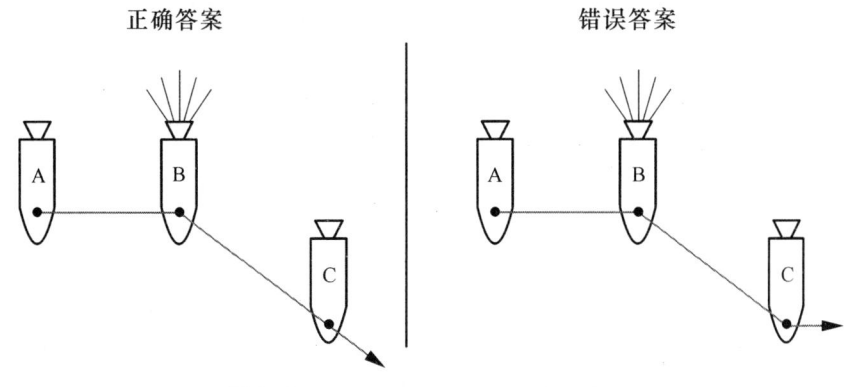

图6-11 火箭问题的两种答案

改编自 Clement(1982)

表6-1 教学前后的正确的运动概念

	硬币问题的正确率	火箭问题的正确率
教学之前	12%	11%
教学之后	28%	23%

改编自 Clement(1982)

其他的错误概念

学生在理解其他科学概念时也表现出类似的错误概念,比如重力(Gunstone & White,1981)、加速度(Trowbridge & McDermott,1981)、密度(Novick & Nussbaum,1978,1981)、生命和无生命(Carey,1985;Tamir,Gal-Choppin & Nussinovitz,1981)、化学平衡(Wheeler & Kass,1978)、热能(Erickson,1979)以及作为宇宙天体的地球等(Nussbaum,1979;Vosniadou & Brewer,1992)。例如,努斯鲍姆(Nussbaum,1979)发现,儿童有关地球作为宇宙天体的概念有一个发展的进程。四年级儿童认为地球是扁平的,"下方"指向宇宙的底部;六年级儿童认为地球是圆的,但是"下方"仍然代表宇宙的"底部";八年级儿童将地球看成是圆的,而且"下方"指向地球的中心。在每个年龄水平上都有一个主导性的观点,当然,每一个年龄组内也存在多种不同观点。

奥斯本和威特洛克(Osborne & Wittrock,1983)对小学儿童(8岁到11岁)的错误概念的有关研究进行分析后,发现学生常见的错误概念实例有:"烛光在晚上比白天照得更远","摩擦力只存在于运动物体的表面","电流会在灯泡里用尽","小虫子不是动物","重力只存在于有空气的地方","力是运动物体在运动方向上的一个量"以及"沸水里的气泡是空气泡"。此外,他们还发现,虽然随着儿童年龄的增大,他们在学校中有可能学到更多的科学知识,但实际上,他们的错误概念也是在不断增加的,当然,也在不断地加以转变。在有关错误概念的另外一项综述研究中,艾龙和林(Eylon & Linn,1988)发现,成人也有很多的错误概念,比如,认为温度和热量是一个概念,重物比轻物能置换成更多的液体,物体会向所受推力的方向运动。

教学启示:直面学生的错误概念

对学生有关科学原理的错误概念的研究既让教师灰心失望,又让他们觉得充满挑战性。这些研究结果之所以会令人灰心,是因为研究发现,学生带着许多错误概念走进科学课堂,而这些概念或多或少都与常规的教学相抵触。但是,研究结果也同样具有挑战性,因为它们给出了一种教学方法,以试图帮助学生改变其对科学的直觉认识和概念。

设想下面两个场景:在A教室中,教师正在讲解热流的特性,并演示实验。教师将一定量的水注入某个烧杯中,而将一定量的油注入另一个烧杯中。在每个烧杯中分别放入一个温度计,并将烧杯放在电炉上,然后开启电炉。没过几分钟,水就沸腾了。教师让学生读出两个温度计此时所显示的温度。然后,教师解释了油温高于水温的原因。教师非常满意全班都学习了重要的一课,也理所当然地结束了这节课。

在B教室中,教师推测学生可能存在着热流机制方面的错误概念。她取来两个烧杯,其中一个注入水,另一个注入食用油,然后在两个烧杯中分别放入温度计,并将两个烧杯放在一个电炉上。她告诉学生,她将一直开着电炉,直到水沸腾。她先让全班同学猜测,当水沸腾时,油和水的温度哪一个高。有些学生说,油温会更低,因为油还没有沸腾。另外一些学生则说,两种液体的温度一样,因为它们在同一个电炉上加热了同样的时间。当水真正沸腾的时候,学生读取温度计的度数,得到实际数字,结果发现油温高于水温。最后,他们必须解释上述两种预测与实际观察结果相矛盾的原因。两种预测所依据的已有概念或许都出乎教师意料之外,而且这类概念在常规的演示教学中通常不易暴露出来。尽管许多学生都意识到了他们有关热量和温度的现有观点存在不足,但是很少有学生能够给出令教师满意的解释。尽管如此,教师仍然非常开心,她使得学生头脑中很关键的错误概念暴露了出来。对今天这节课来说,其教学目的已经达到,她将会在下一节课中帮助学生给出一个合理的解释。

  A 教室中的情形体现的科学学习观是将科学知识填加到学习者的记忆库中,而 B 教室中的情形则体现了概念-转变的科学学习观。怀特和冈斯顿(White & Gunstone,1992)将第二种教学方法称作预测-观察-解释(POE)法,并指出这种教学法优于第一种情形中的演示法。在预测-观察-解释教学方法中,学生预测将会发生什么,观察发生了什么,然后解释为什么所观察到的现象和自己预测的结果相矛盾。就像克莱门特(1982)以及波斯纳等研究者(Posner et al.,1982)所指出的,如果认为学生是空着头脑走进教室的,那就错了。教学应该考虑到学生所具有的观念。很多科学教学都包括如何帮助学生改变他们的前科学概念。例如,明斯特瑞尔(Minstrell)(引自 McCloskey,1983)设计了一种教学技术,以直接用于改变学生有关运动的错误概念。该教学首先给学生呈现很多问题,如图 6-1、6-4、6-6、6-8 和 6-10 中的问题,然后要求学生描述他们的观点。接下来,将学生的观点与牛顿定律中的有关概念相比较,那么不同之处就显而易见了。明斯特瑞尔成功地改变了学生的直觉物理概念,促使学生从中世纪的动力理论转变为当代的牛顿运动观点。

  当学生对现实的物理事件的看法与学校科学教育中所教授的概念相矛盾时,学生可能表现出不同的应对方式。其中最常见的应对策略就是学习一套适用于学校情境的科学原理,而在现实生活中则另当别论(West & Pines,1985)。当然,也有一些学生摒弃了先前的概念,用科学的概念取而代之。

  为了促进第二种类型学习的发生,香槟、冈斯顿和克洛普弗(Champagne, Gunstone & Klopfer,1985)设计了一个称作"概念面对面"(ideational confrontation)的教程。该教程首先要求学生对一个常见的物理情境作出预测,例如空雪橇和装满货物的雪橇在下山时的运动情况。接着要求他们对所作出的预测给予理论解释。然后教师演示物理情境,并提供科学的解释。在接下来的讨论中,学生必须基于事实来重新作出相一致的预测或结论,并用新的概念来取代无效的概念。从香槟等人(1985)的研究中可以看出,诸如"概念面对面"等类的教程确实需要大量的时间和事先的计划,但是有证据表明,这类教程是非常有效的。科学教育需要利用一些策略来帮助学生摒弃错误概念，用正确的科学概念取而代之。

这种教授科学的方法与奥苏伯尔(Ausubel,1968)在其经典著作《教育心理学》(*Education Psychology*)中所提出的基本原则是一致的：

> 如果我不得不将所有的教育心理学原则简化为一个原则的话，我将会说：影响学习的最重要的一个因素就是学习者已经知道了什么。首先确定这一点，然后据此进行相应的教学。

体现在科学教育中，则意味着教师首先必须要帮助学生认识到他们所作的预测与实际情况之间的差异。

启动概念转变：建构新概念

理论：同化学习和顺应学习

传统取向的科学教育和认知转变取向的科学教育在学生如何学习的问题上持有不同的观点——同化观或顺应观。传统的观点认为学生通过同化的方式进行学习，也就是说，学生将新信息加入到已有的知识结构中。例如，如果学生了解到水在212华氏度(即100摄氏度)沸腾，那么就可以将这一知识与已有的知识"热量导致了温度的变化"联系起来。这种学习结果并未导致概念转变——学习者仍然保持其已有的概念，只是新的信息与这些概念建立了联系而已。同化观是不完善的，因为它无法解释概念的实质性转变，例如，无法解释学生是如何用牛顿运动定律取代已有的动力观。

概念转变理论认为学习有时候是一种顺应过程，而不仅仅是同化过程。在顺应学习中，学生"必须取代或重组已有的核心概念"，因为他们"现有的概念不足以使其准确地理解新的现象"(Posner et al., 1982, p.212)。简言之，学习者必须建立新的概念，以便纳入新的信息。例如，假定某学生认为"等量的热量产生等量的温度"，当他看到将装有水的烧杯和装有油的烧杯置于热量相同的加热器上，二者产生不同的温度时，他就需要建立新的概念来取代已有的概念。

然而，只是简单地认识到这种不一致还不能保证学生就可以发现恰当的新概念。波斯纳等研究者(1982, p.214)提出了顺应学习中的新概念所具有的三个特征。这些新概念必须：

● **能被理解**：学习者必须明白新概念是如何起作用的。

● **看似真实**：学习者必须知道新概念如何与其他知识相一致，知道如何用新概念解释所得到的信息。

● **富有成效**：学习者必须能够将这一概念广泛应用到新的问题领域。

简言之,新的概念模型对学习者而言必须是有意义的,在解决新旧问题时必须是有效的。

在赋予新概念以意义时,类比是不可缺少的重要手段,所以,类比在启动概念转变的过程中具有工具性的作用。当学习者将某个样例(基系统)的部分与关系和自然系统(靶系统)中相应的部分与关系进行匹配时,实际上就是在进行类比。金特纳(Gentner,1983,1989)提出了结构-匹配理论,认为基系统中的对象、特征与关系都和靶系统中对应的对象、特征与关系相匹配。

请看图6-12,左图所示的电路图包括电池、电线和一个电阻。要理解这个系统如何工作,学习者可以将其看作一个水力系统(或者水流系统),如右图所示。我们可以看到,电池可类比为水泵,电线可类比为水管,电阻可类比为水管中的收缩管,电流可类比为水流。诸如"电流强度随着电压的增大而增大"之类的原理与"水流强度随着水压的增大而增大"的说法是可类比的;同样,诸如"电流强度因电阻而减弱"的原理与"水流强度因水管变窄而减弱"的说法是可类比的。图6-12中简要描述了水流系统和电流系统中相对应的部分。若要有效地使用类比模型,学习者必须关注两个模型中的有关方面,而忽略无关方面。例如,学习者必须忽略水的特性,如果将水的特性牵强附会地应用到电流上,那将会产生本质性的错误。金特纳(1983)和怀特(1993)发现,学生经常利用水流这个相似的原理来解决电流方面的有关问题,或者用水流原理去理解欧姆定律:电流=电压/电阻。如果一个学生认为电流与水流相似,电压与水压相似,电阻与水管中的收缩部分相似,那么,该学生就能够用水流原理来理解与之相似的欧姆定律。

在这一部分,我们探讨了类比模型如何促进概念转变的有关研究和实践活动。

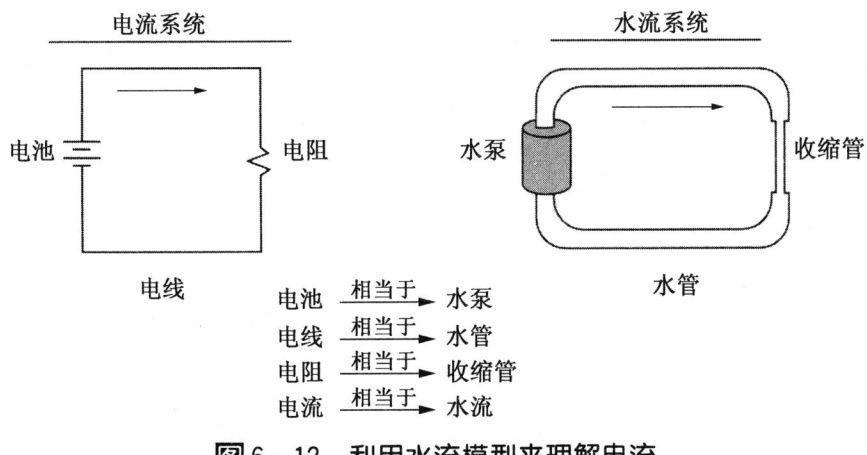

图6-12 利用水流模型来理解电流

有效类比模型的研究

什么样的模型是一个好的类比模型?为了帮助回答这个问题,请阅读图6-13中有关打气筒的描述,然后回答下面的问题:试想你上下推拉打气筒手柄多次,但是没有空气出来。哪里出了问题呢?如果你难以解决这个问题,可参考图6-14所示的打气筒模型。在该模型中,打气筒模型被简化了,学习者可以从简图中看到:阀门像一个只能单向开启的门,而圆筒中的活塞则像一个注射器。这种类比能够帮助学习者建立气筒问题与简化模型之间的联系,例如建立"进气阀关闭"这一描述与"气泵中的一个只能单向开启的门被迫关上了"这一心理表象之间的联系。

> 自行车打气筒因阀门的数量和位置以及空气进入筒内的方式等不同而不同。简单的打气筒通常在活塞上有一个进气阀,在圆筒的末端有一个排气阀。打气筒内有一个能够上下移动的活塞。当连接杆上移到气筒中的某一位置时,空气即可进入气筒内。**当连接杆被向上拉出时,空气经由活塞而进入,活塞和排气阀之间充满空气。当连接杆被推进时,进气阀关闭,活塞将空气从排气阀中压出***。

图6-13 自行车打气筒工作原理的文字说明

* 文中的关键信息以黑体字表示
摘自《World Book Encyclopedia》(1990)

迈耶和加利尼(Mayer & Gallini,1990)的研究发现,气筒模型能够帮助学生理解气筒的工作原理。当学生阅读有关气筒工作原理的文字资料时,如果能够配上一幅类似于图6-14所示的模型图,那么学生想出的创造性的问题解决方案的数量是那些只阅读文字材料的学生的两倍。迈耶(1989,1993)对19项研究进行分析之后发现,如果在教科书中配有一些说明各种系统如何工作的图形类模型,那么学生在随后的问题解决中的成绩平均能够提高60%之多。

尽管各种图形模型能够有效地促进概念转变,但是人们很少使用这些模型。迈耶(1993)曾对科学教材进行了分析,发现尽管教科书中图画所占的篇幅近50%左右,但是,用来呈现类比模型的篇幅却不足10%。同样,格林(Glynn,1991)对43种科学教材进行了调查,认为"详细的类比……相对较少"(p.228)。格林等(Glynn,Yeany & Britton,1991)指出:

> 目前的科学教材和教学方法尚未将学生如何学习科学的心理学研究成果吸纳进来。心理学在学生学习的建构特征、学生的心理模型以及学生的错误概念等方面的诸多发现都会对教师具有启发作用。(p.5)

总而言之,科学教育者需要接受这样一个新的理念,即"学习科学是一个个人化的理论和模型的建构和重建过程"(Glynn et al.,1991,p.16)。

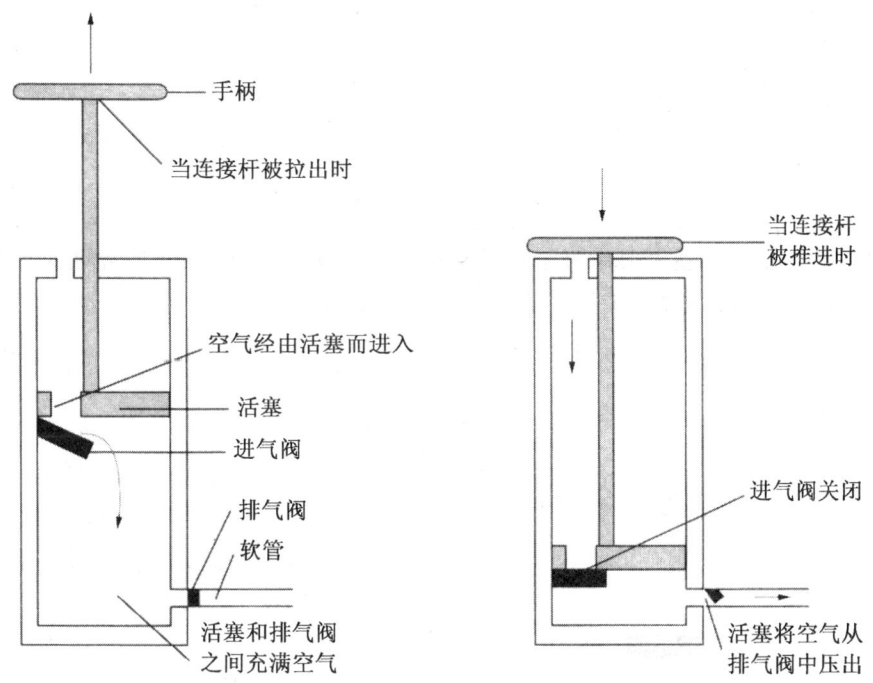

图6-14 自行车打气筒工作原理的文字-图像解释

改编自 Mayer & Gallini(1990)

教学启示:促进概念转变

探讨科学中的类比模型,其意义是显而易见的:"科学教师应该将教学视为帮助学生逐步获得较为复杂的科学现象的有关理论的过程。"(Glynn et al.,1991,p.16)。教师如何将这个建议付诸实践呢?假定学生走进科学课堂的时候,有着各种各样关于运动的错误概念,那么教师该采取什么措施促进学生的概念转变呢?哪些活动能够促进六年级学生的概念转变?我们如何减少或摒弃学生的错误概念?我们能否设计一种教学,以有效地帮助学生提高其物理概念的学习成效?

怀特(1993)曾设计了一个称之为"思考者工具"(Thinker Tool)的有关微观世界的计算机教程,以帮助学生获得运动和力的概念。该教程以波斯纳及其同事(1982)提出的概念-转变理论为依据,让学生有机会暴露其有关运动的错误观念,然后逐渐形成有关物理世界运行机制的较为复杂的心理模型。教学不是从运动定律的刻板描述开始的,比如,不是直接描述或给出公式 $F=ma$,而是通过对微观世界运行机制的定性推理来展开教学的。

第六章 科 学

随着教程中微观世界的复杂性的不断提高,学生不断学习着如何解决问题。在思考者工具教程中,每个教学周期包括四个阶段——动机、模型演进、定形以及迁移。在动机阶段,教师要求学生预测真实世界中的物理问题,比如:

假定将一只球置于一个没有摩擦力的平面上,我们吹这只球。当球移动时,我们用同样的力度朝相反的方向吹这只球。第二次吹气对球的运动有什么影响?

教师将学生的答案及其解释全部以表格方式列出。例如,一些最常见的答案有:(1)使小球改变运动方向,朝第二次吹气的方向运动;(2)使小球的运动速度减慢;(3)使小球停止运动。设计这个练习的目的就是激励学生探讨哪种答案是对的,为什么对。

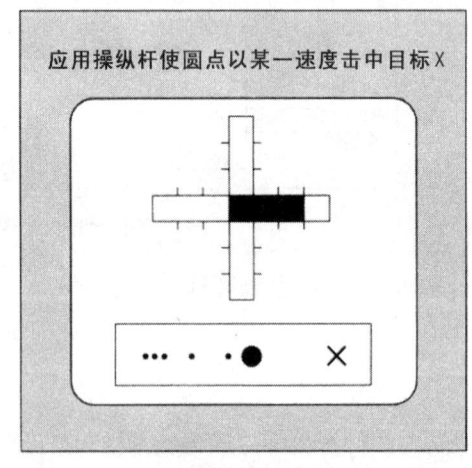

图6-15 利用计算机游戏学习物理

改编自 White(1993)

在模型演进阶段,两个或者多个同学组成一组,解决计算机屏幕上呈现的问题,如图6-15所示。学生的任务就是用圆点(以黑色的大圆圈表示)击中目标(以X表示),其击中速度为四个单位中的一种。如果学生能成功地完成任务,则圆点将回归到初始位置,并开始下一个问题;如果学生失败了,则圆点就会撞到墙上,然后爆炸。此处无需考虑重力和摩擦力的问题。学生可以通过一个操纵杆来改变圆点的运动。只要学生朝上、下、左、右中的任一方向推拉操纵杆,然后按下按钮,则圆点就会以一个单位的速度朝向指定的方向运动。屏幕上紧挨着圆点的闪亮箭头表示推力的方向,嗖的一声表示圆点接受了一个推力。运动过程可通过以下三方面来加以表征:(1)圆点的运动;(2)小圆点,也就是轨迹,定期在屏幕上呈现出来,以记录圆点的运动进程;(3)一种称之为数据十字架的速度计,它反映了圆点在四个方向上的运动速度。在另外一个练习中,学生的任务就是利用操纵杆,使圆点沿着L形路径移动。

在定形阶段,小组成员操纵计算机,一起确定每一规律的有效性,例如:

1. 如果圆点向右移动,而且你也对它向右施加一个推力,那么圆点运动的速度将

提高。(正确但是不具有一般性)

2. 只要你对圆点施力,它就能改变速度。(正确但是不准确)

3. 如果你沿着圆点运动的方向持续施力,则圆点的速度会持续提高;如果你沿着圆点运动的相反方向施力,则圆点就会减速,停下并且朝相反方向运动。(正确,但既不准确又不具有一般性)

4. 你可以考虑力对于提高或减慢圆点运动速度所具有的作用。如果施力方向与圆点运动方向相同,圆点将增加一个单位的速度;如果相反,则圆点运动速度减慢。(对于图 6-15 中所示的单维微观世界来说是正确的;这是一个有用的定律,因为它对力的作用效果作出了准确的预测)

5. 只要你对圆点向左施力,其速度会减慢。(当圆点向左运动或静止的时候,该结论不正确)

6. 只要你对圆点施力,它就能加速。(不正确)

7. 除非你持续向圆点施力,否则它将减速。(不正确,因为在微观世界中没有摩擦力)(White,1993,p.13)

接下来,教师引导全班学生进行课堂讨论,分析上述每一条规律正确与否,在正确的规律中,哪种规律在解决各种问题时能够产生最有效的方案。规律 4 通常被认为是最有效的,因为它正确、准确,而且具有普遍适用性。

在迁移阶段,教师要求学生解释他们所选择的最有效的规律是如何与现实世界的问题相连系的,例如去解释动机阶段提出的有关问题。如果学生选择规律 4 为最有效的规律,则他们要能够证明该规律如何预测第二次吹气将会使小球停止运动。此外,他们可以用真实的物体或微观世界的物体来进行实验。例如,通过增加微观世界的摩擦力,他们可以发现第二次吹气使得小球调转了运动方向——这一结论是许多学生最初所作的预测。由此,学生可以看到:他们总结出的这些规律适用于无摩擦力的世界,但是不适用于有摩擦力的世界。

进行了单维的微观世界的实验之后,学生转向了两维世界,即圆点既可以上下移动,同时也可以左右移动。学生通过控制操纵杆上的按钮来给圆点持续施力,平均每 3/4 秒施力一次。最后,学生了解了包括重力以及有关圆点运动轨迹等问题的微观世界。

思考者工具教程能否促进学生学习科学时的概念转变?为了检验这个问题,怀特(1993)对两组六年级的学生进行了物理学概念的测验。训练组接受了思考者工具课程训练,每日 45 分钟,共训练 2 个月;控制组不接受任何物理学训练。从图 6-16 中可以看出,测验中的一些项目要求学生预测运动物体的路径和速度。如果学生进入物理课堂前持有错误的运动概念,那么我们可以预期,控制组在测验中的成绩将会较差。

第六章 科　　学

假定我们试图让冰球沿着下图所示的轨迹运动。在起点,某人顺着图示方向击球(注:每次击球的强度相同)。若要使冰球能够进行第一个拐弯,那么需要从A、B或C中的哪一个方向击球才能奏效?

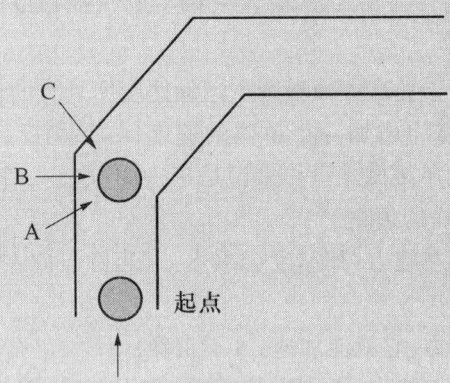

假定你顺着一条路将球踢下悬崖,该球将会沿着哪一条路径从悬崖跌落到地面?

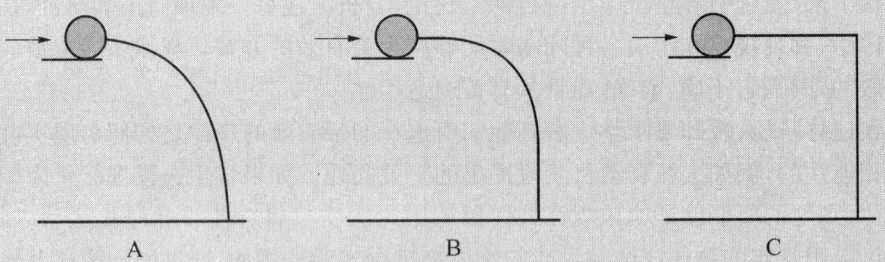

假定两条同样的小船要穿过两条同样的河流,惟一不同的是:一条河是流动的,而另一条河是静止的。两只小船的发动机相同,并且同时出发。请问:哪条小船先抵达对岸?

1. 在静止河流上行驶者。
2. 在流动河流上行驶者。
3. 二者同时抵达。

图6-16　物理概念测验样题

改编自 White(1993)

如果思考者工具教程能够帮助学生转变其不正确的概念,那么我们同样也可以预期,受过训练的学生的成绩会比较好。测验结果与实验假设相符,控制组只有44％的学生能够给出正确答案,而训练组有66％的学生能够给出正确答案。总而言之,精心设计的一系列学习活动能够促进学生的概念转变。

形成科学推理：应用新概念

理论：假设检验的科学推理和假设创造的科学推理

前面两个部分主要阐述了概念转变如何受到异常情况和相似性的影响。概念-转变过程的下一步是应用——即个体能够通过实验来运用自己的知识进行科学的推理。这一部分将比较科学推理的两种观点。

根据传统的观点,科学推理是一个假设-检验的过程,学习者系统地检验每一种可能的假设。系统的假设-检验是皮亚杰形式运算理论(1972；Inhelder & Piaget,1958)的核心所在,反映了科学推理的一种良好组织形式。形式运算思维通常出现于青春期,是认知发展的最高水平,它包括利用抽象的、符号的、概率的或比例的形式进行思考的能力,也包括同时思考各种变量和维度的能力。其中的每一种能力都是解决科学问题所需的关键成分,例如理解物理学的运动原理。

概念转变理论则提出了第二种类型的科学推理,即假设创造。在实际情形中,系统的假设-检验观点为什么行不通了呢？当你的假设穷尽时,需要用一种新的方式去看待问题,产生新的假设。当学习者否定了基于问题中的某一个概念而提出的所有假设时,假设创造就出现了。现在必须基于问题中的新概念来提出新的假设。根据概念转变理论,忽略假设创造的存在而去解释科学推理,这是不完整的。

对学生科学思维的研究

假设-检验

大部分的科学教材或教程都认为高中生和大学生能够进行科学思维。但是,令人吃惊的是,许多资料表明,一些学生在学习科学课程时,缺乏进行科学思维所必备的先决技能。例如,许多研究者对大学生能够一贯地运用形式运算思维来完成科学任务的人数比例进行了测查,发现该比例低至25％到50％(Cohen, Hillman & Agne, 1978; Griffiths, 1976; Kolodiy, 1975; Lawson & Snitgen, 1982; McKinnon & Renner, 1971)。

在一个代表性的研究中,卡普勒斯及其同事(Karplus, Formisano & Paulsen,

第六章 科 学

1979)设计了两种任务以考查中学生的形式运算思维能力：比率推理任务和变量控制任务。研究者考查了丹麦、瑞典、意大利、美国、澳大利亚、德国和英国这7个工业国的3 300名中学生(一般是13岁到15岁)。图6－17是一个称之为曲别针问题的比率推理任务。呈现给学生几张纸，上面有两个木棍人：高先生和矮先生。运用排列起来的大圆纽扣可以测得两个人物的高度：高先生有6个纽扣高，矮先生有4个纽扣高。接下来要求学生使用标准的曲别针来测量矮先生的高度(答案是6个曲别针高)，然后再计算出用曲别针表示的高先生的高度。此外，要求学生解释如何算出高先生的高度。

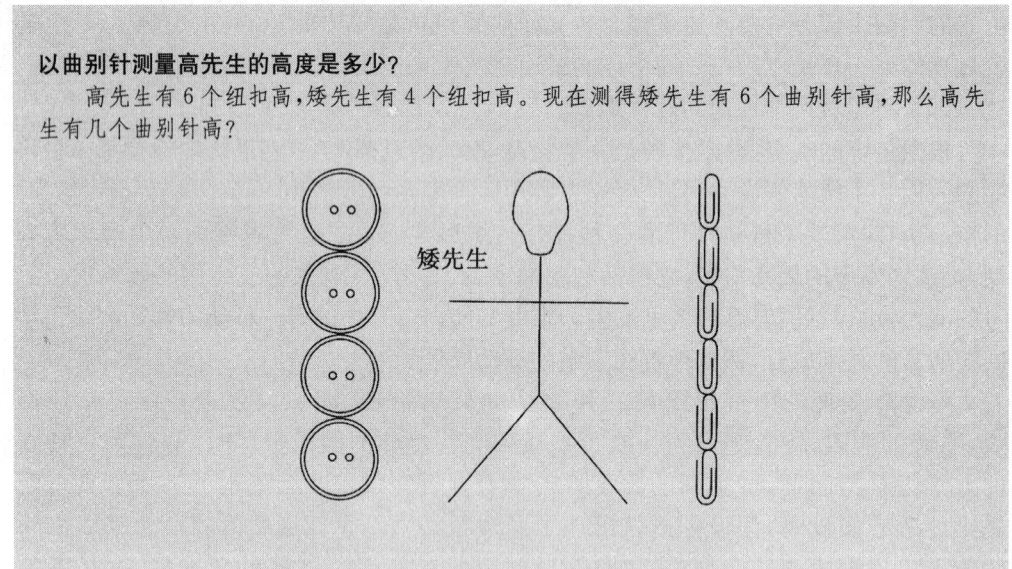

图6－17 比率推理任务：曲别针问题

改编自 Karplus et al. (1979)

可将学生的答案分类如下：

直觉型：这类方法要么未能充分利用所有的资料，要么不合逻辑地使用这些资料。学生进行直觉解释的实例包括，"将6个纽扣翻倍，就得到了高先生是12个曲别针高"以及"我将6和4加起来得到的"。

加法型：这类方法只考虑了高先生和矮先生之间的单一差异(例如以纽扣测得的高度差异)，而没有兼顾到其他方面的差异，由此，在解决问题时只是将这一差值加到某个数值上。例如，一个学生说道："如果高先生有6个纽扣高，矮先生有4个纽扣高，那么他们就相差2个纽扣。现在矮先生有6个曲别针高，那么我将2加上6就得到了8。"

传统型：这类方法部分地利用了比率推理，但未能产生完全正确的解题程序。例如,一个学生说道:"我把 4 分成 6 份;4 是矮先生的纽扣高度,6 是他的曲别针高度,那么我就得到 $1\frac{1}{2}$,然后再将高先生的纽扣高度 6 加上 $1\frac{1}{2}$,就得到 $7\frac{1}{2}$。"

比率型:这是回答曲别针问题的正确方法,包括生成一个比率,然后用这个比率来解决问题。例如,一个学生说道:"把用纽扣测量所得的二者的高度变成一个分数(4/6),然后将用曲别针测量所得的高度变成一个分数(6/x),然后进行计算得到 9。"另一个实例是:"1 纽扣= $1\frac{1}{2}$ 曲别针;那么 $1\frac{1}{2}\times 6=9$。"

研究所得结果不容乐观。图 6-18 所示为美国学生使用四种策略的比率(从两道比率推理任务中得到的结果)。我们可以看到,很少有学生使用比率程序,大部分学生普遍使用的策略是直觉策略。

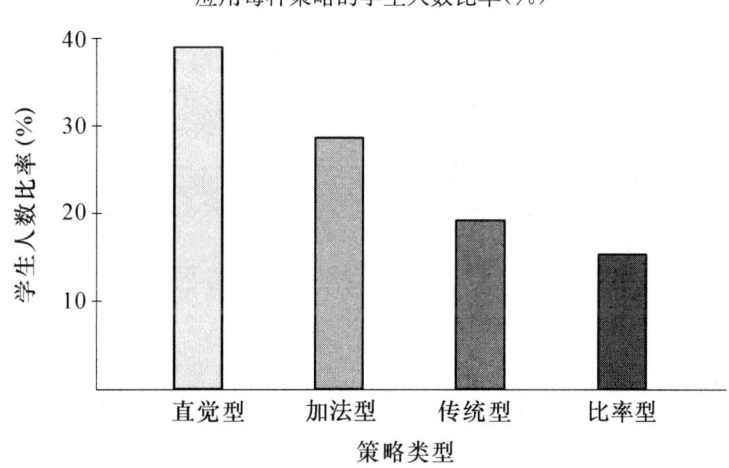

图 6-18　美国学生在比率推理任务上的成绩

改编自 Karplus et al. (1979)

在卡普勒斯等人(1979)的研究中,所有的七个国家测得的结果基本相似,具有普遍性。但是,在比率推理任务上,欧洲国家的学生得分要高于美国(例如,75%的英国学生以及 64%的德国学生比较一致地使用比率方法)。在一个试点性的研究中,卡普勒斯等人(1979)发现在中国的重点小学中,有 92%的小学生在曲别针之类的问题上能够使用比率推理。

卡普勒斯等人(1979)研究中所使用的另一个问题是控制变量任务。给学生呈现一条轨道,上面有一只目标球,如图 6-19 所示。实验者告诉学生,如果将另一只球放入轨道中,这个球就会与目标球相撞,目标球因此将会运动一段距离。学生可以选用重金属球或轻玻璃球(二者大小相同),还可以选择从轨道的高处、中间处或低处等不同位置投放球。然后实验者会向学生提出一系列的问题,以考查他们是否理解如何控

第六章 科 学

制实验过程中的各种变量,例如:

> 假定你想知道不同重量的球撞击目标球后使目标球移动距离的差异,打算使用两个球来撞击目标球,你会把重球放在什么位置上?把轻球放在什么位置上?请详细解释你的答案。(p.101)

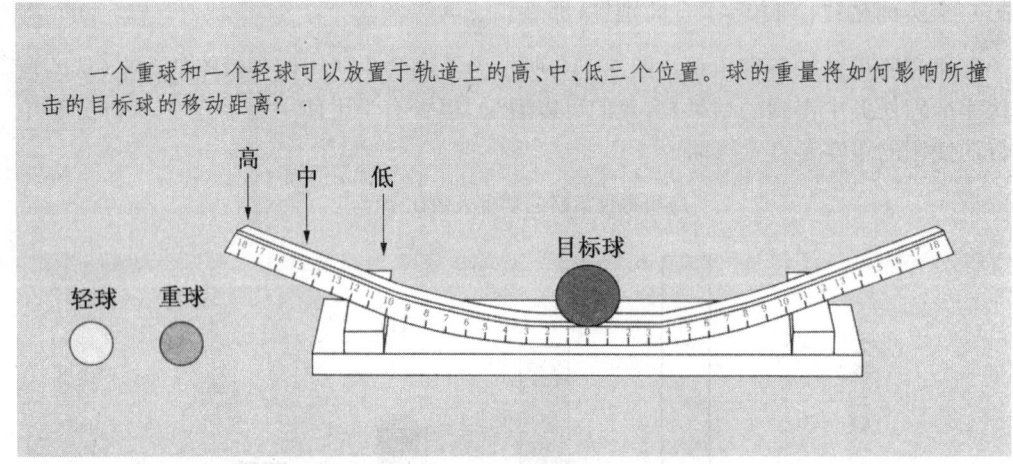

图6-19 变量控制任务:轨道问题

改编自 Karplus et al.(1979)

卡普勒斯等人(1979)发现学生对这个问题给出了三类答案:

直觉型:这类方法考虑到了初始位置。例如一个学生说道:"我会将重球放置在中间位置,以考查是否因为重就能产生不同的结果。我将轻球放在高的位置上,这样它就能加快速度,将目标球撞得更远。"

传统型:这类方法通常在同一位置上放置球,但是没有给出完整的原理解释。例如,一个学生解释道:"在同一个位置上放置它们,让它们具有同样的速度,然后看它们撞击目标球时产生的距离远近。"

控制型:这类方法通常在同一位置上放置球,并且能够清楚地解释各种条件保持相等的重要性。例如,一个学生解释道:"这个实验的关键点在于重量的差异,所以你必须保证其他一切条件都相等,只是重量不同。"

图6-20给出了美国学生在解决变量控制问题时使用每种方法的比率。这一研究结果同样不容乐观。另外,7个工业国的测量结果具有相似性。

上述研究结果是基于一个大样本而得出的,它明确地证实了其他研究者的发现,即形式运算思维能力在青春期并未完全发展起来。总体来讲,卡普勒斯等人(1979)发现,在总共3 300名学生中,有251名学生(大约占样本总数的7%)在曲别

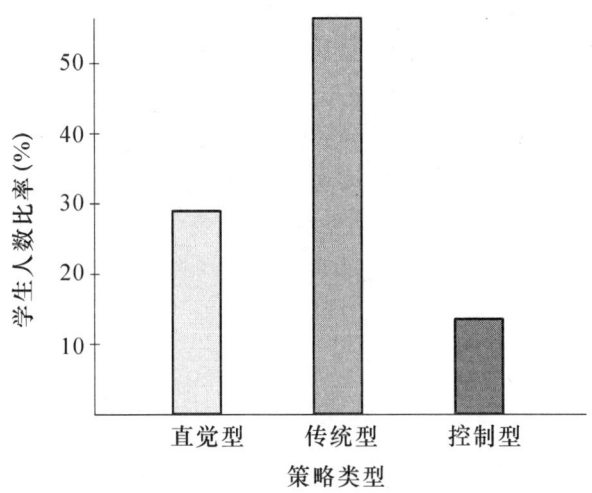

图 6-21 美国学生在变量控制任务上的成绩

改编自 Karplus et al. (1979)

针任务上使用比率策略,在轨道任务上使用控制策略。相反,有 422 名学生(约占样本总数的 14%)在曲别针任务和轨道任务中始终使用直觉推理策略。大约 37% 的八年级学生要么在比率推理任务上没有表现出形式运算思维,要么在变量控制任务上没有表现出形式运算思维。另外 36% 的学生在比率推理任务和变量控制任务中都不能使用形式运算思维。因此可以说,八年级的大部分学生都不能一致地运用形式运算思维。

假设创造

人们是如何进行科学发现的呢?假定你想发现大肠杆菌这个简单的细菌中的基因是如何控制其生存所需的葡萄糖生成的。当乳糖存在时,大肠杆菌就会分泌一种叫做 β gal 的酶,以便将乳糖转化成葡萄糖。图 6-21 中最上面一幅图表明某些基因参与葡萄糖的生成:β 基因产生 β gal,β gal 能将乳糖转化成葡萄糖,而 I 基因、P 基因和 O 基因则控制着 β 基因。

让我们在计算机上进行一个模拟实验。如果你为大肠杆菌提供 100 微克的乳糖(图中以白色大方块表示),乳糖一到达 β 基因下就产生 50 微克的 β gal(图中以黑色小方块表示),而 β gal 又将乳糖分解成葡萄糖(图中以白色三角形表示)。整个反应过程需要 12 秒,图 6-21 对该过程进行了图示。

第六章 科　　学

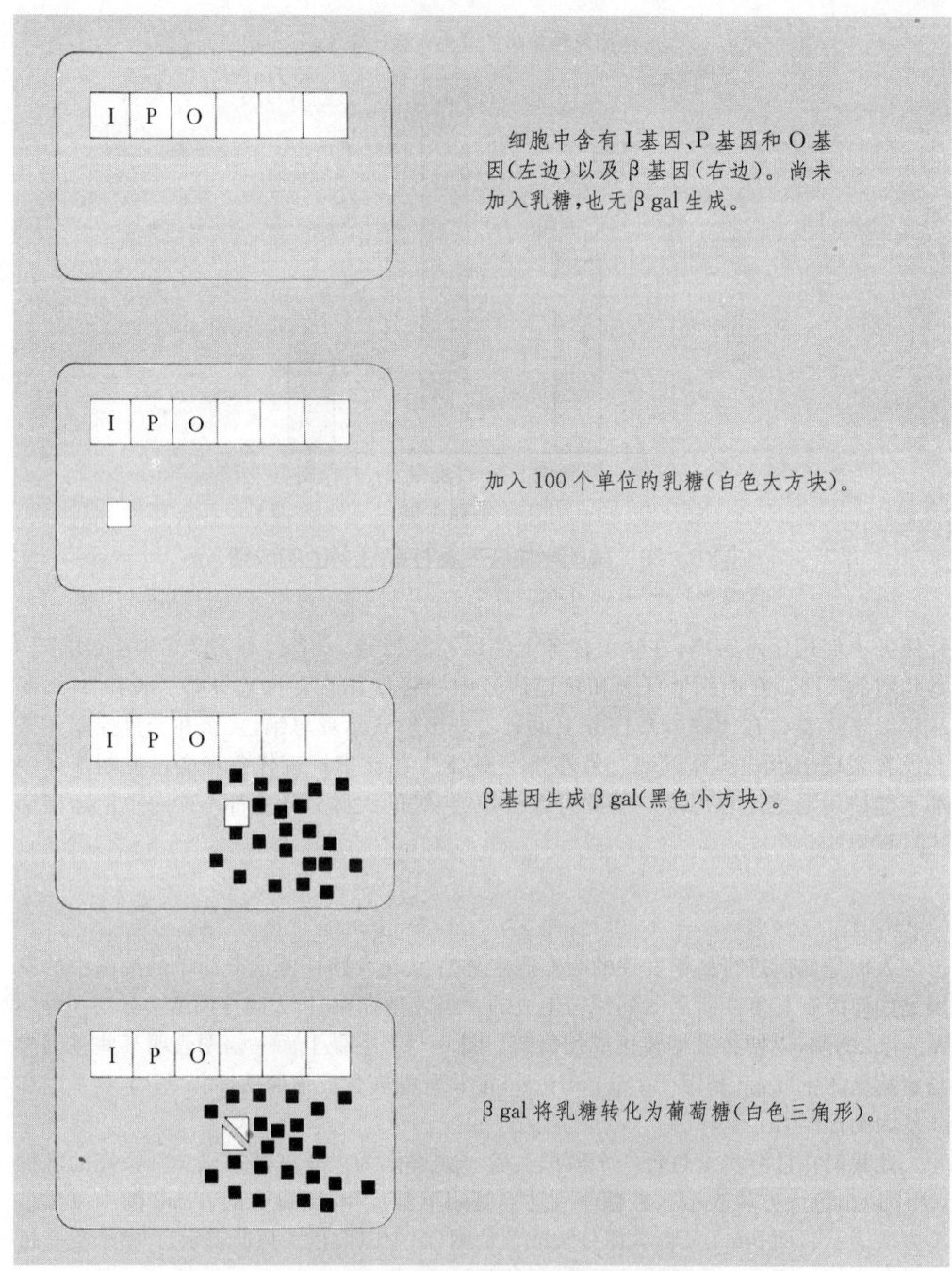

图 6-21　大肠杆菌中的基因如何控制葡萄糖的生成？

改编自 Dunbar(1993)

假定你的模拟实验要操纵三个变量。首先,你从六种剂量的乳糖中选择一种:1微克,100微克,200微克,300微克,400微克,500微克。其次,你从四种基因突变中选择其一:正常的大肠杆菌、I基因突变、P基因突变和O基因突变。在这个实验中,一个染色体上只有一个基因能够变异。如果该基因发生变异,它就不再正常工作了。最后,你从两个染色体结构中选择其一:只有一组基因的单倍体以及有两组基因的多倍体。在多倍体中,染色体上的某一基因变异后,另一个基因则不能变异;反之亦然。如果I基因、P基因或O基因通过化学信号控制β基因,那么,只要两个染色体中的一个包含所需的基因,β基因就能够产生β gal。如果I基因、P基因或O基因通过物理方式来控制β基因,那么只有当活化基因与生成酶的基因都在相同的染色体上时,β基因才能够产生β gal。在每一个实验中,你要了解到底生成了多少β gal。实验目的就是要探讨什么因素控制着β gal的生成量。

你最开始的假设是什么?在邓巴(Dunbar,1993)所做的实验中,被试最初的假设是:某个基因(如P基因)激活了β gal的生成。在第一个实验研究中,先加入100个单位的乳糖,由此生成50个单位的β gal。基于这一结果,你也许会想到当加入一定数量的乳糖时,正常的大肠杆菌中的β基因将能够生成一半量的β gal。为了检验这一假设,你将200微克的乳糖放入含有P基因变异的单倍体中。如果是P基因激活了β gal的生成,那么由于P基因的变异而无法生成β gal。但是,当你进行实验后发现,有100微克的β gal生成,这与正常的大肠杆菌生成量是一样的。

现在你也许会大胆地提出一个新的假设:I基因激活了β gal的产生。但是,将200微克的乳糖加入含有突变的I基因的单倍体中时,生成了876微克的β gal。显然,该结果并没有支持这种假设。同样,为了检验是否O基因激活了β基因,你将200微克的乳糖加入到含有突变的O基因的单倍体中。与你的预期相反,有527微克的β gal生成。表6-2中对研究结果进行了简要概括。总之,正常的大肠杆菌和P基因突变的大肠杆菌所产生的β gal 的数量是所加入乳糖的数量的一半;I基因突变的大肠杆菌所产生的β gal为527微克,与加入的乳糖量无关;O基因突变的大肠杆菌所产生的β gal为876微克,也与加入的乳糖量无关。

表6-2　对大肠杆菌的研究结果

细胞类型	突变的基因	加入乳糖的剂量	产生β gal的剂量
单倍体	无	100	50
单倍体	P	200	100
单倍体	I	200	876
单倍体	O	200	527

改编自 Dunbar(1993)

第六章 科 学

邓巴(1993)发现,实验中的所有 20 名学生的最初假设都是一样的:I 基因、O 基因或 P 基因这三者中的一种能够探测出乳糖的存在,并由此激活 β 基因,使其生成 β gal。但是,这一假设与实验结果相矛盾——没有一种情形能够证明这些突变的基因无法产生 β gal。经过一个小时的实验,大部分被试得出这样的结论:所有三种基因共同作为活化基因而起作用。该结论与所得实验结果并不一致,但是与他们最初的基因作为活化剂这一观点相符合。

相反,有 7 名学生形成了完全不同的假设:整个过程可能包含着某种抑制。其中,有 4 名学生形成了正确的假设——I 基因和 O 基因一起作为抑制物起作用,其作用机制如下:当没有乳糖时,I 基因会释放出抑制物,该抑制物与 O 基因结合,阻止 β 基因生成 β gal。当加入乳糖时,I 基因释放的抑制物将和乳糖结合,而不再与 O 基因结合。于是,β 基因不再受到抑制,能够生成 β gal。当 β gal 将所有的乳糖转化成葡萄糖的时候,大肠杆菌又恢复到被抑制的状态,直到加入新的乳糖。雅克·莫诺德(Jacques Monod)和佛朗哥斯·雅各布(Francois Jacob)因发现了这一机制而获得 1965 年的诺贝尔奖。

在基因如何控制酶的生成方面,为什么有些学生坚持其最初的激活观点,而另一些学生却能产生一种新的抑制观点?尽管两组学生都做了同样数量的实验,但是其目的不同。持有激活观的学生试图发现无任何 β gal 生成的例证,也就是说,试图发现一种情形以支持其假设。而持有抑制观的学生试图发现含有 I 基因变异和 O 基因变异的大肠杆菌为什么会产生那么多的 β gal,也就是说,他们试图对这一异常现象作出解释。图 6-22 选取了几名学生在解决问题过程中所作的评论,这些研究结果与其他有关科学推理的研究发现相一致:不成功的问题解决者表现出了确认偏见(confirmation bias)——即试图寻找证据以支持自己的观点(Klahr & Dunbar,1988; Klayman & Ha,1987)。钦和贝弗(Chinn & Bewer,1993)发现,在学习科学时,学习者经常使用 6 种策略,这些策略往往无视异常现象,由此也就无法进行概念的转变。

寻求验证假设的取向:激活观

"现在,我的目标就是发现一种方法,证明什么也没生成,这就是我的目的。好啦,到目前为止,我已经对没有 O 的情况进行了实验,也对没有 I 的情况进行了实验。没有 O,没有 I。嗯……有 I,有 O,有 P。它生成了 200。如果我去掉 P,则生成 876。不对。如果我去掉 I,生成了特别特别多的东西……问题是:如何……如何让什么东西都不生成呢?我是否已经把所有可能的组合都试过了?"

寻求解释差异的取向:抑制观

"只要有乳酸,就有 β;然后可以将其分解为葡萄糖。在这种情况下(指向 I 基因变异的结果),它们好像没有了规律。生成了这么多(指向 876 微克的结果)。为什么会生成 876 呢?"

图 6-22 科学发现的两种取向

摘自 Dunbar(1993)

教学启示：教授科学推理

大体而言，科学教育者通常会遇到两种不同的科学探究观：作为系统的假设检验的科学推理和作为假设创造的科学推理。尽管皮亚杰学派的有关形式运算的研究强调假设-检验策略的普遍性(Inhelder & Piaget,1958)，但有关概念转变的研究则强调科学发现具有领域具体性(Carey,1986;West & Pines,1985)。例如，库恩等(Kuhn, Amsel & O'Loughlin,1988)指出：

> 形式运算策略对各种不同的内容领域缺乏普遍适用性……这使得科学教育者想探明如下的假定是否合理：形式运算思维反映了科学思维的发展阶段，应该将其作为教育者设计课程时所关注的中心，以便发展学生的科学思维技能。

根据系统的假设-检验观点，应该训练学生如何系统地检验其假设，其中包括训练他们如何控制无关变量。简言之，他们必须克服不系统的、不合逻辑的假设检验的倾向性。根据概念-转变观点，学生需要学习如何抓住矛盾和差异，并将其视为有待解释的有趣现象，寻找能够更合理地解释所得资料的不同理论观点。换句话说，他们需要克服这样一种倾向性：寻找证据来证实其观点，而忽略了矛盾现象。

教授假设检验

该类研究所引发的一个重要的教育问题是科学思维能否被教授或训练。为了回答这个问题，劳森和斯尼特根(Lawson & Snitgen;1982)在大学开设的一门课程"小学老师的生物科学"中使用了探究式的教学方法。给学生一些问题，要求他们设计、实施实验，并比较自己与他人的实验结果。例如，要求学生探讨决定植物生长的能源是什么，这就要求学生系统地变化各种变量，例如水、光和土壤的成分，并记录这些变量对植物的各个不同部分的影响。在讨论过程中将引入与变量控制相关的一些概念，并应用于随后的实验中。在引入比率推理的实例时，应用了类似的程序。

实验中对学生进行前测和后测。图6-23显示了学生在比率推理和变量控制测验中的前测和后测成绩。比率推理和变量控制这类任务都是作为探究式教学中的有关内容而被教授的，但是，重量守恒和体积守恒的测验成绩并未受到教学的影响，因为这些内容并没有明确地通过探究式教学而加以教授。这一研究结果令人欣喜，因为从中可以发现：通过精心设计探究式的科学课程教学，能够教授学生进行科学推理。以往的实验结果也证明，通过训练可以有效地提高学生的科学思维水平（形式思维）(Lawson & Wollman,1976;McKinnon & Renner,1971;Wollman &

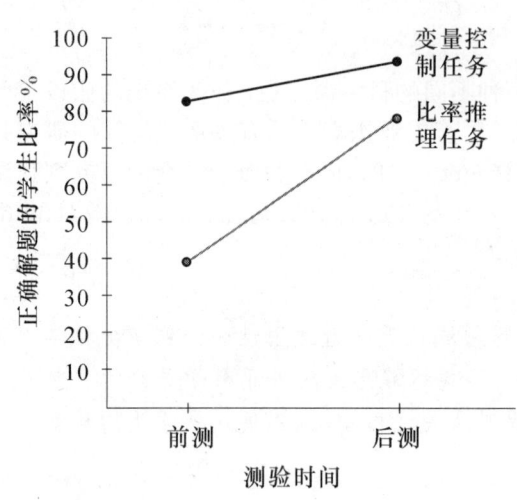

图 6-23 科学思维训练导致的变化

改编自 Lawton & Snitgen(1982)

Lawson,1978)。当然,对这些研究结果仍需持有审慎态度,因为缺乏接受非探究式训练的控制组的对比研究。

动手实验通常被看作是培养学生创造性的有效途径;同样,学校科学课的质量通常也通过给学生开设的科学实验课数量来加以衡量。但是,这一部分所介绍的研究结果表明,动手操作的实验活动也有可能是徒劳无获的,尤其当学生不能科学地思考问题时,更是无益。实际上,并不是实验室活动本身导致了科学学习;相反,必须鼓励学生科学地思考所面对的情境,控制变量,检验假设等等。因此,当实验室实验是学校科学课程中的一个重要成分时,其实施与利用必须能够促进学生的科学思维能力,而不是让学生盲目地活动。

教授假设创造

科学思维还需要对与某一观点不相符的迹象具有敏感性。但是,库恩等研究者(1988)发现,学生通常对理论和事实之间的区别有所误解。例如,要求年龄在 8 岁到成年之间的学生去判断网球的哪些特性,如大小、质地或颜色等,将会影响发球的质量。当要求学生描述某一证据是否支持或者否定他们的理论时,所有年龄组的学生都遇到了困难。当要求学生确定哪些证据与他们的理论不符合时,许多学生都不能完成这一任务。这些结果都证明,许多学生只是将所得到的证据视为对其理论的支持,而不是对其理论的否定。

学生能否通过学习而改变他们有关科学实验的看法?凯里等研究者(Carey, Evans, Honda, Jay & Unger,1989)为七年级学生设计了为期三星期的科学单元课程,该课程侧重于学生有关形成和检验假设的看法。比如,要求学生对面包为什么会发起来这一问题形成假设并加以检验。起始问题是:"什么东西使得面包发起来?"教师将酵母、面粉、糖、盐以及温水混合后放入烧瓶中,并用软木塞塞上瓶口。很快,这些混合物开始冒气泡,并将软木塞顶飞。紧接着提出下一个问题:"为什么酵母、面粉、糖、盐以及温水能够产生气体?"学生将这些成分进行不同的组合后实验,但是,他们的目标似乎只是重现气泡现象。他们毫无规划地进行实验,因此也无法确定究竟是哪些成分导致了气泡的产生。当教师要求学生从其实验结果中得出结论时,他们都不能完成此项任务。接下来,教师帮助学生设计了一些控制得很好的实验,这些实验能够揭示气泡是由酵母、糖和水产生的。教师继续上课,强调实验的目的是探明这些成分为什么会产生气泡。操作这一实验需要学生考虑这样一些理论,例如,气泡是三种成分所发生的一系列化学反应而导致的,或者由于新陈代谢,酵母吸收糖并排出气体。在这种情形下,全班学生学习了如何寻找证据以支持或者否定每一种理论构想。学生设计实验并加以实施后,需要确定如何对这些实验结果进行各种可能的解释。通过这一课程的学习,学生了解到实验的目的是解释为什么会发生这样的事情,而不是为了得到某种实验结果。

凯里等研究者(1989)在教学前后对学生进行了访谈,以试图考查这种课程的有效性。实验者就科学的目的、实验、研究构想和研究结果等问题进行了访谈。图6-24

科学的目的是
——(1) 发现新事物,如"发现癌症的治疗方法"
——(2) 发现事物的活动机制,如"发现动物如何获得氧气"
——(3) 解释事物为什么是这样的,如"解释为什么恐龙会灭绝"

实验是
——(0) 你去尝试新的事物
——(1) 科学家们试图揭示他们正在实验的事物的特性
——(2) 科学家们检验其观念是否正确
——(3) 科学家们检验是否有必要改变其观念

科学家的工作方式是
——(0) 对他们感兴趣的事物进行实验
——(1) 收集新的信息,例如,"把物体放到显微镜下,观察其活动"
——(2) 有目的地收集信息,例如,"穿越森林,发现某些新事物,并试图从中了解更多的信息"
——(3) 产生构想并加以验证,例如,"提出一种观点,然后依照这种观点设计并实施一个实验"

一个意想不到的结果说明了
——(1) 需要作出某些改变,以便得到正确的实验结果
——(2) 必须改变实验,或者必须改变科学家的观念
——(3) 科学家的观念必须改变,以符合新的结果

图6-24 对科学思维的一项调查

注:要得到总分,可将每个项目的分值相加
改编自 Carey et al. (1989)

第六章 科　　学

列出了学生对这些问题的不同水平的回答。例如,在访谈中,有关实验的低水平回答是"实验就是你去尝试新的事物"——也就是说,实验是一种不受问题或者观念导引的一种活动。高水平的回答是"实验是科学家们检验是否有必要改变其观念"。图 6-25 简要概括了学生在每一个主题上的前后测分数。总之,学生的分数显著提高,这表明教学方案在改变学生的科学思维方面是成功的。越来越多的研究(Eylon & Linn,1988;Halpern,1992)也表明,教学能够有效地改善科学思维技能。这些研究结果促动了科学教育课程的改革,强调科学推理的本质是一种创造的过程。

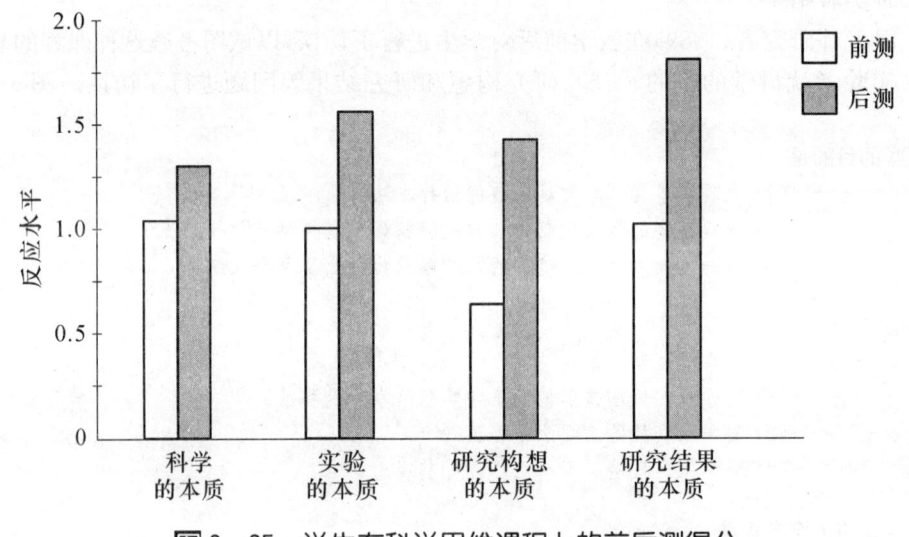

图 6-25　学生在科学思维课程上的前后测得分

改编自 Carey et al.(1989)

建构科学专长知识：学习建构和使用科学知识

理论：量和质的差异

前面的部分论述了科学学习包括识别个体的错误概念,建立新的概念,在科学推理中使用新的概念。对科学学习进行研究的另一种方式就是比较新手与专家,例如,刚开始学习科学课程的学生即可视为新手,而知名的科学家即可视为专家。这种研究方式所探讨的主要问题是：专家知道哪些新手所不知道的内容?

专家和新手在量和质两方面都可能存在差异,量的差异体现在知道多少,质的差异体现在知道什么。传统的认知发展观点认为,专家只是对某一具体领域的了解比新手多,如经验丰富的物理学家比只学了一年物理的学生知道更多的物理事实和公式；相反,认知-转变观点认为,专家除了拥有更多的事实性知识外,其知识结构的特性与新手不同,与只学了一年物理的学生相比,经验丰富的物理学家不仅解决问题的速度较快,而且会采用与新手不同的方式来解决问题。

这两种相反的观点对实际教学具有重要的影响。如果成为一名专家主要是一个获得更多信息的过程,那么教学应该强调事实性知识和公式的获得。相反,如果专长知识的发展涉及知识结构的不断重建,那么教学不仅要帮助学生获得更多的知识,而且要帮助学生以有用的方式重组其知识结构。简言之,如果专家看待问题的方式与新手不同,那么教学就应该鼓励新手像专家那样进行思考。对物理学家和物理新手的比较研究得到了令人信服的证据,即新手向专家的转变涉及到质的变化,而不只是量的变化(Carey,1986)。

物理新手和物理学家的比较研究

首先让我们先举一个典型的物理问题,该问题通常与第一年物理课中所见到的问题相似。请看图6-26中的汽车问题。这个问题属于物理学中的运动学问题。物理教材中的运动学一章通常包括12个公式,这些公式表达了时间、距离、平均速度、初速度、末速度和加速度等各个变量之间的关系。汽车问题中可能涉及的基本公式已在图6-26中列出。

汽车以每秒25米的速度行驶。之后,汽车以恒定的速度刹车,20秒后停下。请问:刹车之后汽车又行驶了多长距离?

下面是一些有用的公式:

1. 距离=平均速度×时间
2. 末速度=初速度+(加速度×时间)
3. 平均速度=(初速度+末速度)/2
4. 距离=(初速度×时间)+1/2 加速度×时间^2
5. 末速度^2-初速度^2=2(加速度×距离)

图6-26 汽车问题

改编自 Larkin,McDermott,Simon & Simon(1980b)

如果你学过物理学导论课程,并且主动思考过一些问题,那么你也许能够解决这个问题。但是,如果你是一名经验丰富的物理学家,长期从事物理学研究与应用的活动,那么你可能轻而易举地解决这个问题。例如,拉金等研究者(Larkin et al.,1980a,

第六章 科 学

1980b)发现,物理学专业一年级的学生要花4倍于物理学教授的时间来解决此类问题。二者的差异引发了这样一个问题:专家知道哪些新手所不知道的物理学知识呢?

迈耶(1992)发现,物理学专长知识包括四类:

- **事实性知识**:基本的物理学知识,包括物理法则,例如力=质量×加速度。
- **语义性知识**:物理法则中各种变量所蕴含的概念知识,例如知道力、质量和加速度的含义。
- **图式性知识**:问题类型的知识,例如知道所给问题是否涉及动量守恒。
- **策略性知识**:如何生成和监控解题方案的知识,例如从目标状态向已知条件进行反向思考。

在这一部分,我们将考查物理学专家与物理学新手在事实性知识、语义性知识、图式性知识以及策略性知识等方面的差异。表6-3对其差异进行了简要概括。

表6-3 物理专家和物理新手之间的差异

知识类型	新 手	专 家
事实性知识	拥有小的实用知识单元	拥有大的实用知识单元
语义性知识	建立朴素的表征	建立物理学原理的表征
图式性知识	基于表面相似性进行分类	基于结构相似性进行分类
策略性知识	从未知到已知的逆向活动	从已知到未知的正向活动

改编自 Mayer(1992)

专家/新手在事实性知识上的差异

为什么专家解决问题的速度要比新手快很多?一个可能的原因就是专家存储的事实性知识比新手更容易提取。假定新手是以小的或孤立的单元形式来存储知识,例如储存单个的公式:

公式1:距离=平均速度×时间

公式3:平均速度=(初速度+末速度)/2

而专家则以大的或相互联系的单元形式来存储事实性知识,例如将公式进行合并:

公式1-3:距离=[(初速度+末速度)/2]×时间

对于那些需要应用较多公式才能解决的问题而言,专家比新手解题速度快,因为他们无需提取许多单个的信息单元。如果专家需要涉及到距离的公式,他们只需提取一个大的公式即可,而新手则需要先提取公式1,然后再寻找平均速度的公式(即公式3)。

为了考查有关专家、新手之间的这种差异,拉金(1979)将类似于汽车问题的运动学问题呈现给只学了一年物理的学生(新手)和物理教授(专家)。要求被试在解决问题时进行"出声思维",即大声描述他们头脑中的思维进程。对他们的出声思维的口语报告进行分析发现,专家和新手都能够生成一些公式,但是生成公式的进度不同。新手随机地生成单个的公式,这表明公式在新手头脑中的存储方式是分散的。相反,专家是一串一串地生成公式,一口气说出一些,然后稍微停顿一下,又一口气说出更多的公式。这种模式表明专家是以含有两个或多个的公式的大单元来存储事实性知识的。

表6-3中的最上面一行对这类差异进行了概括:新手存储的物理学的事实性知识是单个的、相互分离的公式(即小单元),而专家拥有相互联系的公式,这样的公式可以作为一个整体被提取(即大单元)。所以,新手只能一步一步地进行加工,并需要进行多次的检查,而专家则能够使用整合的程序快速解决问题。

专家/新手在语义性知识上的差异

解决汽车问题所需要的第二类知识是语义性知识,这是有关问题情境的概念性知识。物理学家不仅知道公式,而且明白公式中各项的含义以及各项之间如何相互联系、共同表征着某些物理现象。例如,当你看到图6-27中的三辆车问题时,你是怎样考虑的?

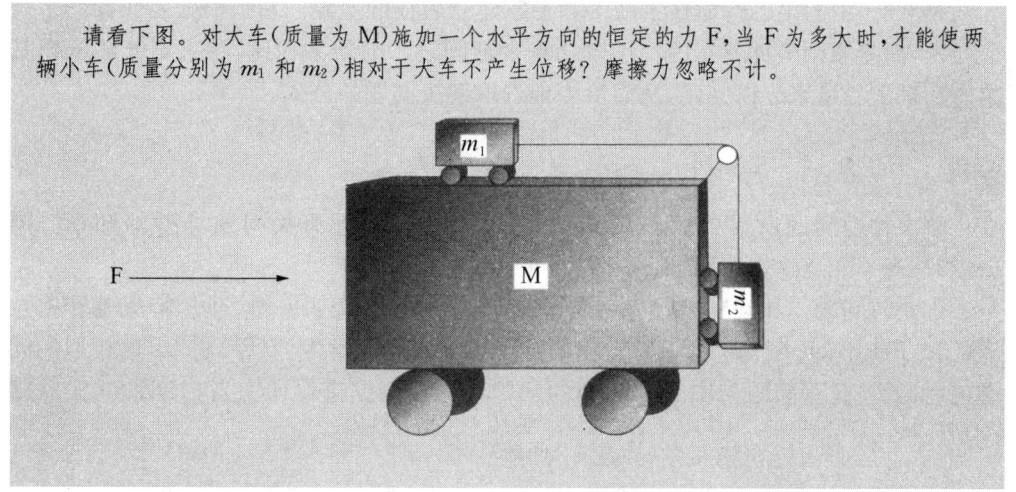

图6-27 三辆车问题

改编自 Larkin(1983)

假定你是拉金(1983)研究中的新手,你所看到的只是容易觉察的一些表面现象:一辆大车、两辆小车、绳子和一个滑轮。这些具体的实物无助于你确定使用什么公式来解决这个问题,因为它们无法使你将问题的表面特征与其中所隐含的物理原理联系起来。例如,下面是物理专业一年级的学生解决三辆车问题的典型表现(Larkin,1983,p.81):

第六章 科　　学

我现在试图要说明的问题是：它为什么没有位移……只要我能把它具体化，我就能着手解决了。但是我不知道它是如何运动的。

通过分析学生的出声思维的口语记录，拉金(1983)发现新手所建立的是朴素的问题表征，这些表征与物理概念之间无语义上的联系。

相反，假定你是拉金(1983)研究中的专家，你能够发现这一问题中所隐含的一些物理概念，例如力。下面是专家透过问题的表面特征而进行本质性分析的典型例证(Larkin,1983)：

有一个匀加速的参照系，对吧？因此，要有一个向左的力作用于 m_1，该力的大小要等于 m_2 的重量。

拉金对专家的出声思维的口语记录进行分析后发现，专家倾向于建构物理学的表征。他所看到的不是表面的绳子和小车等，而是一个匀加速参照系中的静止物体，是作用于小车上的两个力——由于大车的运动而导致的一种无形的向左的力、经由滑轮连接的向右的拉力。

表 6-3 中的第二行概括了新手和专家建立表征的差异。新手根据表面特征来表征问题，而专家则根据基本的物理概念来表征问题。与新手相比，专家更能够依据基本的物理学变量来分析问题，从而恰当地选取解决问题的公式。

专家/新手在图式性知识上的差异

解决物理问题所需的第三类知识是图式性知识，即有关问题类型的知识。图 6-28 呈现了几道物理问题，请你将这些问题分类。

你是将问题 1 和问题 2 归为一类，问题 3 归到另一类吗？奇、菲尔特威驰和格拉泽(Chi,Feltovich & Glaser,1981)在研究中要求 8 名大学生(新手)将 24 道相似的问题进行归类，这些问题与图 6-28 中的问题相似。根据奇等研究者(1981)的实验结

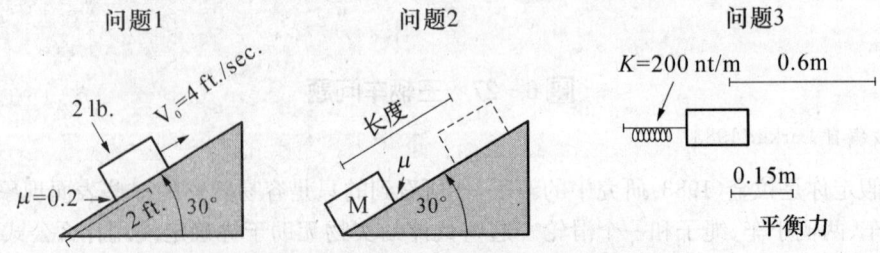

图 6-28　哪两个问题属于同一类别？

改编自 Chi,Feltovich & Glaser(1981)

果,新手依据表面特征,即依据物体的物理特征的相似性进行分类。例如,新手分别将斜面上的木块问题(例如问题1和问题2)归到一类,弹簧问题归到一类,滑轮问题归为一类,如此等等。当要求新手陈述将问题1和问题2归为一类的理由时,他们强调这两个问题的物理特征的相似,比如"它们都涉及斜面上的木块问题",或"有一定角度的斜面上的木块问题",或"斜坡问题"。

相反,当奇等研究者(1981)要求8名优秀的物理学博士生(专家)对上述问题进行归类时,他们将问题2和问题3归为一类,而将问题1归为另一类。如果你也是这样归类的,那么你思考问题的方式就与专家相似。在奇等(1981)的研究中,专家是依据结构相似性进行归类的,也就是说,根据解决这些问题所需的物理学原理进行归类。例如,问题2和问题3尽管涉及不同的物体,但是解决这些问题时都要用到能量守恒定律,所以专家就将它们归为一类。专家将问题2和问题3归为一类的理由主要有:"能量守恒"、"功-能原理"或"这些问题都可以从能量的角度来考虑;你要么应该知道能量守恒定律,要么知道某处消耗了功"。

总而言之,专家和新手似乎拥有不同的问题类型知识。表6-3中的第三行对此类差异进行了概括,新手基于表面相似性对问题进行分类,而专家基于结构相似性对问题进行分类。

专家/新手在策略性知识上的差异

专家和新手的第四个方面的差异表现在解法策略方面。拉金等研究者(1980a,1980b)要求物理专业一年级的学生(新手)在解决图6-26中的汽车问题时描述其思维活动。结果发现,他们倾向于采用倒推法,即从目标出发,推导到已知条件。解决汽车问题时,新手开始会这样问道:"我要去求什么?"然后确定主要的未知条件是汽车行驶的距离,由此确定应该使用公式1,因为这是包含距离变量的最常用的公式。下一步就要找到问题中的平均速度和时间,新手找到了平均时间是20秒,但没有找到平均速度。新手再次问道:"我接着需要找什么?"之后确定要找平均速度。某学生记得平均速度的一个公式,也就是公式3,然后再找初速度和末速度。她找到了初速度(25米/秒),但是没有找到末速度,因为她没有意识到这里的末速度是0米/秒。因为无法用公式3来解决问题,该新手试图用另一个与距离有关的公式,即公式4来解决问题,她发现已知条件包括初速度(25米/秒)和时间20秒,但是没有加速度。她的下一个目标就是找到含有加速度的公式,所以她选择了公式2。这次她仍然是找初速度、末速度和时间,由此通过公式2计算出加速度。她将这些值代入到公式4中,求出了距离的值。总之,新手采用倒推法,从要求的变量开始,一直推到已知条件。在这个过程中,他们依次应用了公式1、3、4、2和4。

当拉金等研究者(1980a,1980b)让经验丰富的物理学家解决上述问题时,专家们倾向于采用正推法,即从已知条件推导到未知条件。例如,某专家先运用公式3,将初速度(25米/秒)和末速度(0米/秒)相加之和除以2,求得平均速度(12.5米/秒)。然后将平均速度(12.5米/秒)和时间(20秒)代入公式1,得到了距离的值:12.5×20＝250米。总之,专家采用正推法解决了这个问题。也就是说,专家将各种已知条件系统地组合起来,计算出要求的值。

为了进一步检验这些结果,拉金等研究者(1980a、1980b)设计了一个计算机程序来模拟专家和新手的问题解决过程:专家程序采用正推法,并使用大的功能性知识单元;新手程序采用倒推法,并使用小的功能性知识单元。程序的主要输出结果是所应用的公式的顺序列表。专家程序的输出结果与人类专家被试的结果颇为一致,新手程序的输出结果与人类新手被试的结果也极为相似。所以,我们有理由相信计算机模拟程序正确地描述了专家与新手的区别。

为什么专家采用正推法而新手采用倒推法呢?这种解题策略的不同选择受到被试事实性知识的不同储存方式的影响。如前所述,专家是以大的单元来存储知识,他们能够将变量值直接代入一个大的公式中加以解决;而新手则以小的单元来存储知识,他们必须考虑如何将各个公式合在一起,这就需要采用从未知向已知的倒推方法,表6-3中的第四行对专家与新手所用策略的差异进行了概括。但是,此后对医学等其他领域的专长问题进行研究发现,当专家遇到不熟悉的问题时,也会采用从未知向已知的倒推方法(Groen & Patel,1988)。对于入门性的物理问题,专家比新手更倾向于采用正推法。因为新手不熟悉这些问题,因此需要采用从未知到已知的倒推策略;而专家比较熟悉这些问题,所以采用从已知到未知的正推策略。

教学启示:发展科学专长

对专长知识的研究引发了一个实际的问题:教师如何帮助学生从新手变成专家。谢弗尔逊(Shavelson,1972,1974)分析了学生在接受物理教学之后其物理学知识结构发生的变化,该研究结果令人关注。在其中的一项研究中,实验组的高中生在五天的课程中阅读牛顿定律的有关内容;而控制组学生不接受物理课程的教学。通过对学生进行前测和后测来考查其学习成绩和知识结构。

学绩测验采用标准化的多项选择题形式,主要测查学生对所学内容的保持程度。结果表明,控制组的前后测成绩之间没有显著差异(前测保持率为30%,后测保持率为32%),但是实验组的前后测成绩间有显著差异(从前测的33%到后测的54%)。

知识结构测验列出了14个关键概念。对于每一个关键概念,要求被试在1分钟之内写下所有能想到的相关词汇。这14个关键概念分别是:动量、惯性、功率、质量、时间、功、重量、加速度、力、距离、速度、冲量、速率和能量。根据学生对知识结构测验中的词汇所进行的联想反应,研究者可以确定每一个关键概念与其他的相关词汇之间的联系程度。例如,如果某被试在力和质量这两个词汇下面列出了很多相同的词汇,则表明力和质量这两个概念之间高度相关。前测的结果表明,学生在开始学习牛顿定律之前具备相关的知识经验;他们将许多术语联系在一起,尽管有些联系并不符合牛顿定律。在5次课程中,每次教学结束后,都对学生进行知识结构测验。如图6-29所示,实验组的相关系数随每次的训练而不断增大,控制组的相关系数在整个实验过程中都比较小。此外,研究者根据专家所用的物理公式中所体现出的概念之间的联系,确定了专家词汇联想反应的成绩。从图6-29中可以看出,随着教学训练的不断进行,实验组的知识结构与专家的知识结构之间的差异逐渐减小;而控制组则没有显著变化。这些结果与下述观点相符合:即物理教学不仅能够提高学生的总体成绩,而且也能够影响知识在记忆中的组织方式。经过教学训练,学生更倾向于根据物理规律来组织这些关键概念,而不是根据各个概念自身的意义来加以组织。

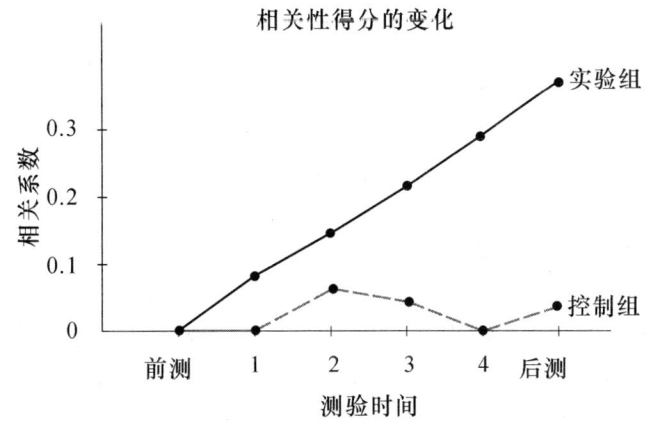

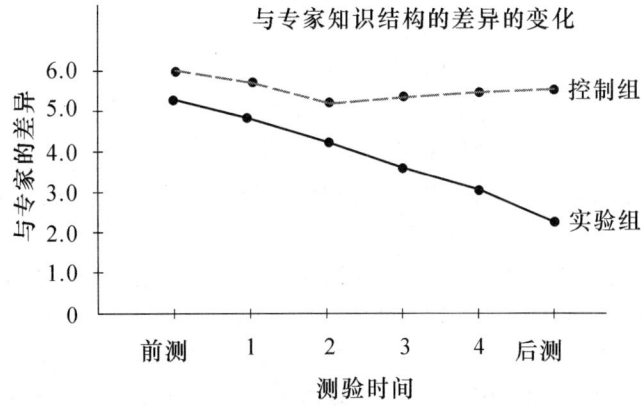

图6-29 接受物理教学之后知识结构的转变

改编自 Shavelson(1972)

第六章 科　　学

这一系列的研究对教学有什么启示呢？西蒙(Simon,1980)认为,科学训练应该具有两个基本的目标：一是提供宽厚的知识基础(例如,具有大量的有关运动学主要公式的知识经验),二是掌握与科学有关的通用问题解决策略(例如,如何识别要解决的问题类型,如何采用正推法解决问题)。西蒙(1980)认为经验是无可替代的;海斯(Hayes,1985)认为,人们若要成为某一领域的专家,大约需要10年的学习时间。若要达到精通的程度,则需要拥有专家解决问题的各种样例的广泛经验(Simon,1980)。

科学教育中的主要矛盾表现在是教授科学研究的成果(科学事实),还是教授如何进行科学研究(科学思维),哪种方式更有益。有关专长知识的研究表明,仅掌握一些事实性的知识以及进行某些操作实验还是不够的。学生既需要掌握一定数量的基础知识,也需要学习如何应用这些知识去解决问题的技能。令人遗憾的是,许多科学教材罗列了大量的相对孤立的物理知识。学生记忆大量的物理事实不应该成为物理教育的主要目的。相反,我们的目标应该是帮助学生理解这个世界上的物理现象和自然现象。要达到这个目标,则需要组织良好的知识结构以及科学解决问题的练习。

总结

传统观点认为,科学学习就是在个人的记忆里填加越来越多的信息。而认知-转变理论则认为,学习是指个体的知识结构发生实质性的改变;换言之,当个体现有的概念(或心理模型)被新的概念取代时,学习就产生了。概念-转变包括三步——识别异常情况、建构新模型、使用新模型。

本章从四个方面探讨了科学学习中的概念-转变。首先,学习者在学习科学课程之前已经具有某些先前经验,这些经验有可能是与教师所教授的科学概念不一致的错误概念或者不完整的概念。概念-转变理论强调科学的目的是解释自然界,而不只是描述自然世界。学生通常具有朴素的物理概念,认为"运动蕴含着某种力"。基于这种观念,他们会认为滚动的物体滚落下悬崖时,其运动路径是垂直的。当学生已有的概念不足以解释目前遇到的问题时,教学应该帮助学习者意识到这个问题,摒弃已有的错误概念。帮助学生识别这种情形的一种方法是预测-观察-解释法,即学生首先预测一个简单实验的结果,然后实际观察与他们的预测有可能不一致的结果,最后试图去解释这种不一致。

其次,学习者必须用新的概念来取代错误概念;也就是说,他们必须发现一种新的心理模型来更合理地解释所得到的资料。根据概念-转变理论,科学学习不仅仅依赖于同化过程,还依赖于顺应过程。当学习者在科学系统(靶系统)和较为熟悉的模型(基系统)之间建立新的类比时,例如,将电路图类比于水流系统时,顺应学习就出现了。提供类比是一种有效的教学手段。例如,若将雷达的工作机制比作抛出的球在一个距离很远的物体上反弹,那么学生就比较容易理解雷达的问题。科学教育应该帮助学生逐渐建立解释各种自然现象的能力。例如,思维者工具这一教学软件能够帮助学生探究运动规律,由此使得学生能够用牛顿运动定律取代其朴素的运动概念。

第三,学生需要发展科学思维技能,例如,如何使用他们的概念来解决问题。概念转变理论强调,除了进行常规的系统假设-检验思维之外,更应进行科学发现。尤其值得强调的是,学生必须学习如何寻找新的模型以解释有关现象,而不是寻找某些证据来支持他们眼前的设想。皮亚杰学派有关形式运算思维所进行的研究表明,学生在进入科学课堂时,缺乏进行系统地科学推理所需的先决技能,这包括如何控制变量,如何利用比例和概率等进行思维。此外,有关科学发现的研究还表明,学生通常将科学实验的目的看作是产生某一现象或结果,而不是解释该现象产生的机制。总而言之,学生试图提供证据以支持其目前的理论构想,而不是提供证据来否定目前的构想,支持相反的某种构想。有一些令人振奋的研究证据表明,科学推理技能是可以通过训练而改善的,学生可以掌握一些方法以提高其在变量控制任务上的成绩,帮助他们将科学推理看作是对所得结果进行新的解释的过程。

最后,学生需要获得有关知识,以便从新手转变成专家。概念转变理论认为,新手与专家在经验结构上存在本质差异。如果我们对新手的知识结构与专家的知识结构进行比较的话,则可以简要概括为四个方面的区别:(1)新手以小的单元组织事实性知识,而专家建构大的知识单元;(2)新手所拥有的语义性知识使得他们只能建构朴素、直觉的问题表征;而专家拥有的语义性知识使其可以根据物理学原理来建构表征;(3)新手拥有的图式性知识使得他们依据表面相似性来对问题进行归类,而专家能够依据结构相似性对问题归类;(4)新手的策略性知识是从未知向已知的倒推法,而专家的策略性知识则是从已知向未知的正推法。因此,科学知识的获得不仅包括增加记忆中的信息,而且也包括以连贯和有效的方式重组知识。

总而言之,科学教育中主要的概念转变包括将科学学习看作是促使学生知识概念转变的过程,而不是将信息添加到学生记忆中的过程。

推荐读物

Carey S. (1985) *Conceptual change in childhood*. Cambridge: MIT Press.
Gabel D. L. (Ed.) (1994) *Handbook of research on science teaching and learning*. NY: Macmillan.
Glynn S. M., Yeany R. H. & Britton B. K. (eds.) (1991) *The psychology of learning science*. Hillsdale, NJ: Erlbaum.

词汇表

A

Affective knowledge　情感知识
Alphabet　字母表
Analogical models　类比模型
Analogical and conceptual change　类比和概念转变
Analogy pronunciation strategy　类比发音策略
Appropriate context　恰当语境
Arithmetic　算术
Assimilation & accommodation　同化和顺应
Associative writing　联想性写作
Attention　注意
Audience　听众
Automaticity effect　自动化效应
Automaticity　自动化
Awareness and memory　警觉性和记忆

B

Back-up strategies　备份策略
Ball problem　球体问题
Basal readers　基础读物
Basal reading programs　基础阅读教程
Behaviorist approach　行为主义取向
Buffer model　缓冲器模型
BUGGY computer program　BUGGY计算机程序

C

Cliff problem　悬崖问题
Code emphasis method　侧重编码法
Cognition and Technology Group at Vanderbilt　范德比尔特大学的认知与技术小组
Cognitive approach　认知取向
Cognitive development, formal operation thought　认知发展，形式运算思维
Cognitive processes　认知过程
Cognitive Strategy Instruction in Writing, CSIW　写作的认知策略教学
Coin problem　硬币问题

Communication 交流
Comprehension monitoring 理解监控
Computational expertise 计算专长
Computational procedures 计算程序
Conceptual change 概念转变
Conceptual knowledge 概念性知识
Confirmation bias 确认偏见
Consonants 辅音
Constraints 限制
Content knowledge 内容知识
Context effects 语境效应
Context-free word recognition 不受语境限制的单词识别
Control-of-variables task 变量控制任务
Cooperactive learning 合作性学习
Corresponding pronunciation strategy 对应发音策略
Counting-all 全部计数
Counting-on 相接计数

Decoding 解码
Derived facts 导出事实
Drill-and-practice 操练

Education 教育
Educational Psychology 《教育心理学》
Effort after meaning 努力探寻意义
Elaboration 精制
Encoding 编码
Episodes 情节
Error recall 错误的回忆
Experience and Education 《经验与教育》
Expert scaffolding 专家支架
External conditions 外部条件
Eye movements 眼动

词 汇 表

F

Factual knowledge　事实性知识
Feature detector　特征检测
Fixations　凝视
Flattering　平整化
Focal attention hypothesis　注意集中假设
Formal operation thought　形式运算思维

G

Generative learning　生成性学习
Goal path　目标路径
Grammatical rules　语法规则
Group discussion　小组讨论

H

Hierarchical summary procedure　等级化概要程序
Hypothesis creation　假设生成
Hypothesis-testing　假设检验

I

Idea units　要点单元
Ideational confrontation　概念面对面
Implicit inconsistency　隐含的矛盾
Inappropriate context　不恰当语境
Inference recall　推断性的回忆
Inference training　推断训练
Inference-making　进行推断
Information　信息
Information processing theories　信息加工理论
Inquiry　探究
Instruction　教学
Instructional manipulation　教学活动
Integration　整合
Intellectual skill　智力技能
Internal conditions　内部条件
Intuitive physics/science　直觉物理/科学

Journal of Educational Psychology   教育心理学杂志

Kinematics   运动学
Knowledge   知识
Knowledge acquisition   知识获得
Knowledge construction   知识建构
Knowledge structure(s)   知识结构

Learner(s)   学习者
Learner-centered approach   "以学习者为中心"的取向
Learner characteristics   学习者特征
Learning   学习
Learning-as-knowledge-acquistion metaphor   知识获得的学习观
Learning-as-knowledge-construstion metaphor   知识建构的学习观
Learning-as-response-strengthening metaphor   反应增强的学习观
Learning curve   学习曲线
Learning disability   学习障碍
Learning outcome   学习结果
Learning process   学习过程
Learning to read   学会阅读
Learning to Read: The Great Debate   《学会阅读：激烈争论》（查利斯）
Letter detector   字母检测
Level effect   等级效应
Leveling / flattening   平整化
Linguistic knowledge   语言性知识
Long-term memory(LTM)   长时记忆

Mapping   匹配
Mathematics problem solving   数学问题解决
McGuffey Readers   《麦克古菲系列读物》
Meaning accessing   意义获得
Meaning-emphasis method   侧重意义法

Memory system 记忆系统
Mental number-line 心理数字线
Mental representations 心理表征
Metacognition 元认知
Metacognitive knowledge 元认知知识
Misconceptions, of physics/scientific principles 物理/科学原理中的错误概念
Monitoring 监控
Motivation 动机

Narrative prose 记叙文
Natural process mode 自然过程模式
Nonlearning 无学习

Organization 组织

P

Passive recipient 被动接受者
Performance 表现
Personal knowledge 人际知识
Phoneme 音素
Phonics approach 读音法
Phonological awareness 音素意识
Physics 物理
Planing phase 计划阶段
Predict-observe-explain (POE) method 预测-观察-解释(POE)法
Prewriting activities 前写作活动
Principle of Teaching Based on Psychology 《以心理学为基础的教学原则》
Prior knowledge 先前知识
Problem integration 问题整合
Problem translation 问题转译
Procedural knowledge 程序性知识
Processing theory 加工理论
Pronunciation strategies 发音策略
Pronunciation strategies effect 发音策略效应

Proportional reasoning task　比率推理任务
Prose structure　文章结构
Protocols　口语报告
Psychology　心理学
Psychology of Arithmetic　《算术心理学》(桑代克)
Psychology of subject matter　学科教学心理学
Punishment　惩罚

Rationalization　合理化
Read to learn　通过阅读进行学习
Readiness skills　准备性技能
Reading comprehension　阅读理解
Reading fluency　阅读流畅性
Reading instruction　阅读教学
Reading rate　阅读速度
Recall　回忆
Reciprocal teaching　交互式教学
Reinforcement　强化
Repeated reading　重复阅读
Response　反应
Retention　保持
Retrieving　提取
Revision training　修改训练

Saccade length　扫视长度
Saccade　扫视
Scaffolding　支架
Scales　量表
Schema　图式
Schema theory　图式理论
Schematic knowledge　图式性知识
Scientific alphabet　科学字母表
Scientific expertise　科学专长
Scientific reasoning　科学推理

词 汇 表

Selective combination　选择性结合
Selective comparision　选择性比较
Selective encoding　选择性编码
Semantic constraints　语义限制
Semantic clues　语义线索
Semantic knowledge　语义性知识
Sentence integration　句子整合
Sharpening　突显化
Short-term memory(STM)　短时记忆
Silent reading　默读
Similarity　相似性
Situational model　情境模型
Skill learning　技能学习
Social contact　社会交流
Social factors　社会因素
Solution execution　解题方案执行
Solution planning/monitoring　解题方案的计划与监控
Solution plan　解题计划
Solution training　解法训练
Spatial representation　空间表征
Speech　言语
Speed reading　快速阅读
Spelling　拼写
Stimulus-response（S-R）　刺激-反应
Story grammars　故事语法
Story problem　应用题
Strategic Knowledge　策略性知识
Structure-mapping theory　结构-匹配理论
Study strategies　学习策略
Subordinate ideas　下位信息
Summarization　概括
Superordinate ideas　上位信息
Syntactic constraints　句法限制
Syntax　语法

Talks to Teachers　《对教师讲心理学》（威廉姆·詹姆斯）

Teaching 教学
Text interpretation 文本理解
Textbook 教科书
Textual constraints 上下文限制
Text-explicit information 外显内容信息
Text-implicit information 内隐内容信息
The Adventure of Jasper Woobury 《贾斯帕·伍德巴里探险记》
The American spelling book 《美国拼读》
The New England Primer 《新英格兰初级读本》
The Psychology and Pedagory of Reading 《心理学与阅读教学法》
Think aloud 出声思维
Thinker tools 思考者工具
Topic knowledge 主题性知识
Topic shift effect 主题变换效应
Top-level structure 顶级结构
Translation 转化
Translation constraints 转化限制

Understanding 理解

Verbal information 言语信息
Visual representation 视觉表征
Vocabulary 词汇
Vowel 元音

W

Whole-word method 整词法
Why Johnny Can't Read and What You Can Do about It? 《为什么约翰不会阅读？你对此如何作为？》(弗莱彻)
Wild boy of Aveyron 阿韦龙的野小子
Withdrawal 撤出
Word detector 单词检测
Word meaning 词义
Word processor 文字处理器

词　汇　表

Word recognition　单词识别
Word superiority effect　词优效应
Working memory　工作记忆
Work-out examples　样例
Write think-sheet　书写思考单
Writer's Workbench　写作者工作台
Writing　写作
Writing instruction　写作教学
Writing programs　写作计划

A

Adams, A., Carnine, D. & Gersten, R. (1982). Instructional strategies for studying content area texts in the intermediate grades. *Reading Research Quarterly*, 18, 27-55.

Adams, M. J. (1990). *Beginning to read*. Cambridge, MA: MIT Press.

Anderson, R. G., & Freebody, P. (1981). Vocabulary knowledge. In J. T. Guthrie (Ed.), *Comprehension and teaching: Research reviews*. Newark, DE: International Reading Association.

Applebee, A. N. (1982). Writing and learning in school settings. In M. Nystrant (Ed.), *What writers know*. New York: Academic Press.

Ashcraft, M. H., & Stazyk, E. H. (1981). Mental addition: A test of three verification models. *Memory and Cognition*, 9, 185-196.

Ausubel, D. P. (1968). *Educational psychology: A cognitive view*. New York: Holt, Rinehart & Winston.

B

Baker, L., & Anderson, R. C. (1982). Effects of inconsistent information on text processing: Evidence for comprehension monitoring. *Reading Research Quarterly*, 17, 281-293.

Bangert-Drowns, R. L. (1993). The word processor as an instructional tool: A meta-analysis of word processing in writing instruction. *Review of Educational Research*, 63, 69-93.

Baron, J. (1977). What we might know about orthographic rules. In S. Dornic (Ed.), *Attention and performance VI*. Hillsdale, NJ: Erlbaum.

Baron, J. (1978). The word-superiority effect: Perceptual learning from reading. In W. K. Estes (Ed.), *Handbook of learning and cognitive processes*. Vol. 6. Hillsdale, NJ: Erlbaum.

Bartlett, E. J. (1982). Learning to revise: Some component processes. In M. Nystrand (Ed.), *What writers know*. New York: Academic Press.

Bartlett, E. J., & Scribner, S. (1981). Text and content: An investigation of referential organization in children's written narratives. In C. H. Frederiksen & J. F. Dominic (Eds.), *Writing*. Vol. 2. Hillsdale, NJ: Erlbaum.

Bartlett, F. C. (1932). *Remembering: A study in experimental and social psychology*. Cambridge, UK: Cambridge University Press.

Bean, T. W., & Steenwyk, F. L. (1984). The effect of three forms of summarization instruction on sixth graders' summary writing and comprehension.

Journal of Reading Behavior, 16, 297–306.

Beck, I. L., Perfetti, C. A., & McKeown, M. G. (1982). Effects of long-term vocabulary instruction on lexical access and reading comprehension. *Journal of Educational Psychology*, 74, 506–521.

Beck, I. L., & McKeown, M. G. (1994). Outcomes of history instruction: Paste-up accounts. In M. Carretero & J. F. Voss (Eds.), *Cognitive and instructional processes in history and the social sciences*. Hillsdale, NJ: Erlbaum.

Beck, I. L., McKeown, M. G., Sinatra, G. M., & Loxterman, J. A. (1991). Revising social studies text from a text-processing perspective: Evidence of improved comprehensibility. *Reading Research Quarterly*, 26, 251–276.

Bereiter, C. (1980). Development in writing. In L. W. Gregg, & E. R. Sternberg (Eds.), *Cognitive processes in writing*. Hillsdale, NJ: Erlbaum.

Berieter, C., & Scardamalia, M. (1987). *The psychology of written composition*. Hillsdale, NJ: Erlbaum.

Bobrow, D. G. (1968). Natural language input for a computer problem solving system. In M. Minsky (Ed.), *Semantic information processing*. Cambridge, MA: MIT Press.

Bradley, L., & Bryant, P. (1978). Difficulties in auditory organization as a possible cause of reading backwardness. *Nature*, 271, 746–747.

Bradley, L., & Bryant, P. (1983). Categorizing sounds and learning to read—a causal connection. *Nature*, 301, 419–421.

Bradley, L., & Bryant, P. (1985). *Rhyme and reason in reading and spelling*. Ann Arbor, MI: University of Michigan Press.

Bradley, L., & Bryant, P. (1991). Phonological skills before and after learning to read. In S. A. Brady & D. P. Shankweiler (Eds.), *Phonological processes in literacy*. Hillsdale, NJ: Erlbaum.

Bransford, J. D., & Johnson, M. K. (1972). Contextual prerequisites for understanding: Some investigations of comprehension and recall. *Journal of Verbal Learning and Verbal Behavior*, 11, 717–726.

Bransford, J. D., Zech, L., Schwartz, D., Barron, B., Vye, N., & The Cognition and Technology Group at Vanderbilt (1996). Fostering mathematical thinking in middle school students: Lessons from research. In R. J. Sternberg & T. Ben-Zeev (Eds.), *The nature of mathematical thinking*. Mahwah, NJ: Elbaum.

Brenner, M. A., Mayer, R. E., Mosely, B., Brar, T., Duran, R., Reed,

B. S., & Webb, D. (1997). Learning by understanding: The role of multiple representations in learning algebra. *American Educational Research Journal*, *34*, 663–690.

Brononski, J. (1978). *The common sense of science*. Cambridge, MA: Harvard University Press.

Brown, A. L., Campione, J. C. & Barclay, C. R. (1979). Training self-checking routines for estimating test readiness: Generalization from list learning to prose recall. *Child Development*, *50*, 501–512.

Brown, A. L., Campione, J. C. & Day, J. D. (1981). Learning to learn: On training students to learn from texts. *Educational Researcher*, *10*, 14–21.

Brown, A. L. & Day, J. D. (1983). Macrorules for summarzing texts: The development of expertise. *Journal of Verbal Learning and Verbal Behavior*, *22*, 1–14.

Brown, A. L., Day, J. D. & Jones, R. S. (1983). The development of plans for summarizing texts. *Child Development*, *54*, 968–979.

Brown, A. L., & Palinscar, A. S. (1989). Guided, cooperative learning and individual knowledge acquisition. In L. B. Resnick (Ed.), *Knowing, learning, and instruction: Essays in honor of Robert Glaser* (pp. 393–452). Hillsdale, NJ: Erlbaum.

Brown, A. L., & Smiley, S. S. (1977). Rating the importance of structural units of prose passages: A problem of metacognitive development. *Child Development*, *48*, 1–8.

Brown, A. L., & Smiley, S. S. (1978). The development of strategies for studying texts. *Child Development*, *49*, 1076–1088.

Brown, J. S., & Burton, R. R. (1978). Diagnostic models for procedural bugs in basic mathematical skills. *Cognitive Science*, *2*, 155–192.

Brown, J. S., McDonald, J. L., Brown, T. L., & Carr, T. H. (1988). Adapting to processing demands in discourse production: The case of handwriting. *Journal of Experimental Psychology: Human Perception and Performance*, *14*, 45–59.

Bruce, B., Collins, A., Rubin, A., & Gentner, D. (1982). Three perspectives on writing. *Educational Psychologist*, *17*, 131–145.

Bruer, J. T. (1993). *Schools for thought*. Cambridge, MA: MIT Press. Bryan, W. L., & Harter, N. (1897). Studies in the physiology and psychology of telegraphic language. *Psychological Review*, *4*, 27–53.

C

Caccamise, D. J. (1987). Idea generation in writing. In A. Matsushashi (Ed.), *Writing in real time: Modeling production processes*. Norwood, NJ: Ablex.

Calfee, R., Chapman, R., & Venezky, R. (1972). How a child needs to think to learn to read. In L. W. Gregg (Ed.), *Cognition in learning and memory*. New York: Wiley.

Carey, S. (1985). *Conceptual change in childhood*. Cambridge, MA: MIT Press.

Carey, S. (1986). Cognitive science and science education. *American Psychologist*, 41, 1123–1130.

Carey, S., Evans, R., Honda, M., Jay, E., & Unger, C. (1989). "An experiment is when you try it and see if it works": A study of grade 7 students' understanding of the construction of scientific knowledge. *International Journal of Science Education*, 11, 514–529.

Carpenter, P. A., & Just, M. A. (1981). Cognitive processes in reading: Models based on readers' eye fixations. In A. M. Lesgold & C. A. Perfetti (Eds.), *Interactive processes in reading*. Hillsdale, NJ: Erlbaum.

Carver, R. P. (1971). *Sense and nonsense in speed reading*. Silver Springs, MD: Revrac.

Carver, R. P. (1985). How good are some of the world's best readers? *Reading Research Quarterly*, 20, 389–419.

Case, R., & Okamoto, Y. (1996). The role of central conceptual structures in the development of children's thought. *Monographs of the Society for Research in Child Development*, 61(1 & 2), No. 246.

Cattell, J. M. (1886). The time taken up by cerebral operations. *Mind*, 11, 220–242.

Chall, J. S. (1979). The great debate: Ten years later, with a modest proposal for reading stages. In L. B. Resnick & P. A. Weaver (Eds.), *Theory and practice of early reading*. Hillsdale, NJ: Erlbaum.

Chall, J. S. (1983). *Learning to read: The great debate*. New York: McGraw-Hill.

Chall, J. S. & Squire, J. R. (1991). The publishing industry and textbooks. In R. Barr, M. L. Kamil, P. B. Mosenthal, & P. D. Pearson (Eds.), *Handbook of reading research*, Vol. 2 (pp. 120–146). New York: Longman.

Champagne, A. B., Gunstone, R. F., & Klopfer, L. E. (1985). Effecting changes in cognitive structures among physics students. In H. T. West & A. L. Pines (Eds.), *Cognitive structure and conceptual change*. Orlando, FL: Academic Press.

Champagne, A., Klopfer, L., & Gunstone, R. (1982). Cognitive research and the design of science instruction. *Educational Psychologist*, 17, 31–53.

Chi, M. T. H., Feltovich, P. J., & Glaser, R. (1981). Categorization and representation of physics problems by experts and novices. *Cognitive Science*, 5, 121–152.

Chi, M. T. H., Bassok, M., Lewis, M. W., Reimann, P. & Glaser, R. (1989). Self-explanations: How students study and use examples in learning to solve problems. *Cognitive Science*, 13, 145–182.

Clement, J. (1982). Students' preconceptions in elementary mechanics. *American Journal of Physics*, 50, 66–71.

Clymer, T. (1963). The utility of phonic generalizations in the primary grades. *Reading Teacher*, 16, 252–258.

Cognition and Technology Group at Vanderbilt (1992). The Jasper series as an example of anchored instruction: Theory, program description, and assessment data. *Educational Psychologist*, 27, 291–315.

Cohen, H., Hillman, D., & Agne, R. (1978). Cognitive level and college physics achievement. *American Journal of Physics*, 46, 1026.

Crowder, R. G. (1982). *The psychology of reading*. New York: Oxford University Press.

Crowder, R. G., & Wagner, R. K. (1992). *The psychology of reading*. New York: Oxford University Press.

Cubberly, E. P. (1920). *The history of education*. Boston: Houghton Mifflin.

Cunningham, A. E. (1990). Explicit vs. implicit instruction in phonemic awareness. *Journal of Experimental Child Psychology*, 50, 429–444.

D

DiVesta, F. (1989). Applications of cognitive psychology to education. In W. C. Wittrock & F. Farley (Eds.), *The future of educational psychology* (pp. 37–73). Hillsdale, NJ: Erlbaum.

Dossey, J. A., Mullis, I. V. S., Lindquist, M. M., & Chambers, D. L. (1988). *The mathematics report card*. Princeton, NJ: Educational Testing Service.

Dowhower, S. L. (1994). Repeated reading revisited: Research into practice. *Reading & Writing Quarterly*, 10, 343–358.

Dunbar, K. (1993). Concept discovery in a scientific domain. *Cognitive Science*, *17*, 397-434.

E

Ehri, L. C. (1991). Development of the ability to read words. In R. Barr, M. L. Kamil, P. Mosenthal, & P. D. Pearson (Eds.), *Handbook of research on reading Vol. 2*. White Plains, NY: Longman.

Ehri, L. C., & Robbins, C. (1992). Beginners need some decoding skill to read by analogy. *Reading Research Quarterly*, *27*, 13-26.

Ehri, L. C., & Roberts, K. T. (1979). Do beginners learn printed words better in context or in isolation? *Child Development*, *50*, 175-685.

Elliot-Faust, D. J., & Pressley, M. (1986). How to teach comparison processing to increase children's short-and long-term listening comprehension monitoring. *Journal of Educational Psychology*, *78*, 27-33.

Englert, C. S., Raphel, T. E., Anderson, L. M., Anthony, H. M., & Stevens, D. D. (1991). Making strategies and self-talk visible: Writing instruction in regular and special education classrooms. *American Educational Research Journal*, *28*, 337-372.

Erickson, G. L. (1979). Children's conception of heat and temperature. *Science Education*, *63*, 222-230.

Eylon, B. & Linn, M. C. (1988). Learning and instruction: An examination of four research perspectives in science education. *Review of Educational Research*, *58*, 251-301.

F

Fitzgerald, J. & Markman, L. R. (1987). Teaching children about revision in writing. *Cognition and Instruction*, *41*, 3-24.

Fitzgerald, J. (1987). Research on revision in writing. *Review of Educational Research*, *57*, 481-506.

Fleisher, L. S., Jenkins, J. R., & Pany, D. (1979). Effects on poor readers' comprehension of training in rapid decoding. *Reading Research Quarterly*, *15*, 30-48.

Flesch, R. P. (1955). *Why Johnny can't read*. New York: Harper.

Flower, L. (1979). Writer-based prose: A cognitive basis for problems in writing. *College English*, *41*, 13-18.

Flower, L., & Hayes, J. R. (1981). Plans that guide the composition process. In C. H. Fredericksen & J. F. Dominic (Eds.), *Writing: Volume 2*. Hillsdale, NJ: Erlbaum.

Frase, L. T. (1982). Introduction to special issue on the psychology of writing. *Educational Psychologist*, 17, 129–130.

Fuson, K. C. (1982). An analysis of the counting-on solution procedure in addition. In T. P. Carpenter, J. M. Moser, & T. A. Romber (Eds.), *Addition and subtraction: A cognitive perspective*. Hillsdale, NJ: Erlbaum.

Fuson, K. C. (1992). Research on whole number addition and subtraction. In D. A. Grouws (Ed.), *Handbook of research on mathematics teaching and learning*. New York: Macmillan.

G

Gagne, R. M. (1968). Learning hierarchies. *Educational Psychologist*, 6, 1–9.

Gagne, R. M. (1974). *Essentials of learning for instruction*. Hinsdale, IL: Dryden Press.

Gardner, H. (1985). *The mind's new science: A history of the cognitive revolution*. New York: Basic Books.

Gentner, D. (1983). Structure mapping: A theoretical framework. *Cognitive Science*, 7, 155–170

Gentner, D. (1989). The mechanisms of analogical learning. In S. Vosniadou & A. Ortony (Eds.), *Similarity and analogical reasoning*. Cambridge, England: Cambridge University Press.

Gentner, D., & Gentner, D. R. (1983). Flowing waters or teeming crowds: Mental models of electricity. In D. Gentner & A. L. Stevens (Eds.), *Mental models*. Hillsdale, NJ: Erlbaum.

Gentner, D., & Stevens, A. L. (Eds.) (1983). *Mental models*. Hillsdale, NJ: Erlbaum.

Gernsbacher, M. A. (1990). *Language comprehension as structure building*. Hillsdale, NJ: Erlbaum.

Gernsbacher, M. A. (Ed.) (1994). *Handbook of psycholinguistics*. San Diego: Academic Press.

Glynn, S. M., Britton, B. K., Muth, D., & Dogan, N. (1982). Writing and revising persuasive documents: Cognitive demands. *Journal of Educational Psychology*, 74, 557–567.

Glynn, S. M. (1991). Explaining science concepts: A teaching-with-analogies model. In S. M. Glynn, R. H. Yeany, & B. K. Britton (Eds.). *The psy-*

chology of learning science. Hillsdale, NJ: Erlbaum.

Glynn, S. M., Yeany, R. H., & Britton, B. K. (Eds.) (1991). *The psychology of learning science*. Hillsdale, NJ: Erlbaum.

Goswami, U., & Bryant, P. (1990). *Phonological skills and learning to read*. Hillsdale, NJ: Erlbaum.

Goswami, U., & Bryant, P. (1992). Rhyme, analogy, and children's reading. In P. B. Gough, L. C. Ehri, & R. Treiman (Eds.), *Reading acquisition*. Hillsdale, NJ: Erlbaum.

Goswami, U. (1986). Children's use of analogy in learning to read: A developmental study. *Journal of Experimental Child Psychology*, 42, 73-83.

Gould, J. D. (1978a). How experts dictate. *Journal of Experimental Psychology: Human Perception and Performance*, 4, 648-661.

Gould, J. D. (1978b). An experimental study of writing, dictating, and speaking. In J. Requien (Ed.), *Attention and performance*, VII. Hillsdale, NJ: Erlbaum.

Gould, J. D. (1980). Experiments on composing letters: Some facts, some myths, and some observations. In L. W. Gregg & E. R. Steinberg (Eds.), *Cognitive processes in writing*. Hillsdale, NJ: Erlbaum.

Greeno, J. G. (1980). Some examples of cognitive task analysis with instructional implications. In R. E. Snow, P. Frederico, & W. E. Montague (Eds.), *Aptitude, learning, and instruction*, Vol. 2. Hillsdale, NJ: Erlbaum.

Griffin, S., & Case, R. (1996). Evaluating the breadth and depth of training effects when central conceptual structures are taught. In R. Case & Y. Okamoto (Eds.), The role of central structures in the development of children's thought (pp. 83-102). *Monographs of the Society for Research in Child Development*, 61, Serial No. 246, Nos. 1-2.

Griffin, S. A., Case, R., & Siegler, R. S. (1994). Rightstart: Providing the central conceptual prerequisites for first formal learning of arithmetic to students at risk for school failure. In K. McGilly (Ed.), *Classroom lessons: Integrating cognitive theory and classroom practice*. Cambridge, MA: MIT Press.

Griffin, S. A., Case, R., & Capodilupo, S. (1995). Teaching for understanding: The importance of ventral conceptual structures in the elementary school mathematics curriculum. In A. McKeough, J. Lupart, & A. Marini(Eds.), *Teaching for transfer: Fostering generalization in learning*. Hillsdale, NJ: Erlbaum.

Griffiths, D. (1976). Physics teaching: Does it hinder intellectual development? *American Journal of Physics*, 44, 81–85.

Grinder, R. E. (1989). Educational psychology: The master science. In W. C. Wittrock & F. Farley (Eds.), *The future of educational psychology* (pp. 3–18). Hillsdale, NJ: Erlbaum.

Groen, G. J., & Parkman, J. M. (1972). A chronometric analysis of simple addition. *Psychological Review*, 97, 329–343.

Groen, G. J., & Patel, V. L. (1988). The relationship between comprehension and reasoning in medical expertise. In M. T. H. Chi, R. Glaser, & M. J. Farr (Eds.), *The nature of expertise*. Hillsdale, NJ: Erlbaum.

Grouws, D. A. (Ed.) (1992). *Handbook of research on mathematics teaching and learning*. New York: Macmillan.

Gunstone, R. F., & White, R. T. (1981). Understanding of gravity. *Science Education*, 65, 291–300.

H

Haberlandt, K. (1984). Components of sentence and word reading times. In D. E. Kieras & M. A. Just (Eds.), *New methods in reading comprehension research*. Hillsdale, NJ. Erlbaum.

Halpern, D. (Ed.) (1992). *Enhancing thinking skills in the sciences and mathematics*. Hillsdale, NJ: Erlbaum.

Halsford, G. S. (1993). *Children's understanding: The development of mental models*. Hillsdale, NJ: Erlbaum.

Hansen, J., & Pearson, P. D. (1983). An instructional study: Improving the inferential comprehension of good and poor fourth-grade readers. *Journal of Educational Psychology*, 75, 821–829.

Hansen, J. (1981). The effects of inference training and practice on young children's comprehension. *Reading Research Quarterly*, 16, 391–417.

Hartley, J. (1984). The role of colleagues and text-editing programs in improving text. *IEEE Transactions on Professional Communication*, 27, 42–44.

Hayes, J. R., & Flower, L. S. (1980). Identifying the organization of writing processes. In L. W. Gregg & E. R. Steinberg (Eds.), Cognitive processes, in writing. Hillsdale, NJ. Erlbaum.

Hayes, J. R. (1985). Three problems in teaching general skills. In S. F. Chipman, J. W. Segal, & R. Glaser (Eds.), *Thinking and learning skills: Volume 2, Research and open questions*. Hillsdale, NJ: Erlbaum.

Hayes, J. R., & Flower, L. S. (1986). Writing research and the writer. American Psychologist, 41, 1106-1113.

Hayes, J. R. (1996). A new framework for understanding cognition and affect in writing. In C. M. Levy & S. Ransdell, (Eds.), *The science of writing*. Mahwah, NJ: Erlbaum.

Hayes, J. R., Waterman, D. A., & Robinson, C. S. (1977). Identifying relevant aspects of a text problem. *Cognitive Science*, 1, 297-313.

Hegarty, M., Mayer, R. E. & Monk, C. A. (1995). Comprehension of arithmetic word problems: A comparison of successful and unsuccessful problem solvers. *Journal of Educational Psychology*, 87, 18-32.

Hillocks, G. (1984). What works in teaching composition: A meta-analysis of experimental treatment studies. *American Journal of Education*, 93, 133-170.

Hinsley, D., Hayes, J. R., & Simson, H. A. (1977). From words to equations. In P. Carpenter & M. Just (Eds.), *Cognitive processes in comprehension*. Hillsdale, NJ: Erlbaum.

Huey, E. B. (1908). *The psychology and pedagogy of reading*. New York: Macmillan. (Reprinted by MIT Press in 1968).

Huey, E. B. (1968). *The psychology and pedagogy of reading*. Cambridge, MA: MIT Press. (Originally published in 1908).

Hyona, J. (1994). Processing of topic shifts by adults and children. *Reading Research Quarterly*, 29, 76-90.

Inhelder, B., & Piaget, J. (1958). *The growth of logical thinking from childhood to adolescence*. New York: Basic Books. (A. Parson & S. Milgram, Trans.; original French edition, 1955).

James, W. (1958). *Talks to teachers*. New York: Norton. (Originally published in 1899.)

Johnson, R. E. (1970). Recall of prose as a function of the structural importance of linguistic units. *Journal of Verbal Learning and Verbal Behavior*, 9, 12-20.

Johnston, J. C., & McClelland, J. L. (1980). Experimental tests of a hierarchical model of word identification. *Journal of Verbal Learning and Verbal Behavior*, 19, 503-524.

Johnston, J. C. (1978). A test of the sophisticated guessing theory of word perception. *Cognitive Psychology*, 10, 123–153.

Johnston, J. C. (1981). Understanding word perception: Clues from studying the word superiority effect. In O. J. L. Tzeng & H. Singer (Eds.), *Perception of Print*. Hillsdale, NJ: Erlbaum.

Juel, C., Griffith, P. L., & Gough, P. B. (1986). Acquisition of literacy: A longitudinal study of children in first and second grade. *Journal of Educational Psychology*, 78, 243–255.

Just, M. A., & Carpenter, P. A. (1978). Inference process during reading: Reflections from eye fixations. In J. W. Senders, D. F. Fisher, & R. A. Monty (Eds.), *Eye movements and the higher psychological functions*. Hillsdale, NJ: Erlbaum.

Just, M. A., & Carpenter, P. A. (1981). A theory of reading: From eye fixations to comprehension. *Psychological Review*, 87, 329–354.

K

Kaiser, M. K., Proffitt, D. R., & McCloskey, M. (1985). The development of beliefs about falling objects. *Perception and Psychophysics*, 38, 533–539.

Kameenui, E. J., Carnine, D. W., & Freschi, R. (1982). Effects of text construction and instructional procedures for teaching word meanings on comprehension and recall. *Reading Research Quarterly*, 17, 367–388.

Karplus, R., Karplus, E., Formisano, M., & Paulsen, A. (1979). Proportional reasoning and control of variables in seven countries. In J. Lochhead & J. Clement (Eds.), *Cognitive process instruction: Research on teaching thinking skills*. Philadelphia: Franklin Institute Press.

Kearney, H. (1971). *Science and change*. New York: McGraw-Hill.

Kellogg, R. T. (1987). Effects of topic knowledge on the allocation of processing time and cognitive effort to writing processes. *Memory & Cognition*, 15, 256–266.

Kellogg, R. T. (1988). Attentional overload and writing performance: Effects of rough draft and outline strategies. *Journal of Experimental Psychology: Learning, memory, and Cognition*, 14, 355–365.

Kellogg, R. T. (1994). *The psychology of writing*. New York: Oxford University Press.

Kellogg, R. T., & Mueller, S. (1993). Performance amplification and process restructuring in computer-based writing. *International Journal of Man-Ma-*

chine Studies, 39, 33-49.

Kiefer, K. E., & Smith, C. R. (1983). Textual analysis with computers: Tests of Bell Laboratories' computer software. *Research in the Teaching of English*, 17, 201-214.

Kintsch, W. (1976). Memory for prose. In C. N. Cofer (Ed.), *The structure of human memory*. New York: Freeman.

Kintsch, W., & Greeno, J. G. (1985). Understanding and solving word problems. *Psychological Review*, 92, 109-129.

Klahr, D., & Dunbar, K. (1988). Dual space search during scientific reasoning. *Cognitive Science*, 12, 1-48.

Klayman, J., & Ha, Y. W. (1987). Confirmation, disconfirmation and information in hypothesis testing. *Psychological Review*, 94, 211-228.

Kolers, P. A. (1968). Introduction. In E. B. Huey, *The psychology and pedagogy of reading*. Cambridge, MA: MIT Press.

Kolodiy, G. (1975). The cognitive development of high school and college science students. *Journal of College Science Teaching*, 5(1), 20-22.

Koskinen, P. S., & Blum, I. H. (1986). Paired repeated reading: A classroom strategy for developing fluent reading. *Reading Teacher*, 40(1), 70-75.

Kreiger, L. E. (1975). Familiarity effects in visual information processing. *Psychological Bulletin*, 82, 949-974.

Kuhn, D., Amsel, E., & O'Loughlin, M. (1988). *The development of scientific thinking skills*. San Diego: Academic Press.

L

LaBerge, D., & Samuels, S. J. (1974). Toward a theory of automatic information processing in reading. *Cognitive Psychology*, 6, 293-323.

Lambert, N., & McCombs, B. L. (Eds.). (1998). *How students learn: Reforming schools through learner-centered education*. Washington, DC: American Psychological Association.

Lane, H. (1976). *The wild boy of Aveyron*. Cambridge, MA: Harvard University Press.

Larkin, J. H. (1979). Information processing models and science instruction. In J. Lochhead & J. Clement (Eds.), *Cognitive process instruction: Research on teaching thinking skills*. Philadelphia: Franklin Institute Press.

Larkin, J., McDermott, J., Simon, D. P., & Simon, H. A. (1980). Expert and novice performance in solving physics problems. *Science*, 208, 1335-

1342.

Larkin, J. H. (1983). The role of problem representation in physics. In D. Gentner & A. L. Stevens (Eds.), *Mental models*. Hillsdale, NJ: Erlbaum.

Larkin, J. H., McDermott, J., Simon, D. P., & Simon, H. A. (1980a). Models of competence in solving physics problems. *Cognitive Science*, 4, 317-348.

Larkin, J. H., McDermott, J., Simon, D. P., & Simon, H. A. (1980b). Expert and novice performance in solving physics problems. *Science*, 208, 1335-1342.

Lawson, A. E., & Snitgen, D. A. (1982). Teaching formal reasoning in a college biology course for preservice teachers. *Journal of Research in ScienceTeaching*, 19, 233-248.

Lawson, A. E., & Wollman, W. T. (1976). Encouraging the transition from concrete to formal operative functioning: An experiment. *Journal of Research in Science Teaching*, 13, 413-430.

Lawson, A. E. (1983). Predicting science achievement: The role of developmental level, disembedding ability, mental capacity, prior knowledge and beliefs. *Journal of Research in Science Teaching*, 20, 117-129.

Lehrer, R. (1992). Introduction to special feature on new directions in technology-mediated learning. *Educational Psychologist*, 27, 287-290.

Lester, F. K., Garofalo, J., & Kroll, D. L. (1989). Self-confidence, interest, beliefs, and metacognition: Key influences on problem-solving behavior. In D. B. McLeod & V. M. Adams (Eds.), *Affect and mathematical problem solving*. New York: Springer-Verlag.

Levy, C. M., & Ransdell, S. (Eds.) (1996). *The science of writing*. Mahwah, NJ: Erlbaum.

Lewis, A. B., & Mayer, R. E. (1987). Students' miscomprehension of relational statements in arithmetic word problems. *Journal of Educational Psychology*, 79, 363-371.

Lewis, A. B. (1989). Training students to represent arithmetic word problems. *Journal of Educational Psychology*, 81, 521-531.

Liberman, I. Y., Shankweiler, D., Fischer, F. W., & Carter, B. (1974). Explicit syllable and phoneme segmentation in the young child. *Journal of Experimental Child Psychology*, 18, 201-212.

Lipson, M. Y. (1983). The influence of religious affiliation on children's memory for text information. *Reading Research Quarterly*, 18, 448-457.

Loftus, E. F., & Suppes, P. (1972). Structural variables that determine problem-solving difficulty in computer assisted instruction. *Journal of Educational Psychology*, *63*, 531–542.

Low, R., & Over, R. (1993). Gender differences in solution of algebraic word problems containing irrelevant information. *Journal of Educational Psychology*, *85*, 331–339.

Low, R., & Over, R. (1990). Text editing of algebraic word problems. *Austrailian Journal of Psychology*, *42*, 63–73.

Low, R., & Over, R. (1989). Detection of missing and irrelevant information within algebraic story problems. *British Journal of Educational Psychology*, *59*, 296–305.

Lundberg, I., Frost, J., & Peterson, O. (1988). Effects of an extensive program for stimulating phonological awareness in preschool children. *Reading Research Quarterly*, *23*, 263–284.

M

Macdonald, N. H., Frase, L. T., Gingrich, P. S., & Keenan, S. A. (1982). The writer's workbench: Computer aids for text analysis. *Educational Psychologist*, *17*, 172–179.

Mandler, J. M., & Johnson, N. S. (1977). Remembrance of things passed: Story structure and recall. *Cognitive Psychology*, *9*, 111–151.

Markman, E. (1979). Realizing that you don't understand: Elementary school children's awareness of inconsistencies. *Child Development*, *50*, 643–655.

Markman, E. M. (1985). Comprehension monitoring: Developmental and educational issues. In S. F. Chipman, J. W. Segal, & R. Glaser (Eds.), *Thinking and learning skills: Vol 2, Research and open questions*. Hillsdale, NJ: Erlbaum.

Markman, E. M., & Gorin, L. (1981). Children's ability to adjust their standards for evaluating comprehension. *Journal of Educational Psychology*, *73*, 320–325.

Marks, C. B., Doctorow, M. J., & Wittrock, M. C. (1974). Word frequency in reading comprehension. *Journal of Educational Research*, *67*, 259–262.

Marr, M. B., & Gorley, K. (1982). Children's recall of familiar and unfamiliar text. *Reading Research Quarterly*, *18*, 89–104.

Matsuhashi, A. (1982). Explorations in the real-time production of written discourse. In M. Nystrand (Ed.), *What writers know*. New York: Academic Press.

Matsushashi, A. (Ed.) (1987). *Writing in real time: Modeling production processes*. Norwood, NJ: Ablex.

Mattingly, I. G. (1972). Reading, the linguistic process and linguistic awareness. In J. Kavanagh & I. Mattingly (Eds.), *Language by ear and by eye*. Cambridge, MA: MIT Press.

Mayer, R. E. (1981a). *The promise of cognitive psychology*. New York: Free-man.

Mayer, R. E. (1981b). Frequency norms and structural analysis of algebra story problems into families, categories, and templates. *Instructional Science*, 10, 135–175.

Mayer, R. E. (1982a). Memory for algebra story problems. *Journal of Educational Psychology*, 74, 199–216.

Mayer, R. E. (1982b). Different problem solving strategies for algebra word and equation problems. *Journal of Experimental Psychology: Learning, Memory and Cognition*, 8, 448–462.

Mayer, R. E. (1984). Aids to prose comprehension. *Educational Psychologist*, 19, 30–42.

Mayer, R. E. (1989). Models for understanding. *Review of Educational Research*, 59, 43–64.

Mayer, R. E. (1992). Cognition and instruction: Their historic meeting within educational psychology. *Journal of Educational Psychology*, 84, 405–412.

Mayer, R. E. (1992). *Thinking, problem solving, cognition*, (2nd ed.). New York: Freeman.

Mayer, R. E. (1993a). Educational psychology—past and future. *Journal of Educational Psychology*, 85, 351–553.

Mayer, R. E. (1993b). Illustrations that instruct. In R. Glaser (Ed.), *Advances in instructional psychology*, *Volume 4*. Hillsdale, NJ: Erlbaum.

Mayer, R. E. (1996a). Learners as information processors: Legacies and limitations of educational psychology's second metaphor. *Educational Psychologist*, 31, 151–161.

Mayer, R. E. (1996b). Learning strategies for making sense out of expository text: The SOI model for guiding three cognitive processes in knowledge construction. *Educational Psychology Review*, 8, 357–371.

Mayer, R. E., & Gallini, J. (1990). When is an illustration worth ten thousand words? *Journal of Educational Psychology*, 82, 715–726.

Mayer, R. E., & Hegarty, M. (1996). The process of understanding mathematics problems. In R. J. Sternberg & T. Ben-Zeev (Eds.), *The nature of mathematical thinking*. Mahwah, NJ: Erlbaum.

Mayer, R. E., Sims, V., & Tajika, H. (1995). A comparison of how textbooks teach mathematical problem solving in Japan and the United States. *American Educational Research Journal*, 32, 443-460.

McCloskey, M. (1983). Intuitive physics. *Scientific American*, 248(4), 122-130.

McCloskey, M., Caramazza, A., & Green, B. (1980). Curvilinear motion in the absence of external forces: Naive beliefs about the motion of objects. *Science*, 210(No. 4474), 1139-1114.

McConkie, G. W., & Rayner, K. (1975). The span of the effective stimulus during a fixation in reading. *Perception & Psychophysics*, 17, 578-586.

McConkie, G. W. (1976). The use of eye-movement data in determining the perceptual span in reading. In R. A. Monty & J. W. Senders (Eds.), *Eye movements and psychological processes*. Hillsdale, NJ: Erlbaum.

McKeown, M. G., Beck, I. L., Omanson, R. C., & Perfetti, C. A. (1983). The effects of long-term vocabulary instruction on reading comprehension: A replication. *Journal of Reading Behavior*, 15, 3-18.

McKeown, M. G., & Beck, I. L. (1990). The assessment and characterization of young learners' knowledge of a topic in history. *American Educational Research Journal*, 27, 688-726.

McKeown, M. G., Beck, I. L., Sinatra, G. M., & Loxterman, J. A. (1992). The contribution of prior knowledge and coherent text to comprehension. *Reading Research Quarterly*, 27, 79-93.

McKinnon, J. W., & Renner, J. W. (1971). Are colleges concerned with intellectual development? *American Journal of Physics*, 39, 1047-1052.

Meyer, B. J. F., & McConkie, G. W. (1973). What is recalled after hearing a passage? *Journal of Educational Psychology*, 65, 109-117.

Meyer, B. J. F. (1975). *The organization of prose and its effects on memory*. Amsterdam: North-Holland.

Myers, M., & Paris, S. B. (1978). Children's metacognitive knowledge about reading. *Journal of Educational Psychology*, 70, 680-690.

N

Nagy, W. E., & Anderson, R. C. (1984). How many words are there in printed school English? *Reading Research Quarterly*, 19, 304-330.

Nagy, W. E., & Herman, P. A. (1987). Breadth and depth of vocabulary knowledge: Implications for acquisition and instruction. In M. McKeown &

M. Curtis (Eds.), *The nature of vocabulary acquisition*. Hillsdale, NJ: Erlbaum.

Nagy, W. E., Herman, P. A., & Anderson, R. C. (1985). Learning words from context. *Reading Research Quarterly*, *20*, 233-253.

Nathan, M. J., Kintsch, W., & Young, E. (1992). A theory of algebra word problem comprehension and its implications for the design of learning environments. *Cognition and Instruction*, *9*, 329-389.

National Council of Teachers of Mathematics (1989). *Curriculum standards for teaching mathematics*. Reston, VA: Author.

Nemko, B. (1984). Another look at beginning readers. *Reading Research Quarterly*, *19*, 461-467.

Nold, E. W. (1981). Revising. In C. H. Frederiksen & J. F. Dominic (Eds.) *Writing: Vol 2*. Hillsdale, NJ: Erlbaum.

Novick, S., & Nussbaum, J. (1978). Junior high school pupils' understanding of the particle nature of matter: An interview study. *Science Education*, *62*, 273-281.

Novick, S., & Nussbaum, J. (1981). Pupil's understanding of the particulate nature of matter: A cross-age study. *Science Education*, *65*, 187-196.

Nussbaum, J. (1979). Children's conception of the earth as a cosmic body: A cross-age study. *Science Education*, *63*, 83-93.

Nystrand, M. (1982a). Rhetoric's "audience" and linguistic's "speech community": Implications for understanding writing, reading, and text. In M. Nystrand (Ed.), *What writers know*. New York: Academic Press.

Nystrand, M. (1982b). An analysis of errors in written communication. In M. Nystrand (Ed.), *What writers know*. New York: Academic Press.

Nystrand, M. (1986). *The structure of written communication: Studies in reciprocity between writers and readers*. Orlando, FL: Academic Press.

O

Oakhill, J., & Yuill, N. (1996). Higher order factors in comprehension disability: Processes and remediation. In C. Cesare & J. Oakhill (Eds.), *Reading comprehension difficulties*. Mahwah, NJ: Erlbaum.

Osborne, R. J., & Wittrock, M. C. (1983). Learning science: A generative process. *Science Education*, *67*, 489-908.

P

Paige, J. M., & Simon, H. A. (1966). Cognitive processes in solving algebra word problems. In B. Kleinmuntz (Ed.), *Problem solving: Research, method, and theory*. New York: Wiley.

Palinscar, A. S., & Brown, A. L. (1984). Reciprocal teaching of comprehension-fostering and comprehension-monitoring activities. *Cognition and Instruction*, *1*, 117-175.

Palinscar, A. S. (1986). Metacognitive strategy instruction. *Exceptional children*, *53*, 118-124.

Paris, S. G., & Lindauer, B. K. (1976). The role of inference on children's comprehension and memory for sentences. *Cognitive Psychology*, *8*, 217-227.

Paris, S. G., Lindauer, B. K., & Cox, G. L. (1977). The development of inferential comprehension. *Child Development*, *48*, 1728-1733.

Paris, S. G., & Upton, L. R. (1976). Children's memory for inferential relationships in prose. *Child Development*, *47*, 660-618.

Parkman, J. M., & Groen, G. J. (1971). Temporal aspects of simple addition and comparison. *Journal of Experimental Psychology*, *89*, 333-342.

Pearson, P. D., & Gallagher, M. (1983). The instruction of reading comprehension. *Contemporary Educational Psychology*, *8*, 317-344.

Pearson, P. D., Hanson, J., & Gordon, C. (1979). The effect of background knowledge on young children's comprehension of explicit and implicit information. *Journal of Reading Behavior*, *11*, 201-209.

Pearson, P. D., & Fielding, L. (1991). Comprehension instruction. In R. Barr, M. L. Kamil, P. B. Mosenthal, & P. D. Pearson (Eds.), *Handbook of reading research*, Vol 2. New York: Longman.

Pedersen, E. L. (1989). The effectiveness of WRITER'S WORKBENCH and MACPROOF. *Computer-Assisted Composition Journal*, *3*, 92-100.

Pennington, B. F., Groisser, D., & Welsh, M. C. (1993). Contrasting cognitive deficiets in attention deficit disorder versus reading disability. *Developmental Psychology*, *29*, 511-523.

Perfetti, C. A., & Hogaboam, T. (1975). The relationship between single word decoding and reading comprehension skill. *Journal of Educational Psychology*, *67*, 461-469.

Perfetti, C. A., & Lesgold, A. M. (1979). Coding and comprehension in skilled reading and implications for reading instruction. In L. B. Resnick & P. A. Weaver (Eds.), *Theory and practice of early reading*. Hillsdale, NJ: Erlbaum.

Pflaum, S. W., Walberg, H. J., Karegianes, M. L., & Rasher, S. P. (1980). Reading instruction: A quantitative analysis. *Educational Researcher*, *9*, 12–18.

Piaget, J. (1926). *The language and thought of the child*. London: Kegan Paul, Trench, Trubner and Company.

Piaget, J. (1972). Intellectual evolution from adolescent to adulthood. *Human Development*, *15*, 1–12.

Pianko, S. (1979). A description of the composing process of college freshman writers. *Research in the Teaching of English*, *13*, 5–22.

Pichert, J., & Anderson, R. C. (1977). Taking different perspectives on a story. *Journal of Educational Psychology*, *69*, 309–315.

Polya, G. (1945). *How to solve it*. Princeton, NJ: Princeton University Press.
Polya, G. (1965). *Mathematical discovery*. New York: Wiley.

Posner, G. J., Strike, K. A., Hewson, P. W., & Gertzog, W. A. (1982). Accomodation of a scientific conception: Toward a theory of conceptual change. *Science Education*, *66*, 211–227.

Pressley, M. (1990). *Cognitive strategy instruction that really improves children's academic performance*. Cambridge, MA: Brookline Books.

Pressley, M., & McCormick, C. B. (1995). *Cognition, teaching, and assessment*. New York: HarperCollins.

Q

Quilici, J. H., & Mayer, R. E. (1996). Role of examples in how students learn to categorize statistics word problems. *Journal of Educational Psychology*, *88*, 144–161.

R

Rayner, K., & Duffy, S. A. (1986). Lexical complexity and fixation times in reading: Effects of word frequency, verb complexity, and lexical ambiguity. *Memory & Cognition*, *14*, 191–201.

Rayner, K., & Pollatsek, A. (1989). *The psychology of reading*. Englewood Cliffs, NJ: Prentice-Hall.

Rayner, K., & Sereno, S. C. (1994). Eye movements of reading: Psycholinguistic studies. In M. A. Gernsbacher (Ed.), *Handbook of psycholinguistics* (pp. *58–81*). San Diego: Academic Press.

Rayner, K., Well, A. D., & Pollatsek, A. (1980). Asymmetry of the effective visual field in reading. *Perception and Psychophysics*, 27, 537-544.

Read, C. (1981). Writing is not the inverse of reading for young children. In C. H. Frederiksen & J. F. Dominic (Eds.), *Writing: Volume 2*. Hillsdale, NJ: Erlbaum.

Reed, S. K. (1987). A structure-mapping model for word problems. *Journal of Experimental Psychology: Learning, Memory, and Cognition*, 13, 124-139.

Reed, S. K., Dempster, A. & Ettinger, M. (1985). Usefulness of analogous solutions for solving algebra word problems. *Journal of Experimental Psychology: Learning, Memory, and Cognition*, 11, 106-125.

Reicher, G. M. (1969). Perceptual recognition as a function of the meaningfulness of stimulus material. *Journal of Experimental Psychology*, 81, 275-280.

Resnick, L. B. (1982). Syntax and semantics in learning to subtract. In T. Carpenter, J. Moser, & T. Romberg (Eds.), *Addition and subtraction: A cognitive perspective*. Hillsdale, NJ: Erlbaum.

Resnick, L. B. (1989). Introduction. In L. B. Resnick (Ed.), *Knowing, learning, and instruction: Essays in honor of Robert Glaser* (pp. 1-24). Hillsdale, NJ: Erlbaum.

Resnick, L. B., & Ford, W. W. (1981). *The psychology of mathematics for instruction*. Hillsdale, NJ: Erlbaum.

Richardson, K., Calnan, M., Essen, J., & Lambert, M. (1975). Linguistic maturity of 11-year-olds: Some analysis of the written compositions of children in the National Child Development Study. *Journal of Child Language*, 3, 99-116.

Rieben, L., & Perfetti, C. A. (Eds.) (1991). *Learning to read: Basic research and its implications*. Hillsdale, NJ: Erlbaum.

Riley, M., Greeno, J. G., & Heller, J. (1982). The development of children's problem solving ability in arithmetic. In H. Ginsburg (Ed.), *The development of mathematical thinking*. New York: Academic Press.

Robinson, C. S., & Hayes, J. R. (1978). MaKing inferences about relevance in understanding problems. In R. Revlin & R. E. Mayer (Eds.), *Human reasoning*. Washington: Winston.

Robinson, F. P. (1941). *Diagnostic and remedial techniques for effective study*. New York: Harper.

Robinson, F. P. (1961). *Effective study*. New York: Harper.

Roller, C. M. (1990). The interaction between knowledge and structure variables in the processing of expository prose. *Reading Research Quarterly*, 25, 79–89.

Rosenshine, B. V. (1980a). Skill hierarchies in reading comprehension. In R. J. Spiro, B. C. Bruce & W. F. Brewer (Eds.), *Theoretical issues in reading comprehension*. Hillsdale, NJ: Erlbaum.

Rumelhart, D. E. (1975). Notes on a schema for stories. In D. G. Bobrow & A. Collins (Eds.), *Representation and understanding*. New York: Academic Press.

S

Salomon, G., & Perkins, D. (1989). Rocky roads to transfer: Rethinking mechanisms of a neglected phenomenon. *Educational Psychologist*, 24, 113–142.

Samuels, S. J. (1967). Attentional processes in reading: The effect of pictures in the acquisition of reading responses. *Journal of Educational Psychology*, 58, 337–342.

Samuels, S. J. (1979). The method of repeated readings. *The Reading Teacher*, 32, 403–408.

Scandura, J. M., Frase, L. T., Gagne, R. M., Stolorow, K. A., Stolorow, L. M., & Groen, G. (1981). Current status and future directions of educational psychology as a discipline. In F. Farley & N. J. Gordon (Eds.), *Psychology and education*. Berkeley, CA: McCutchan.

Scardamalia, M. (1981). How children cope with the cognitive demands of writing. In C. H. Frederiksen & J. F. Dominic (Eds.), *Writing: Vol 2*. Hillsdale, NJ: Erlbaum.

Scardamalia, M., Bereiter, C., & Goelman, H. (1982). The role of production factors in writing ability. In M. Nystrant (Ed.), *What writers know*. New York: Academic Press.

Schoenfeld, A. H. (1979). Explicit heuristic training as a variable in problem solving performance. *Journal for Research in Mathematics Education*, 10, 173–187.

Schoenfeld, A. H. (1985). *Mathematical problem solving*. Orlando: Academic Press.

Schoenfeld, A. H. (1988). When good teaching leads to bad results: The disasters of "well-taught" mathematics classes. *Educational Psychologist*, 23, 145–166.

Schoenfeld, A. H. (1992). Learning to think mathematically: Problem solving, metacognition, and sense making in mathematics. In D. A. Gouws (Ed.), *Handbook of research on mathematics teaching and learning*. New York: Macmillan.

Schvaneveldt, R., Ackerman, B. P., & Semelar, T. (1977). The effect of semantic context on children's word recognition. *Child Development*, 48, 612–616.

Shavelson, R. J. (1972). Some aspects of the correspondence between content structure and cognitive structure in physics instruction. *Journal of Educational Psychology*, 63, 225–234.

Shavelson, R. J. (1974). Some methods for examining content structure and cognitive structure in instruction. *Educational Psychologist*, 11, 110–122.

Shepherd, D. L. (1978). *Comprehensive high school reading methods*. Columbus, OH: Merrill.

Shulman, L. S., & Quinlan, K. M. (1996). The comparative psychology of school subjects. In D. Berliner & R. Calfee (Eds.), *Handbook of educational psychology*. New York: Macmillan.

Siegler, R. S., & Jenkins, E. (1989). *How children discover new strategies*. Hillsdale, NJ: Erlbaum.

Siegler, R. S. (1987). The perils of averaging data over strategies: An example from children's addition. *Journal of Experimental Psychology: General*, 116, 250–264.

Silver, E. A. (1981). Recall of mathematical problem information: Solving related problems. *Journal for Research in Mathematics Education*, 12, 54–64.

Simon, H. A. (1980). Problem solving and education. In D. T. Tuma & F. Reif (Eds.), *Problem solving and education: Issues in teaching and research*. Hillsdale, NJ: Erlbaum.

Singer, H. (1981). Teaching the acquisition phase of reading development: An historical perspective. In O. J. L. Tzeng & H. Singer (Eds.), *Perception of print*. Hillsdale, NJ: Erlbaum.

Singer, M., Revlin, R., & Halldorson, M. (1990). Bridging inferences and enthymemes. In A. C. Graesser & G. H. Bower (Eds.), *Inferences and text comprehension*. San Diego: Academic Press.

Smith, E. E., & Spoehr, K. T. (1974). The perception of printed English: A theoretical perspective. In B. H. Kantowitz (Ed.), *Human information processing: Tutorials in performance and cognition*. Hillsdale, NJ: Erlbaum.

Soloway, E., Lochhead, J., & Clement, J. (1982). Does computer programming enhance problem solving ability? Some positive evidence on algebra word problems. In R. J. Seidel, R. E. Anderson, & B. Hunter (Eds.), *Computer Literacy*. New York: Academic Press.

Spector, J. E. (1995). Phonemic awareness training: Application of principles of direct instruction. *Reading & Writing Quarterly*, 11, 37-51.

Spoehr, K. T., & Schuberth, R. E. (1981). Processing words in context. In O. J. L. Tzeng & H. Singer (Eds.), *Perception of print*. Hillsdale, NJ: Erlbaum.

Stahl, S. A., & Fairbanks, M. M. (1986). The effects of vocabulary instruction: A model-based meta-analysis. *Review of Educational Research*, 56, 72-110.

Stallard, C. K. (1974). An analysis of the writing behavior of good student writers. *Research in the Teaching of English*, 8, 206-218.

Stanovich, K. E. (1980). Toward an interactive-compensatory model of individual differences in the development of reading fluency. *Reading Research Quarterly*, 16, 32-65.

Stanovich, K. E. (1986). Mathews effects in reading: Some consequences of individual differences in the acquisition of literacy. *Reading Research Quarterly*, 21, 360-407.

Stanovich, K. E. (1991). Discrepancy definitions of reading disability: Has intelligence led us astray? *Reading Research Quarterly*, 26, 7-29.

Steinberg, E. R. (1980). A garden of opportunities and a thicket of dangers. In L. W. Gregg & E. R. Steinberg (Eds.), *Cognitive processes in writing*. Hillsdale, NJ: Erlbaum.

Sterkel, K. S., Johnson, M. I., & Sjorgren, D. (1986). Textual analysis with composites to improve the writing skills of business communication students. *Journal of Business Communication*, 23, 43-61.

Sternberg, R. J. (1985). *Beyond IQ: A triarchic theory of human intelligence*. Cambridge, England: Cambridge University Press.

Stotsky, S. (1990). On planning and writing plans—Or beware of borrowed theories. *College Composition and Communication*, 41, 37-57.

Strike, K. A., & Posner, G. J. (1985). A conceptual change view of learning and understanding. In L. West & L. Pines (Eds.), *Cognitive structure and conceptual change*. San Diego: Academic Press.

Strike, K. A., & Posner, G. J. (1992). A revisionist theory of conceptual change. In R. A. Duschl & R. J. Hamilton (Eds.), *Philosophy of science: Cognitive psychology, and educational theory and practice*. Albany, NY:

State University of New York Press.

Tamir, P., Gal-Choppin, R., & Nussinovitz, R. (1981). How do intermediate and junior high school students conceptualize living and nonliving? *Journal of Research in Science Teaching*, 18, 241-248.

Taylor, B. (1980). Children's memory for expository text after reading. *Reading Research Quarterly*, 15, 399-411.

Taylor, B. M., & Beach, R. W. (1984). The effects of text structure instruction on middle-grade students' comprehension and production of expository text. *Reading Research Quarterly*, 19, 134-146.

Thorndike, E. L. (1906). *The principles of teaching based on psychology*. Syracuse, NY: Mason-Henry Press.

Thorndike, E. L. (1913). *Educational psychology, Volume 2: The psychology of learning*. New York: Teachers College, Columbia University.

Thorndike, E. L. (1922). *The psychology of arithmetic*. New York: Macmillan.

Thorndyke, P. W. (1977). Cognitive structures in comprehension and memory for narrative discourse. *Cognitive Psychology*, 9, 77-110.

Thurstone, L. L. (1924). The nature of intelligence. New York: Harcourt, Brace.

Trowbridge, D. E., & McDermott, L. C. (1981). Investigation of student understanding of the concept of acceleration in one dimension. *American Journal of Physics*, 49, 242-253.

Tulving, E., & Gold, C. (1963). Stimulus information and contextual information as determinants of tachistoscopic recognition of words. *Journal of Experimental Psychology*, 66, 319-327.

Van Haneghan, J., Barron, L., Young, M., Williams, S., Vye, N., & Bransford, J. (1992). The Jasper Series: An experiment with new ways to enhance mathematical thinking. In D. F. Halpern (Ed.), *Enhancing thinking skills in the sciences and mathematics*. Hillsdale, NJ: Erlbaum.

Verschaffel, L., De Corte, E., & Pauwels, A. (1992). Solving compare problems: An eye movement test of Lewis and Mayer's consistency hypothesis. *Journal of Educational Psychology*, 84, 85-94.

Vosniadou, S., & Brewer, W. (1992). Mental models of the earth: A study of conceptual change. *Cognitive Psychology*, *34*, 535–558.

Vosniadou, S., Pearson, P. D., & Rogers, T. (1988). What causes children's failures to detect inconsistencies in text? Representation versus comparison difficulties. *Journal of Educational Psychology*, *80*, 27–39.

Voss, J. F., & Bisanz, G. L. (1985). Knowledge and processing of narrative and expository texts. In B. K. Britton & J. R. Black (Eds.), *Understanding expository text*. Hillsdale, NJ: Erlbaum.

W

Wagner, R. K., & Torgesen, J. K. (1987). The nature of phonological processing and its causal role in the acquisition of reading skills. *Psychological Bulletin*, *101*, 192–212.

Wagner, S., & Kieran, C. (Eds.) (1989). *Research issues in the learning and teaching of algebra*. Reston, VA: National Council of Teachers of Mathematics.

Weaver, C. A., & Kintsch, W. (1991). Expository text. In R. Barr, M. L. Kamil, P. B. Mosenthal, & P. D. Pearson (Eds.), *Handbook of reading research*, *Vol. 2*. New York: Longman.

Weaver, P. A., & Resnick, L. B. (1979). The theory and practice of early reading: An introduction. In L. B. Resnick & P. A. Weaver (Eds.), *Theory and practice of early reading*. Hillsdale, NJ: Erlbaum.

West, R. F., & Stanovich, K. E. (1978). Automatic contextual facilitation in readers of three ages. *Child Development*, *49*, 717–727.

Westfall, R. S. (1977). *The construction of modern science*. Cambridge, England: Cambridge University Press.

Whaley, J. F. (1981). Readers' expectations for story structures. *Reading Research Quarterly*, *17*, 90–114.

Wheeler, A. E., & Kass, H. (1978). Student misconceptions in chemical equilibrium. *Science Education*, *62*, 223–232.

White, B. (1993). Thinker Tools: Causal models, conceptual change, and science education. *Cognition and Instruction*, *10*, 1–100.

White, R., & Gunstone, R. (1992). *Probing understanding*. London: Falmer Press.

Winne, P. H., Graham, L., & Prock, L. (1993). A model of poor reader's textbased inferencing: Effects of explanatory feedback. *Reading Research Quarterly*, *28*, 53–66.

Wittrock, M. C., Marks, C., & Doctorow, W. (1975). Reading as a generative process. *Journal of Educational Psychology*, 67, 484–489.

Wollman, W. T., & Lawson, A. E. (1978). The influence of instruction on proportional reasoning in seventh graders. *Journal of Research in Science Teaching*, 15, 227–232.

Woodring, P. (1958). Introduction. In W. James (Ed.), *Talks to teachers* (pp. 6–17). New York: Norton.

World Book Encyctopedia (1990). Chicago: Author.

Yuill, N. M., & Oakhill, J. V. (1988). Effects of inference awareness training on poor reading comprehension. *Applied Cognitive Psychology*, 2, 33–45.

Zbrodoff, N. J. (1985). Writing stories under time and length constraints. *Dissertation Abstracts International*, 46, 1219A.